ŒUVRES

DE

COQUILLART

Paris. Imprimé par GUIRAUDET et JOUAUST, 338, rue S.-Honoré
avec les caractères elzeviriens de P. JANNET.

ŒUVRES
DE
COQUILLART

Nouvelle édition, revue et annotée

PAR

M. CHARLES D'HÉRICAULT

TOME I

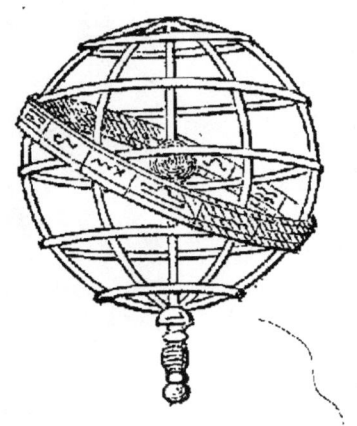

A PARIS
Chez P. JANNET, Libraire

MDCCCLVII

A MONSIEUR

H. TERNAUX COMPANS.

Il y avoit, au XVIIIe siècle, un homme spirituel qui étoit de l'Académie des Inscriptions — permettez-moi, Monsieur, de commencer cette dédicace comme un conte de fées.—Il avoit été poussé là, vous le pensez bien, par les Egyptiens, les Chinois et les Etrusques; il ne tarda pas cependant à négliger ces protecteurs naturels de tout savant françois. Comme il possédoit un fonds d'audace chamarré de naïveté, il se promit d'apprendre à ses collègues l'histoire de la Littérature françoise, et il énonça sur ce sujet quelques vérités simples, naturelles, faciles à comprendre. Ses amis espérèrent qu'il ne s'en relèveroit pas. Mais les Etrusques commençoient à céder la place aux Indiens que nous voyons aujourd'hui; l'opinion publique ne s'alarma pas trop de leur délaissement. Notre académicien conquit donc la réputation d'homme à *idées*, ce qui équivaut à peu près à ce que nous appelons maintenant homme à paradoxe; sa renommée s'en augmenta. Il se crut alors tout permis et fit un Mémoire pour prouver qu'il avoit existé une littérature en France avant Malherbe. Il assura que cette littérature n'étoit pas absolument sauvage, et qu'elle étoit arrivée à un certain degré de civilisation, puisqu'elle avoit connu plusieurs des genres poétiques recommandés par le législateur du Parnasse. Il ajouta timidement qu'elle avoit produit quelques morceaux qui n'étoient pas sans valeur. On railla dans les bons cercles ce Welche effronté, et, s'il n'avoit eu un cuisinier renommé et des laquais robustes, on l'eût envoyé tenir compagnie, dans les épigrammes philosophiques, aux Larcher, aux Nonotte, aux Freron. Il avoit, il est vrai, pris certaines précautions afin de ne point passer pour un esprit complétement foible: il avoit composé des contes grivois, et il ne défendoit pas les moines.

Il est aujourd'hui permis de ne pas réunir tant de qualités et de soutenir la même thèse que ce savant grand seigneur. Chacun des volumes de la Bibliothèque elzevirienne apporte des argumens indestructibles en faveur de ces idées. Le but du présent livre est plus hardi encore: il tend à démontrer que l'esprit françois ne date pas du siècle dernier.

Vous êtes, Monsieur, expert en toutes ces matières, et l'on peut vous parler des gens d'esprit du temps passé avec autant de confiance qu'on parloit de leurs ancêtres aux nobles de l'ancien régime. Je me suis promis de vous lier d'amitié avec un vieux chanoine du XVe siècle, et j'espère que, quand vous aurez vécu dans l'intimité de Coquillart, vous ne trouverez pas exagérées les qualités que je lui reconnois. J'ai vu dans son œuvre le document le plus important de l'histoire politique et littéraire de la fin du Moyen Age; je n'ai pas cru devoir reculer devant le travail pénible, à tous égards, de retirer la vérité historique de ce milieu satyrique et cynique où le vieux poète l'avoit jetée. En vous dédiant cette édition j'ai voulu faire ressortir plus nettement encore le but sérieux de mon étude; j'ai désiré surtout vous remercier, autant qu'il est en moi, de la part que vous prenez à notre travail d'éclaircissement et de sage réhabilitation du temps passé.

C. D. D'HÉRICAULT.

COQUILLART

ET

LA VIE BOURGEOISE AU XVe SIÈCLE.

En l'année 1490, monseigneur Philippe de Croï, gouverneur de Reims, se trouvant forcé de quitter précipitamment la ville, écrivoit une lettre d'excuses à la Commune; cette lettre ne contenoit que trois noms : elle étoit adressée au Lieutenant du Bailly de Vermandois, au Lieutenant des habitans, et à Guillaume Coquillart. Le Lieutenant du Bailly de Vermandois, Philippe de Bezannes, étoit le représentant du pouvoir législatif et administratif de la royauté; le Lieutenant des habitans étoit, à cette époque, le dépositaire de la puissance communale. Quel étoit donc ce troisième personnage, quel étoit cet habitant de Reims sans titre, sans désignation honorifique, dont le nom figuroit sur une lettre d'excuses écrite par le mandataire suprême du Roi dans la cité de Reims, par le descendant de cette fière et puissante race des Croï, qui avoit balancé à la cour du duc Philippe de Bourgogne l'influence du propre fils de Philippe, Charles, plus tard le Téméraire? Nous interrogerons la vie, les concitoyens et les contemporains de ce bourgeois; nous verrons ce qu'ils nous répondront. Pour nous, à première vue, à cette distance d'où nous le regardons, Guillaume Coquillart est tout simplement le poète le plus cynique du XVe siècle.

Il nous a toujours semblé qu'il y avoit la révélation d'une singulière époque dans cette nécessité qui avoit fait de monseigneur Philippe de Croï, représentant du roi de France, le respectueux correspondant de Guillaume Coquillart, poète cynique. Nous avons reconnu en effet que nulle biographie n'est plus féconde en enseignemens que celle-là. Dans l'histoire, dans la chronique, dans la littérature, en quelque sens qu'on le regarde, le poète de Reims a cette bonne fortune d'occuper toujours une position exceptionnelle et instructive, élevée et naturelle en même temps.

Si nous regardons sa position dans l'histoire, nous trouvons qu'il arrive en un siècle étrange, plein de mystères, de drame et d'agitations, ayant un caractère propre et présentant pourtant avec le nôtre les plus singulières ressemblances.

Le côté le plus original de ce siècle, c'est la puissance de la Bourgeoisie, se montrant dans un double mouvement : énergie et lutte pendant l'affoiblissement de la Royauté, jouissance et repos quand cette Royauté est solidement reconstituée. Cette puissance atteint son entier développement, et ce double mouvement laisse voir ses plus minutieux rouages, dans une de ces bonnes villes municipales qui subissent l'entraînement général du siècle et de la nation, tout en conservant leur mouvement de rotation particulière. Et Coquillart naît dans celle de ces villes où la vie municipale est le plus fortement et le plus complétement organisée, dans celle qui a conservé, distinctes encore et debout, quoique inclinant vers des destinées différentes, les trois puissances du Moyen Age, la Royauté, la Féodalité, la Bourgeoisie. Il naît dans la moyenne bourgeoisie, parcourt tous les degrés qui constituent la hiérarchie de la cité, atteint la plus haute position de l'aristocratie bourgeoise, et le simple développement de sa vie le met en contact avec chacun des trois pouvoirs dont nous venons de parler. Il vient au monde au moment le plus difficile de la première période, la lutte, et il meurt au moment où la période du repos dans la puissance est à son déclin, résumant ainsi en lui l'histoire politique, anecdotique, de la Bourgeoisie et du siècle.

Si de l'histoire simplement politique nous nous

élevons à l'histoire des mœurs et des idées, nul encore mieux que Coquillart ne nous fera comprendre le curieux spectacle de la transformation qui s'opère au XVe siècle dans les mœurs générales et dans les idées de la classe où cette transformation se produit le plus laborieusement. Il a, pour ainsi dire, son berceau dans le Moyen Age, sa tombe dans la Renaissance; sa jeunesse s'est écoulée sous l'abri des vieilles mœurs; les vieilles traditions, qui dorment toujours au foyer paternel, l'ont accompagné jusqu'au seuil de l'âge mûr; là elles ont rencontré les nouveaux usages, et dans sa vieillesse il a constaté la victoire des temps modernes. Il nous montre les curieuses tournures, les gestes bizarres, les postures grotesques, les habits extravagans, qui distinguoient le monde moderne en sa première fleur, et sa biographie nous aide à retrouver les causes de la défaite de l'ancien âge.

Mais c'est certainement au point de vue littéraire que cette biographie est le plus instructive. La Bourgeoisie possède en ce temps tous les attributs de la souveraineté sociale, et, comme le fait aux différentes époques de l'histoire chacune des classes à qui Dieu accorde tour à tour le gouvernement d'une nation, c'est elle qui forme à sa ressemblance tout le XVe siècle. Elle prend la direction de la littérature, transforme les formules d'art, met en honneur des instincts, des qualités littéraires, qui sont en rapport avec ses propres instincts et ses qualités caractéristiques ; elle crée ainsi une école littéraire bourgeoise, et c'est entre les mains des littérateurs de la bourgeoisie qu'elle remet l'amusement et l'éducation du siècle. Seulement la plupart de ceux-ci subissent en même temps d'autres influences, leurs instincts primitifs sont altérés, et à côté de la partie originale de leur littérature viennent se placer les germes et les conséquences de méthodes étrangères, souvent ennemies. Un seul obéit fidèlement et complétement au génie de la Bourgeoisie, et celui-là c'est Coquillart. L'indépendance de cette Bourgeoisie n'est réelle qu'à cette époque : Coquillart n'a donc pas d'ancêtres. Cette indépendance finit avec le siècle : Coquillart n'a point, à vrai dire, de disciples ; sa littérature est unique dans notre histoire, et on ne rencontre pas un autre style comme le sien, vif, alerte, riche en couleur et en cette sorte particulière de couleur qu'il a inventée. Pourtant ce poète sans ancêtres continue et résume une tradition déjà vieille, celle des Trouvères, et ce poète sans disciples semble le maître de quelques uns de nos plus originaux esprits, comme Rabelais et La Fontaine ; il exerce la plus notable influence sur les poètes populaires du siècle suivant. De plus, il arrive à une époque où cette lutte que nous avons signalée dans les mœurs se produit, et avec bien plus d'énergie encore, dans la littérature. Il se trouve dans une atmosphère analogue à celle où s'étoit formé le génie des vieux poètes : il prend donc résolument le parti des anciennes traditions poétiques contre les méthodes qui préparent la Renaissance ; il obéit aux instincts de la littérature du Moyen Age, et nous en montre les qualités, mais modifiées par les tendances particulières du XVe siècle, et *originalisées*, si je puis dire, par son propre génie. En dehors, en effet, de toute considération historique, c'est un esprit rare, un poète exceptionnel, et qui par cela seul mérite une étude approfondie, une haute place parmi nos écrivains.

Je l'avoue pourtant, son grand mérite à mes yeux, c'est d'avoir été semblable à son siècle. Il a surtout cet intérêt historique et cette grande qualité de nous enseigner ce qu'étoit alors la Bourgeoisie françoise. Par malheur c'est à peine s'il parle de lui, et c'est seulement dans les diverses chroniques, les registres, actes et archives de la Commune de Reims, qu'on peut trouver les renseignemens nécessaires pour reconstituer à peu près sa vie. De même c'est seulement dans l'histoire politique et littéraire de son temps, dans l'étude approfondie de la cité Rémoise, qu'on peut trouver l'explication de la singulière nature de son génie, la connoissance des origines de son étrange littérature, et l'appréciation exacte de la grandeur de son talent. Sa biographie, telle que peuvent l'indiquer ces renseignemens, sera donc de plus la monographie de Reims au XVe siècle ; elle résumera aussi dans ses points les plus importans l'histoire politique, morale et littéraire, de la Bourgeoisie françoise, à ce moment curieux et unique où elle développe en toute liberté ses instincts, ses tendances, ses qualités et ses défauts.

I

Vie politique de la Bourgeoisie au XVe siècle.

Il n'y a pas dans l'histoire de spectacle étrange et douloureux comme celui que les chroniqueurs bourgeois nous offrent de la France pendant la première partie du XVe siècle. Chacune de leurs pages est pleine de lamentations et de malédictions, et toutes les plaintes viennent se résumer en ce cri de douleur poussé par l'un d'entre eux : « Malheureuse terre, malheureuse et maudite celle qui n'a point de roi ! » Tel étoit le grand mal de ce temps, et pour nous qui avons aussi l'expérience des maux de la patrie, pour nous que nul trouble et nul bouleversement ne devroient étonner, nous regardons cependant avec une surprise douloureuse le curieux tableau que présente ce XVe siècle.

Un voyageur italien, un des disciples de Dante, Fazio degli Uberti, avoit parcouru la France à cette époque; il raconte dans son étrange poëme, le *Dittamondo*, le spectacle qui l'avoit effrayé : « Toute la contrée étoit brûlée, les larges routes s'étoient rétrécies en sentiers, les vergers étoient sans fruits, les champs sans blé. » Et les aventuriers qui s'en alloient dans les pays étrangers racontoient dans les veillées, à l'effroi de leurs auditeurs, qu'il n'y avoit plus debout hors des villes une seule maison depuis la Picardie jusqu'en Allemagne; les herbes et les bruyères poussant partout donnoient à chaque province l'aspect d'une immense forêt, d'où les bêtes féroces sortoient pour attaquer les hommes. Mieux valoit-il dire dorénavant terre déserte que terre de France : car les trois glaives du Seigneur, Guerre, Peste et Famine, frappoient sans relâche sur la malheureuse nation. Ainsi les chroniques de France remplaçoient, dans les causeries du soir chez les peuples voisins, les histoires effrayantes des fantômes et des monstrueuses merveilles. Nous retrouverons jusqu'à la fin du siècle, — dans la conduite de la bourgeoisie, de même que dans le génie de son interprète, Coquillart, — la conséquence nécessaire non seulement de ces misères matérielles, mais surtout des misères morales, qui présentent un tableau plus étrange et plus sombre encore.

C'est là en effet le côté caractéristique du XVe siècle, la perturbation du sens moral, le doute partout, l'aveuglement de toutes les consciences, les plus pures comme les plus élevées, l'hésitation chez les plus savants, la mutabilité chez les plus sincèrement convaincus. Et ce n'étoit pas cette sorte de doute qui est produit par l'orgueil de l'homme se dressant contre la Foi et contre Dieu au milieu de la prospérité et du loisir ; non, c'étoit le doute de la conscience sincère qui ne trouve partout qu'idées fléchissantes, que choses corrompues, honteuses et abattues. C'est ainsi que la Providence préludoit à cette grande révolution qui devoit finir par la destruction du Moyen Age, et elle y travailloit en enveloppant d'un voile de honte et de foiblesse les objets des plus vieux respects, les traditions jusque là les plus fortes, les plus saintes et les plus fécondes.

Au milieu de toutes ces ruines, il y avoit çà et là sur le sol de la France quelques points debout encore où une apparence de société régulière et une possibilité de vie s'étoient conservées. C'étoient les *bonnes villes*, comme on les appeloit, celles à qui une organisation municipale fortement constituée avoit donné une vie propre, presque indépendante, et qui, protégées par de solides murailles, par l'habileté politique de la Commune, avoient pu se garantir des ennemis, mais surtout des protecteurs.

Lorsque Guillaume Coquillart vint au monde, vers l'année 1421, Reims étoit de toutes ces cités celle qui présentoit le plus complet tableau de la vie communale pendant ces troubles. Elle étoit devenue, comme la plupart des autres bonnes villes, une sorte de république municipale, tenant aux cités voisines, à la capitale et aux divers gouvernements qui s'y succédoient, par les liens d'une fédération presque entièrement organisée. Le Conseil de la ville, entre les mains duquel étoit à peu près remis le gouvernement de la Commune, étoit dirigé indirectement par la haute Bourgeoisie, et à cette époque il n'eût pu choisir un meilleur guide. Celle-ci étoit restée dépositaire des traditions de la diplomatie communale, qui s'étoit développée au milieu des troubles du pays, et qui nous offre un des plus curieux côtés de la vie de la France à cette époque.

Cette diplomatie *sui generis*, portant le double cachet de la Bourgeoisie et du Moyen Age, agissoit avec une bonhomie apparente, mais avec une flexibilité, une minutie et une patience irrésistibles. Aiguisée par de longues années de luttes contre la force féodale, raffinée encore par le caractère respectable et respecté qu'avoit à Reims la Féodalité, représentée en grande partie par l'Archevêque et les Abbés des trois Abbayes [1],

---

1. L'archevêché de Reims resta jusqu'à la révolution la première des six pairies ecclésiastiques de France, et pendant tout le Moyen Age le pouvoir féodal demeura aux mains du clergé. Dans la cité Rémoise proprement dite, ce pouvoir appartint directement à l'Archevêque ; mais, dans les bourgs voisins, qui se réunirent à la cité pour former la commune

elle montroit dans cette ville, au commencement
du XVe siècle, les allures d'un procureur, mais
d'un procureur consciencieux, respectueux et
convaincu, c'est-à-dire à peu près invincible.
Procédant avec la modération du bon droit, sans
cesse aux aguets, profitant de toutes les circonstances heureuses avec la cauteleuse malice du
paysan et l'hypocrite verbosité du marchand,
elle ne reculoit jamais. Elle posoit prudemment
pierre sur pierre, ne s'aventuroit à une tentative
hardie que quand les circonstances et les manœuvres souterraines avoient rendu le succès
certain. Cependant elle avoit aussi ses préjugés
et ses foiblesses, et souvent quelque élan imprévu, folle imagination, instinct généreux ou entêtement invincible du populaire qu'elle gouvernoit, venoit bouleverser tout ce que la plus habile tactique avoit préparé. Aussi, outre les leçons

---

Rémoise, les droits de la puissance féodale furent exercés
par le Chapitre, seigneur suzerain du bourg de Vesle, et par
les abbés de Saint-Remy, de Saint-Nicaise et de Saint Denys.
La première de ces abbayes possédoit le bourg Saint-Remy,
la deuxième étoit haute justicière du ban Saint-Sixte, la
troisième exerçoit sur le bourg Saint-Denys les droits de basse
et moyenne justice. L'Echevinage et le Conseil de ville représentoient, mais à des titres divers, la Bourgeoisie. Dans
leur définition la plus simple, et dans le principe, ils étoient
les délégués des corporations de la ville, les défenseurs des
libertés et priviléges de ces corporations contre la Féodalité.
Plus tard, l'Echevinage et la Féodalité eurent leurs entrées,
leur part d'influence, dans le Conseil de ville.

que lui donnoient ces traditions et cette diplomatie, le Conseil de ville avoit, pour se conduire, une sorte de politique d'instinct qui lui étoit particulièrement nécessaire en ce siècle, où toute règle se trouvoit détruite, tout droit mis en question, où tout événement se présentoit avec une face équivoque, à l'improviste et sous une formule menaçante. Cet instinct, né du mélange des divers éléments qui composoient le Conseil, avoit emprunté à chacun son côté caractéristique : les *échevins* et les *practiciens*, gens de loi, y avoient apporté l'adresse politique et la ruse; les *nobles*, un peu de cette fierté guerrière qui sert de répondant à l'habileté; les *marchands*, le sens pratique des choses de la vie; le *clergé* et les *gens des métiers*, cette simplicité droite et cet amour spontané de la justice qui empêchent la diplomatie de descendre jusqu'à la maladresse de la duplicité.

Cette politique avoit en résumé deux ennemis : le *populaire*, les *gens d'armes*, et deux préoccupations : garder ses priviléges, se réserver l'avenir. Elle s'efforçoit d'esquiver d'une part cette *domination des brutes*, la dictature militaire, qui est le dernier mot de la guerre civile; d'autre part, le règne de cette *canaille sanglante*, comme on disoit alors, qui est la loi et la punition dernière des mouvements populaires. La populace, qui régnoit alors à Paris, avoit à Reims bien des alliances et des éléments semblables à elle. C'étoit le bon temps pour les gens de *noises* et de *brigues*; les petites corporations, les associations des métiers moins riches, moins productifs, partant plus populaires, commençoient à séparer leurs vœux et leurs tendances du gouvernement des hauts bourgeois, aristocratie devenue presque héréditaire, bien que procédant de l'élection. Aussi, quoique le Conseil décrétât souvent « écrire à ceux de Paris que la ville est fidèle, et de ce ne fassent aucun doute », pourtant il se gardoit bien de suivre leurs exemples. Il se contentoit d'amuser le populaire en le réunissant souvent dans la Cathédrale, en la grande Chapelle des fonts baptismaux, pour lui communiquer les nouvelles qui n'étoient un secret pour personne; pour lui demander son avis lorsqu'on le connoissoit d'avance et dans les choses où il étoit indifférent d'agir en un sens ou en l'autre; puis, dans les moments difficiles, il cédoit en paroles ce qu'il reprenoit en dessous. Le populaire restoit donc en réalité sous la domination de la Bourgeoisie; mais celle-ci avoit plus à faire contre les gens d'armes. C'étoit à grand'peine qu'elle pouvoit rester maîtresse de son avenir, c'est-à-dire libre de disposer d'elle aux meilleures conditions, libre de se donner à celui des partis qui l'emporteroit bien définitivement et qui conviendroit à ses instincts ainsi qu'à ses intérêts. Elle ne vouloit céder qu'aux nécessités évidemment inévitables, et ne se livroit tout entière à personne.

La Bourgeoisie avoit cependant à lutter contre une politique aussi adroite que la sienne et de même famille, la politique du duc de Bourgogne, en qui elle vouloit bien voir un ami et un protecteur, mais un ami discret et un protecteur éloigné. Elle s'étoit jetée, il est vrai, dans son parti avec enthousiasme, mais c'étoit dans cette circonstance qu'on avoit vu se développer curieusement et logiquement tous les ressorts de sa politique. Les gens de Reims savoient bien que les Bourguignons n'étoient pas plus compatissants ni chargés de moins de crimes que les Armagnacs. Ils savoient bien aussi que, partout où l'influence Bourguignonne s'étoit établie, elle avoit jeté les villes dans la plus profonde terreur. Ils savoient tout cela, tout cela couroit dans les conversations de la cité ; pourtant ils avoient pris avec grand enthousiasme la croix de Saint-André, en criant *Vive Bourgogne !* Il y avoit alors en effet répulsion générale, dans tout le nord, contre les croix blanches que portoient sur leurs étendards bleus à fleurs de lys d'or les Armagnacs partisans du Dauphin, et cette répulsion provenoit surtout d'un mouvement d'antipathie instinctive. Les Armagnacs, gens du midi, paroissoient prendre leur revanche de la guerre des Albigeois. Ils ne pouvoient pas être plus cruels que les autres, mais il y avoit dans leur cruauté quelque chose de particulièrement haineux : ils combattoient comme poussés par la vengeance contre une race étrangère et ennemie. Les Bourguignons, eux, étoient gens du nord. De plus, leur chef paroissoit moins un seigneur féodal que le protecteur d'une confédération des villes marchandes de Flandre et d'Artois. Il venoit de faire avec les propres villes de ses domaines des espèces de traités, comme si elles eussent été villes libres. Il leur promettoit mille priviléges commerciaux. Du reste il se montroit complétement docile aux observations que les grosses cités de Flandre lui faisoient, assez brutalement parfois, sur sa conduite politique. Enfin il paroissoit mettre tous ses soins à desserrer le lien féodal au profit de l'indépendance communale. Sa chancellerie elle-même, les lettres qu'il écrivoit, avoient cette bonne et empesée tournure de bourgeoisie importante et parvenue. C'étoit vraiment le chef qui convenoit à la vanité comme aux intérêts de la commune Rémoise, et le duc de Bourgogne avoit admirablement exploité, en même temps que cette vanité, les préjugés, les aveugles crédulités, de la petite bourgeoisie et du populaire.

En somme, Philippe avoit conquis cette position que son père avoit tant ambitionnée, et dont son aïeul avoit si hardiment jeté les fondements; il étoit parvenu à ce but qui paroît avoir été l'objet de la politique équivoque et mystérieuse de la maison de Bourgogne: il alloit pouvoir monter au trône avec l'aide de la Bourgeoisie. Les esprits sages de ce temps devoient en effet prévoir que tel seroit, d'après la logique des choses humaines, la fin des troubles : la France brisée en deux, le midi restant au roi d'Angleterre après une lutte infinie, et le nord sagement gouverné par un roi bourgeois, Philippe de Bourgogne, qui ne seroit guère que le protecteur d'une foule de petites républiques municipales retenues par un lien de fédération. On ne pouvoit en effet compter sur le miracle par lequel Dieu alloit sauver l'intégrité de la France et la monarchie.

Il faut reconnoître, du reste, que ce duc étoit de toute sa race le moins capable de mener à fin les projets d'une si haute ambition. Homme foible et irrésolu, il se montroit plus amoureux de la pompe et de l'apparence de l'autorité que de l'autorité elle-même. Aussi s'amusa-t-il aux fêtes et réceptions, aux noëls du populaire, aux conseils donnés à la Bourgeoisie, plutôt qu'il ne pensa résolument à prendre la couronne, malgré ses propres velléités, malgré les conseils des seigneurs Wallons et les traditions de sa famille. C'étoit bien, après tout, ce mélange de qualités et de défauts qui le rendoit si agréable aux bourgeois de Reims. Ses manières courtoises et débonnaires flattoient leur vanité, sa foiblesse n'arrêtoit pas leurs empiétements et leur permettoit de continuer ce mouvement vers l'indépendance absolue qu'ils avoient commencé depuis les troubles. La guerre les avoit laissés seuls dans la ville; la Féodalité, qui en étoit sortie pour se battre en pleine campagne, tendoit à devenir ce qu'est en effet devenue la noblesse françoise, une force purement militaire, sans influence politique ou civile. Eux, au contraire, avoient fait de leur ville une sorte de république, avons-nous dit, ayant son gouvernement propre et sa volonté particulière. Chaque chef de parti, pour les attirer à soi, leur écrivoit avec force gracieusetés et promesses.

En résumé, la cité Rémoise avoit tellement profité de sa position qu'elle tenoit des ambassadeurs auprès du roi, qu'elle avoit réuni à Laon une convention où chaque ville de Champagne et de Vermandois envoyoit des députés, et où elle-même jouoit le rôle le plus important.

Néanmoins elle alloit bientôt apprendre que la monarchie une et forte pouvoit seule sauver la France de la domination étrangère, et que le gouvernement des Bourguignons n'étoit que la préface du gouvernement des Anglois. Un beau jour, en effet, Reims se trouva ville Angloise; la vanité bourgeoise et la crédulité populaire l'avoient conduite à cette extrémité, qu'elle avoit repoussée jusque là si vigoureusement et au prix de tant de sang. Il y eut alors dans la cité un moment de grand trouble. Les familles qui portoient les fleurs de lys dans leur cœur, selon l'expression d'alors, ces partisans des Armagnacs, qu'on avoit tant persécutés quelques années auparavant, se trouvoient vengés par la honte de leurs ennemis. Ils rappeloient l'ancienne gloire de Reims. — Elle avoit toujours été fidèle, la vieille ville du sacre, disoient-ils; c'étoit dans ses murs qu'on avoit toujours trouvé les meilleurs soldats contre l'Anglois. A la dernière douloureuse bataille, à Azincourt, le grand bailly de Vermandois les avoit menés avec les soldats des autres communes de son bailliage, et tous y étoient restés étendus auprès de leur chef, plus braves et plus loyaux que bien des seigneurs de France. Plus loin encore, quand le roi Jean avoit été pris après la bataille de Poitiers, plus de soixante-dix-ans en çà, nulle autre comme la bonne ville n'avoit montré sa douleur; elle avoit fait cesser tous les jeux, empêché danses, fêtes et festins; on eût dit, répétoient les vieillards, une ville excommuniée.

Il y avoit de plus quelque chose de particulièrement désagréable au génie national dans ce roi Henri, si complétement Anglois et formaliste, tergiversant, négociant, attendant, se fortifiant toujours et ne s'emportant jamais, entourant ses armées de pieux aigus et préférant prendre les villes par la famine que par l'assaut. Du reste, roide et brutal, c'étoit une sorte de prototype de puritain enthousiaste et dogmatique en même temps. Il paroissoit avoir une tendance instinctive à vexer la vanité des clercs et de l'Université de France. Il avoit aussi des doctrines de guerre qui faisoient frissonner les marchands et laboureurs : « Guerre sans feux, disoit-il, ne vaut rien, non plus que andouilles sans moultarde. » Aussi déplaisoit-il à la bourgeoisie de tous les degrés ; mais il étoit grandement craint, et à bon droit. C'étoit un profond politique, excepté en ceci, qu'il ne sut jamais dissimuler son orgueil, ni son mépris de la nation vaincue. Sa diplomatie, qui ressembloit assez à celle de Louis XI, ne reculoit devant rien : à la moindre apparence de mouvement populaire, il lançoit ses archers sur le menu peuple, qui en avoit une frayeur mortelle. Les gens de Paris avoient enfin trouvé un maître autrement terrible que les Armagnacs, contre lesquels ils s'étoient tant révoltés. Tout cela se disoit dans la cité; mais à voix basse, car il ne falloit point trop murmurer contre le terrible *roi pendeur*. Le moment n'étoit pas encore venu; les préjugés contre les Armagnacs restoient dans toute leur force, la populace étoit par là bien disposée en faveur des Anglois. Les Rémois prêtèrent donc le serment qu'on leur demanda à tous, jusqu'aux porchers des abbayes et aux chambrières. A son passage à Reims, Henri V fut reçu avec enthousiasme de la part du peuple, avec une prudente courtoisie de la part de l'aristocratie municipale. Le peuple admiroit fort cet homme robuste, au front haut, aux lèvres fines, aux fières narines; il crioit *Noël* à ce teint brun, à ces moustaches noires, et il trouvoit qu'il y avoit dans ces yeux hardis quelque chose de riant, une apparence de bonhomie franche et joviale, qui rachetoit bien des crimes. Mais les gros bourgeois étoient blessés de voir cette pompe : tous ces insolents seigneurs étoient si richement parés de drap d'or, de joyaux et de pierres fines, qu'on ne savoit d'abord où une telle richesse pouvoit avoir été prise ; puis ils se rappeloient bientôt que c'étoient eux et la France qui avoient payé toutes ces merveilles. Ils disoient de Henri, avec haine, que c'étoit le chef de l'orgueil du monde ; mais toute la Champagne avoit été remise aux Anglois, et les bourgeois de Reims devoient, pendant bien des années encore, subir le joug commun.

Ils tournèrent alors toute leur activité vers l'intérieur de la cité, et recommencèrent leur lutte habituelle contre messieurs du clergé, leurs vénérés seigneurs. C'étoit la querelle éternellement pendante, et, au moindre mot de levée de deniers, de logements de soldats ou de prise d'armes, on étoit sûr de voir les droits et usages féodaux, les exceptions et coutumes communales, entrer en champ-clos. Celles-ci, rendues ardentes et agressives par la vieillesse de leur ennemi, commençoient assez vigoureusement la guerre sous la conduite du sénat et du tribunat Rémois, l'Echevinage et le Conseil ; mais les représentants de la Commune s'arrêtoient avant d'en venir aux dernières extrémités, pour ne pas révolter la piété du menu peuple. Ils redoutoient aussi l'excommunication, qui eût bouleversé la cité, brisé le respect de la hiérarchie et fourni aux mauvaises gens des métiers une occasion de se faire juges du différend en pillant impartialement les hôtels des Échevins et le cloître des Chanoines. Cette crainte du *commun peuple* et des *gens mécaniques* étoit en somme le grand frein de la diplomatie bourgeoise. Toutefois ce frein ne l'arrêtoit pas toujours, et au fond le Clergé cédoit fréquemment : les temps étoient rudes, il craignoit d'envenimer les haines, de perpétuer les discordes; puis la guerre se rapprochoit, il falloit alors chercher, comme il disoit, toute manière d'avoir paix, amour et bonne union ensemble.

Ces petits événements que nous venons de retracer, ces petits conflits d'intérêts municipaux, mêlés souvent de tant d'angoisses et de troubles, tel fut le milieu dans lequel se passa l'enfance de Coquillart. Ce furent ces exagérations fiévreuses de l'activité bourgeoise, cette vie toute portée aux choses extérieures et bruyantes de la cité qui lui donnèrent sa première éducation. Cette éducation par les événements est inconstestablement, dans les siècles agités et pour les natures impressionnables, celle à laquelle les biographes doivent accorder le plus d'attention. C'est elle en effet qui est l'éducation de l'instinct, elle qui forme ce qu'on appellera plus tard notre manière de voir. C'est elle aussi qui nous fournit les points de comparaison de nos jugements, elle qui nous donne celles de nos idées sur lesquelles nous reviendrons le plus fréquemment, desquelles nous partirons comme point de départ pour former notre science, autour desquelles enfin nous viendrons rapporter toutes les observations et expériences que nous fournira l'avenir.

Ce fut du moins le rôle que ces premiers événements jouèrent dans l'intelligence du futur poète bourgeois. Du reste ils se prolongèrent pendant la première partie du siècle, et leurs conséquences dominent directement l'histoire de notre pays jusqu'aux guerres de religion : ils eurent donc le temps d'exercer toute leur influence sur son esprit. Nous retrouverons plus tard les principales idées qu'ils lui fournirent ; mais nous pouvons constater dès maintenant qu'ils développèrent en lui le *sens de la vue* en littérature, c'est-à-dire *l'observation matérielle* et *l'amour des images*.

Alors en effet c'étoit l'accident de chaque jour qui étoit l'école de la jeunesse, et c'étoit le bruit de la ville qui étoit le maître professeur. Que de fois l'enfant ne vit-il pas la guerre se rapprocher des murailles, toute la ville dans la terreur, tous les habitants dans les rues! Des escouades des gens des métiers s'en alloient, sous la conduite des Connétables, couper les bois jusqu'à une demi-lieue, nettoyer les fossés, réparer les brèches. Tous les bestiaux rentroient en grand tumulte. Les portes de la ville se fermoient, nul ne pouvoit plus sortir. Les Dizainiers couroient dans toutes les maisons faire provision de claies, de tonnelets pleins de terre pour garnir les murs. Puis c'étoit la montre des habillements de guerre, la revue des arbalétriers et de tous les hoquetons. Le Lieutenant, accompagné du Clerc de la ville, alloit en toute hâte visiter les tavernes et les quartiers habités par les mendiants ; on expulsoit les étrangers, les truands les plus insoumis, les nouveaux venus parmi les varlets des métiers. Les chaînes étoient tendues partout en grand trouble et avec grand bruit. Les craintes du dedans, les défiances nécessaires, venoient encore compliquer la situation. Le Capitaine n'alloit-il pas livrer la ville aux gens de guerre ? Les Quarteniers étoient-ils fidèles, et les clefs remises en bonnes mains ? On n'entendoit parler que de villes assaillies, vendues, horriblement pillées. Ceux du menu peuple qui avoient été autrefois soupçonnés et punis relevoient la tête ; ils s'en alloient criant par les tavernes que le moment étoit venu où ils alloient reprendre les armes qu'on leur avoit enlevées, que le Conseil étoit composé de traîtres, qu'il étoit temps de faire de tous ces gens-là des cardinaux à tête rouge. Alors sonnoit la grosse cloche des convocations populaires. Mille ou douze cents personnes s'assembloient place de l'Archevêché, pendant qu'en l'église des Cordeliers on réunissoit deux cent cinquante des plus notables et des plus puissants pour les prier et induire à prêter l'argent nécessaire à la guerre. Parfois les assemblées étoient interrompues par un effroi soudain. Vite aux portes et aux murailles! celui-ci à la Porte-à-Vesle, pour garder le bourg avec Guillaume de Condé; celui-là à la Porte-Mars avec Benoît de Saint-Remy; ces autres à la Porte-Chacre avec monseigneur d'Ogé, le chanoine; ceux-là, les plus foibles, avec Cauchonnet, sur la place du Marché, pour recueillir les blessés[1].

Quand la guerre s'éloignoit un peu, restoient toujours les pillards, les soldats en garnison dans les châteaux voisins. Tandis qu'on gardoit les champs afin de protéger les travaux de la moisson, ces pillards s'avançoient parfois jusqu'à la prairie qui est devant la ville pour enlever les troupeaux. La cloche de Saint-Sympho-

---

[1]. Nous n'avons pas besoin de dire que ces noms sont authentiques. Tels étoient, en effet, les postes que devoient occuper ces importants personnages, d'après une délibération du conseil de ville, 21 août 1426. — Nous ne songeons pas à annoter chacune des observations et des dates, chacun des noms et des faits que nous serons obligé d'énoncer dans le cours de ce travail sur la vie bourgeoise. Le lecteur voudra bien croire, nous l'espérons, que nous ne faisons pas ici un roman. Nous avons réuni les documents fournis par une étude attentive de Coquillart, des archives Rémoises, des chroniques, des mémoires des écrivains du XVe siècle; nous avons disposé ces renseignements dans un ordre vraisemblable, nous en avons çà et là tiré quelques conséquences. C'est là tout notre travail.

rien appeloit la Commune aux armes; tous se précipitoient à la rescousse de leurs biens, mettoient en fuite les larrons, les poursuivoient avec des mots insultans et des injures piquantes : « Tourne, crioient-ils, homme d'arme, tourne! » Mais au milieu de leur victoire ils tomboient en une embuscade où l'on en faisoit un carnage horrible, et il falloit une grande somme de deniers pour racheter ceux des plus importans qui avoient été épargnés. La Commune alors se décidoit à couper le mal dans sa racine : elle envoyoit les plus courageux faire le siége des forteresses, Moymet, La Folie-Mareuil, Tours-sur-Marne et autres. Les bourgeois y alloient de bon cœur, escortant leur grosse bombarde, le *Couillard*, qui devoit faire merveille. Ainsi faisoit-elle, et bien souvent l'enfant vit revenir ces braves assiégeans escortant une grande masse de prisonniers qui s'avançoient la corde au col, accouplés deux à deux, comme des chiens qu'ils étoient, pour avoir causé tant de maux au commerce de Reims. Ceux d'entre eux qui étoient gentilshommes tenoient leur épée nue en la main droite, par le milieu de la lame, la pointe contre leur poitrine, en signe de gens rendus à discrétion, et il falloit entendre les acclamations et les injures! D'autres fois on voyoit arriver sur la place du Marché de grandes troupes d'hommes, de femmes et d'enfans, les uns blessés, d'autres mourans, presque tous sanglans et dépouillés, les femmes presque nues, traînant à grand'peine leurs petits enfans, les hommes portant quelques misérables restes de pauvre mobilier, les prêtres en tête, le chef nu, et la plupart n'ayant d'autres vêtemens que des lambeaux d'ornemens d'église : c'étoient les habitans fugitifs des villes et bourgs pillés et incendiés. Ils s'en venoient pleurant leur misère présente et le bonheur passé, se lamentant sur leurs enfans, sur leurs amis qu'ils avoient vu tuer, sur leurs filles restées aux mains des ennemis, et ils demeuroient au milieu de la ville, indifférens à l'avenir comme des troupeaux de bêtes. Hélas ! c'étoient là les spectacles que la fortune présentoit le plus souvent à Coquillart enfant, car les maux s'étoient accrus avec les années. La peste et la famine étoient entrées dans la ville ; il n'y restoit que seize cents personnes taillables, lorsqu'un rayon de cette foi qui sauve les âmes et les empires tomba sur Jeanne d'Arc.

Alors il se passa dans la cité tout un drame historique qui mit en relief les instincts des diverses classes, qui émut tous les intérêts et donna un moment d'activité inouïe à tous les rouages qui faisoient mouvoir la Commune. La jeune fille, qui paroissoit un personnage légendaire et qui parloit ainsi à tous les instincts du Moyen Age, prenoit toutes les imaginations par le merveilleux. L'enthousiasme combattoit chez le populaire les préjugés enracinés contre les Armagnacs, et tantôt montoit, tantôt descendoit, selon les détails que donnoient sur la Pucelle les gens de l'un ou de l'autre parti. Les anxiétés du Clergé, les querelles des théologiens sur la vérité de sa mission, les espérances réveillées, à grand'peine contenues, des familles dévouées au Dauphin, les antipathies nationales ressuscitant, les insolences des Anglois se représentant à tous les esprits, ceux-ci entrevoyant pour la première fois avec rage et étonnement la probabilité de la défaite, et obligés d'abaisser leur orgueil jusqu'à la ruse, tout cela jetoit dans la ville une animation inouïe. Pendant ce temps, la diplomatie bourgeoise déployoit ses plus profondes et ses plus alertes qualités. Elle manœuvroit au milieu de cette effervescence, de ces haines, de cet enthousiasme, de manière à garder sa neutralité, à conserver son libre arbitre, et déblayoit pourtant chacune des routes qui pouvoient l'amener promptement, c'est-à-dire avantageusement, entre les bras du vainqueur définitif; elle entretenoit les espérances de tous les partis, mettoit discrètement un pied dans chaque camp, et, avec toute prudence, avançoit ou reculoit à chaque victoire qui faisoit pencher la balance tantôt vers les Anglois, tantôt vers le Dauphin.

Enfin, le vendredi 6 juillet 1429, Charles VII entra dans la ville pour y être sacré, et le spectacle qui frappa alors les yeux des Rémois peut nous expliquer encore un des côtés du talent de Coquillart. Reims, la ville des Sacres, la ville aux fabriques de riches étoffes, elle qui, de génération en génération, avoit vu passer devant ses yeux les plus brillans costumes de tous les siècles, Reims devoit avoir légué à ses habitans l'amour de la splendeur extérieure. C'est elle qui devoit, entre toutes, représenter ce que j'appellerai le côté vivement coloré et brillamment habillé du Moyen Age. Son poète est en effet celui de tous les écrivains de la vieille littérature qui prodigue les plus vives couleurs et les plus brillans vêtemens. Il n'oublia jamais ces grands et riches habillemens qui avoient défilé devant ses yeux à l'entrée du roi, ces chevaux couverts jusqu'aux pieds de draps de damas, de satin et de velours de toutes couleurs, brodés et semés d'ornemens d'argent, tous ces seigneurs parés d'écharpes d'or fin et portant des manteaux de velours garnis de pierres précieuses, brodés de houppes de fil d'or ou fourrés d'hermine et de martre zibeline. L'un d'eux ne portoit-il pas même une épée ornée de tant de pierres précieuses qu'elle valoit vingt mille écus !

Ce luxe extravagant étoit la moralité que la première partie du siècle alloit léguer à la seconde, moralité que Coquillart recueillera et qui sera le résumé de ses poésies. Ce luxe étoit le résultat de la guerre civile, et c'est le résultat ordinaire. Ne faut-il pas que les uns dépensent le butin, que les autres oublient, s'enivrent et jouissent ?

II.

L'éducation bourgeoise.

Les événemens que nous venons de rapporter, les anxiétés journalières, l'activité fiévreuse de la vie, produisent dans les siècles comme dans les individus deux résultats tout à fait distincts, l'abattement ou l'exaltation, la concentration obstinée en soi-même et le retour à Dieu, ou le mépris de la réflexion causé par la conscience de son inutilité et le besoin de la vie frivole. Sous de telles influences, les deux mobiles qui avoient jusque là dirigé concurremment tout le Moyen Age et qui en expliquent toutes les contradictions, je veux dire la rêverie et l'activité corporelle, avoient pris au XVe siècle un développement excessif. La rêverie étoit devenue le mysticisme, qui est son extrême, et c'étoit là, — c'est-à-dire dans leur exagération et dans leur délire, — que s'étoient réfugiés les sentimens de la vie intime, devenus impossibles dans leur action régulière. De son côté, l'activité physique s'étoit précipitée dans tous les excès de la vie sensuelle.

La fantaisie littéraire n'avoit donc à cultiver que ces deux extrêmes : la métaphysique ou l'obscénité. En effet, la Bourgeoisie, qui prit en ce temps la direction de la littérature, maria ses propres qualités à ces deux tendances de son siècle, et elle créa ainsi deux écoles distinctes et fort curieuses dans leur exagération réciproque. L'une ne prêcha que la morale la plus pure et la plus convaincue, mais la prêcha lourdement et ennuyeusement ; l'autre ne connut que la brutalité la plus hardie et la plus obscène. Et cette brutalité, tantôt triste et plaintive comme l'abattement du siècle, tantôt folle et joyeuse comme l'exaltation de l'époque, cette brutalité, c'est la source d'où sortent les deux plus originaux poètes de ce temps : Villon et Coquillart.

Coquillart naquit dans une de ces familles de la Bourgeoisie qui étoient en chemin d'arriver sur le seuil de l'aristocratie municipale. Une ou deux générations de gens probes, économes, laborieux, l'avoient fait sortir de la classe des métiers ; une ou deux générations de gens habiles et intelligens alloient la pousser au Conseil de ville, au Chapitre ou à l'Echevinage. Arrivée là, cette famille pouvoit attendre la sanction du temps et de l'hérédité, continuer pendant plusieurs générations l'exercice des charges publiques, et par là s'inscrire à son tour dans le Livre d'or de la bourgeoisie Rémoise. — Ce livre n'étoit guère tenu que par l'opinion publique, mais il avoit pour preuves authentiques et pour documens ineffaçables chacun des combats que la Commune avoit livrés à la Féodalité. — La famillé devenue illustre restoit alors à la tête de la cité, gouvernant les affaires, soit indirectement par la richesse, les conseils, l'influence, soit directement par l'élection, qui ne l'eût jamais oubliée. C'eût été en effet l'annonce de quelque grand malheur aux yeux du populaire s'il n'avoit pas trouvé à l'Echevinage, à la commission des fortifications, au Conseil, quelqu'un de ces Grammaire, La Barbe, Bezannes, Montfaucon et autres, dont on trouvoit les noms à côté de ceux des archevêques dans l'histoire communale, et qui depuis si longtemps s'étoient toujours tant *travaillés* pour le profit de la bonne ville. Alors on eût dit dans la cité les *anciens Coquillart* comme on disoit dans les chroniques de France les *anciens barons*, et ils fussent restés à la tête de quelqu'un des partis qui luttoient pour la direction politique ou administrative de la Commune ; ou bien, s'ils préféroient décidément les étoffes de soie, de velours, et les chaînes d'or, aux draps de laine et aux bonnets fourrés, ils pouvoient chercher à couvrir leur grande bourgeoisie du manteau de petite noblesse, et saisir quelque occasion favorable, charges particulières, achat de terres nobles ou quelque exploit guerrier, pour entrer dans la classe nobiliaire. Toutefois, il n'y avoit guère que l'anoblissement par les charges qui fût désirable aux bourgeois de vieille race. Il étoit en effet la route naturelle, la seule qui permît de rester bourgeois tout en devenant noble, c'est-à-dire de conserver l'influence dans la cité. C'étoient là les divers degrés que parcouroit la Bourgeoisie pour monter quelquefois, comme la famille rémoise des Colbert, jusqu'à une illustration historique, mais le plus souvent jusqu'aux plus puissantes positions municipales. C'étoit là que devoit parvenir la famille Coquillart; mais au moment où nous la prenons, dans la première moitié du XVe siècle, elle ne faisoit qu'entrer dans la moyenne bourgeoisie.

Porteur de coquilles, pèlerin ou mendiant, homme pieux et hardi, ou vagabond et détrousseur de passants, l'ancêtre qui lui laissa son nom occupe, comme on le voit, une position ambiguë dans l'histoire. Nous avouons, du reste, que malgré toutes nos recherches, nous n'avons rencontré ce nom avant 1438 dans aucun des actes de la ville. Peut-être, après tout, n'étoit-ce pas celui qu'elle avoit porté jusque là. Les nobles gardoient le nom de leurs aïeux parcequ'il étoit illustre; les bourgeois, bien qu'ils eussent aussi leur noblesse et s'occupassent beaucoup de ce qu'on appelle aujourd'hui *généalogie*, changeoient leur nom à chaque génération, suivant le caprice d'un sobriquet, la volonté du père ou du parrain, et ne le conservoient que quand il étoit devenu célèbre. Quoi qu'il en soit, nous voyons apparoître pour la première fois le nom de Coquillart en 1438. A cette époque, maistre

Guillaume Coquillart [1], Conseiller de ville, reçoit six livres douze sols parisis pour frais d'un voyage qu'il venoit de faire à Nesle par devers Guillaume de Flavy. Il avoit été envoyé par le Conseil, et il s'agissoit de conclure avec ce capitaine pillard un traité dans lequel ce dernier s'engageroit à empêcher ses gens d'armes d'inquiéter dorénavant le commerce de Reims. Ce maistre Guillaume Coquillart, que nous devons regarder comme le père du poète, étoit, selon toute apparence, quelque avocat. Le titre de *maistre* ne se donnoit en effet qu'aux gradés de l'Université ou aux chefs des corporations, et c'étoient surtout les hommes de loi, gens experts et habiles, que la Commune employoit dans ses négociations. Cette part qu'il prit aux événemens de son temps peut nous faire comprendre l'influence qu'ils exercèrent sur l'esprit de son fils.

Cette éducation par les événemens fut du reste corrigée et complétée en même temps par une autre branche importante de la pédagogie du Moyen Age, par l'enseignement dans la famille, par l'éducation du coin du feu, si je puis dire. C'étoit cette dernière qui avoit jusque là joué le

---

1. Ce nom est écrit tantôt Coquillard, tantôt Cocquillard, ou Cocquillart. Foulquart, dans son journal, qui relate des faits contemporains de notre poète, l'écrit presque toujours de cette dernière façon. Nous avons pensé qu'en cette circonstance il étoit puéril de lutter contre l'usage, qui avoit imposé à ce nom l'orthographe moderne.

plus grand rôle dans la direction non seulement des mœurs, mais aussi de la littérature, et, si elle avoit à Reims et au XVe siècle une apparence particulière, elle avoit pourtant encore gardé quelques traits de sa physionomie antique.

Combien de fois en effet, dans la famille où grandissoit le poëte, les Légendes et les Contes n'avoient-ils pas réveillé tous les esprits ! Combien de fois, après le gros coup de la fermeture des portes sonné en l'église de Reims, maistre Guillaume, le Conseiller, n'étoit-il pas sorti tout anxieux pour aller en quelque secrète réunion des puissans bourgeois aviser au fait de la chose publique et deviser sur l'état des murailles et des habillemens de guerre ! Il avoit laissé la maison triste et la mère inquiète ; on n'entendoit point l'antique Complainte aux cent couplets, le Noël aux vives allures, qui commençoient autrefois si gaillardement les contes de la veillée. Le bonhomme, l'aïeul, quelque vieux Dizainier ou Connétable du temps de l'archevêque Pierre de Craon, sommeilloit dans son roide fauteuil à bras, au coin du petit feu de sarmens, attendant le retour du fils et les nouvelles de la guerre ; les chambrières filoient les toiles de la famille pour qu'elles fussent belles et blanches et sentissent « doux comme pervenches », et les varlets aiguisoient les socs, affiloient les faux et les serpettes, pour le cas où il plairoit aux damnés gens d'armes de permettre le labourage, la vendange et la moisson. La mère, pour chasser les soucis du temps présent, pendant qu'elle déshabilloit l'enfant et pour le préparer à la prière du soir, la mère lui racontoit quelque Légende; les marteaux s'arrêtoient, les fuseaux descendoient plus lentement; c'étoit quelque miracle de Nostre-Dame : « Comment le roy Clovis se fit *crestienner* à Reims »; « Comment Nostre-Dame sauva la femme innocente d'estre brûlée », ou tout autre.

C'étoit toujours la *douce Dame* dont on racontoit les merveilles, la *belle Vierge*, comme disoient les marchands venus des marches de Lorraine, celle qui est *le port des dévoyés* et dont *le sein est plein du lait des cieux*. Et le chant des fuseaux accompagnoit comme d'un lointain applaudissement la poésie de la douce Vierge :

> Tu es rozier qui porte roze
> Blanche et vermeille;
> Tu as en ton saint chef l'oreille
> Qui les desconseillés conseille
> Et met à voie.
> Ha! douce Vierge nette et pure,
> Toutes femmes par ta figure
> Doit-on amer.

C'étoit par elle en effet, avoient dit tous les poètes du temps passé, par elle seulement, que les femmes sont dignes de respect et d'amour; c'étoit elle qu'on devoit aimer en les aimant, et Dieu sait que jamais, à aucune époque, elles n'avoient eu autant besoin de cette pure et resplendissante figure pour y cacher leur honte, pour retrouver derrière cet abri le respect des hommes et d'elles-mêmes. Pourtant, en ce siècle où Dieu paroissoit avoir fait taire sa miséricorde pour n'être plus que le Dieu sévère et justicier, la Vierge elle-même sembloit être devenue grave et avoir abandonné ce pauvre peuple des persécutés, pour lequel elle avoit autrefois prodigué tant de miracles. Il doit en être ainsi : le peuple revêt toujours l'objet de son culte des nécessités de son besoin et des formules de son amour. Ainsi, dans les premiers temps du Christianisme, dans la première tradition, toujours plus positive, la sainte Vierge étoit représentée sous des traits plus en rapport avec l'austérité des premiers chrétiens, sous les traits d'une vieille femme. Elle devint de plus en plus jeune et belle à mesure que s'avançoit le Moyen Age. Aux XIIe et XIIIe siècles, pendant le temps du respect amoureux et de la pureté relative de la Chevalerie, elle étoit comme revêtue d'amour; mais au XVe siècle, la crainte, le besoin d'autorité, la misère, lui avoient donné un vêtement de puissance : elle étoit surtout *emperière* (impératrice), et elle portoit la haute et puissante couronne. C'est ainsi que Coquillart l'avoit vue, dans sa jeunesse, au porche des églises et au coin des rues nouvelles ; pourtant elle étoit encore la douce Dame. Aussi, dans les veillées du soir, c'étoit après son nom prononcé et ses miracles racontés que venoient, comme un parfum sorti de ce nom virginal, les plus merveilleux récits de la sainte *légende dorée*, les plus touchans des enseignemens maternels, et c'est dans les lettres de Gerson, dans les naïves réponses de Jeanne d'Arc, qu'on peut apprécier la puissance de ces enseignemens.

Parfois aussi, quand la mère s'arrêtoit oppressée par la pensée soudaine des incertitudes de l'avenir en ce pays désolé, quelque vieille servante, posant discrètement sa quenouille sur ses genoux, racontoit au milieu de l'émotion de tous les vénérables légendes de la nation Rémoise. Puis le père rentroit; il avoit recueilli sur les armées belligérantes toutes les nouvelles apportées par les espions et les mendians, par les marchands venus en grande frayeur de Liége et de Soissons, par les moines qui parcouroient les divers couvens de leur ordre. On parloit à demi-voix de la politique du Conseil, de la mauvaise volonté de quelques uns, de la frayeur des autres. C'est alors que le bonhomme, se réveillant, rappeloit, comme la honte et la leçon du présent, les vieilles traditions politiques et guerrières de la ville de saint Remy; mais tout cela étoit du temps passé : maintenant tout alloit de mal en pis depuis que nul ne savoit plus où étoient les droits du Roi et ne vouloit plus savoir où sont les droits de Dieu. Et, pour se consoler, le vieillard, prenant l'enfant sur ses genoux, lui répétoit les antiques légendes de la fondation de la ville vers le temps de la destruction de Troie la grande, long-temps, bien long-temps avant la venue de Notre-Seigneur. Puis, en descendant le cours des traditions populaires, il trouvoit les histoires parfois si dramatiques et si naïves des luttes que les ancêtres avoient soutenues contre les seigneurs.

C'étoit ainsi que se formoit dans le cœur de Coquillart l'amour de la bonne ville, le patriotisme communal et la fierté bourgeoise. Le poète devoit profiter de toutes ces narrations belliqueuses : il étoit destiné à représenter tous les côtés de la bourgeoisie Rémoise, et, quoiqu'il n'ait pas été en assauts de ville ou en traits d'épées, pourtant il devoit parler de la guerre, car Reims fut guerrière, et en parler d'une grande façon.

Les Légendes et les souvenirs marchoient de pair, on le voit, dans les entretiens de la famille, avec les nouvelles de la guerre. Il faut le reconnoître toutefois, et c'est ce qui sépare surtout le XVe siècle du reste du Moyen Age, les événemens avoient alors sur les âmes un bien plus grand pouvoir que les traditions et les Légendes. Les bourgeois de ce temps, quand la vie étoit autour d'eux si puissante et si animée, n'avoient pas besoin d'offrir à leur imagination l'appât de cette vie lointaine et factice qu'ils trouvoient dans les Romans, et, de tous les enseignemens apportés par l'éducation, ils retenoient ceux-là surtout qui étoient en rapport avec la tournure d'esprit vive et sceptique que leur avoient faite les événemens. Coquillart n'avoit pas non plus complétement reçu cette éducation chevaleresque et légendaire des classes nobles et populaires ; dans les familles des gens de loi, le côté positif de la pensée étoit souvent cultivé aux dépens du cœur, et l'esprit au détriment de l'imagination. Il y avoit aussi dans la ville de Reims une espèce caractéristique d'esprit qui devoit singulièrement agir sur l'instruction de ses enfans : c'étoit une sorte de brutalité vive, hardie et sarcastique, une grossièreté ingénieuse, vis-à-vis des femmes surtout, et qui se retrouve dès le XIIe siècle dans les chansons rémoises. C'étoit cet amour des proverbes qui semble inhérent à la puissance de la Bourgeoisie, au développement des idées communales, et qui, dès le XIIIe siècle encore, donne à la Chronique de Reims une si originale physionomie. Tous ces hasards nous expliquent comment Coquillart devoit peu profiter de la partie grave et touchante de l'éducation du Moyen Age.

Ce côté moral et sévère étoit alors, du reste, fort ennuyeusement représenté par les lourdes allégories de maistre Alain Chartier et de dame Christine de Pisan, par les longues et verbeuses moralités du XIVe siècle, par *le Roman du Pèlerin*, de Guillaume de Guilleville, *le Champ ver-*

tueux de Bonne Vie, de Jehan du Pain, du Bourbonnois, *le Respit de la Mort*, de Jehan Le Fèvre. Pourtant il y a dans ces deux derniers une vivacité de forme, dans Jehan Le Fèvre une suite de vives et sanglantes satires, qui ne laissèrent pas d'exercer une certaine influence sur le génie de Coquillart.

Ce génie se trouvoit en tout semblable à celui de la ville natale du poète, et il alloit chercher la direction de son avenir aux mêmes sources où venoit s'ébattre depuis si long-temps la fine fleur de l'esprit Rémois. Nul n'écoutoit d'une oreille plus attentive tous ces proverbes à qui les gens de Reims donnoient de si vives et piquantes tournures, ces sobriquets qu'ils peignoient de si brillantes couleurs, tous ces caquets et commérages qui, dans ces bouches friandes de mots gaillards, devenoient de vrais petits drames, pleins de vie, de malice bourgeoise et de réalisme brutal. Ses fêtes à lui et sa véritable école, c'étoient ces jours des hautes féeries où le vieil esprit populaire se réveilloit, aiguisé et comme rafraîchi par le travail journalier et le silence des jours ouvrables. Il trouvoit là ces Noëls si naïfs où l'on maudissoit la femme qui, « pour un morceau, las! si petit », nous avoit fait chasser du Paradis, ces Chansons champenoises, ces vieilles rimes de Gobin de Reims, de La Chèvre de Reims, dignes et grossiers jongleurs qui ne paroissent pas avoir rencontré dans leur ville natale ni ces pudiques pastourelles, ni ces solennels amours, que Thibaut de Champagne avoit sans doute inventés. Il trouvoit là enfin les ballades du grand poète Eustache Deschamps, non point peut-être celles qu'il avoit composées sous l'influence des gens de Cour, mais celles-là qui sortoient plus directement des vieilles traditions trouvères et des tendances primitives du génie Champenois, *la Chartre des Enfans de Vertus*, les ballades de *la Moustarde*, sur *le Bien d'Autrui*, de *l'Ordre du Cordier*, contre *les Mariniers*, etc. Par-dessus tout régnoit en grand triomphe *le Roman de la Rose*, qui concordoit parfaitement avec les inclinations sceptiques du siècle et la position où étoit descendue la femme. Aussi étoit-ce un bonheur sans pareil quand, pour compléter une joyeuse veillée, on alloit chercher rue Saint-Pierre-le-Vieil quelque ménétrier à longue mémoire, qui récitoit, au milieu des éclats de rire, les fabliaux consacrés à la malice des femmes.

L'esprit de Coquillart dut être aussi singulièrement frappé par la vive allure de quelques personnages des Mystères ; il n'oublia pas plus tard Espringallant, Jabot, Mammissart, Guilleri, jeunes galans de Jérusalem qui dansoient en *bonne et gorgiase vesture* avec Louppette, Argine, Agrippine et Delbora, jeunes beautés fringantes du même pays, tous chantant, sous les yeux paternels du bonhomme Caïphe, la ronde « Hé vogue la galée ! »

> Y avoit trois filles,
> Toutes trois d'un grand,
> Disoient l'une à l'aultre :
> Je n'ay point d'amant.
> Et hé ! hé !
> Vogue la galée !
> Donnez lui du vent.

Cette poésie hébraïque jouissoit d'une grande faveur auprès des bourgeois de Reims.

A ces premières années passées à Reims, où Coquillart fit sans doute ses études de grammaire dans un des trois importans colléges, des Bons-Enfans, des Crevès ou de Saint-Denis, succéda vraisemblablement le séjour de Paris, où les jeunes Rémois venoient alors étudier le droit, l'université de Reims n'ayant été reconstituée qu'un siècle plus tard. N'étoit-ce pas à Paris, d'ailleurs, comme disoit Fazio degli Uberti, que les sciences sacrées et humaines chantoient nuit et jour de leurs voix divines ? Et puis, ce qui étoit beaucoup plus important, ne disoit-on pas en toute province : Il est sage et bon clerc, car il a longtemps étudié à Paris ? — Donc

> Il alla gaudir à Paris,
> Et hanta tous legiers esprits,
> Joyeux enfans de plaisance.

C'étoit là dans une certaine mesure la prophétie de son avenir. Il entra dans cet *amoureux vergier* en *marmousant* ses rêves d'or, comme parle Eustache Deschamps, et en chantant la ronde des jeunes fringantes de Jérusalem :

> Hé! vogue la galée!
> Donnez-lui du vent;
> Hé! vogue la galée,
> Nuit et jour sans cesser!

Il n'eut pas sans doute de peine à payer sa bienvenue, qui ne se montoit qu'à vingt sols, puisqu'il n'étoit ni noble ni pourvu de bénéfices, et à prouver qu'il ne méritoit guère cette qualification de brute et d'imbécille que les dictons de l'Université donnoient à ceux de sa nation. Il étoit là libre comme l'émerillon sauvage; il n'avoit pas pour bandeaux à son imagination ces murs épais que maudissoit Villon, et il pouvoit dès maintenant préparer en quelque sorte son avenir en choisissant ses compagnons.

Coquillart rencontroit en effet dans l'élite de ses camarades les trois sortes d'écoliers qui devoient, à des titres divers, dominer la littérature du siècle. Les uns, graves et pieux, studieux et savans, recevroient quelque bénéfice, récompense de ces longs labeurs théologiques qui les retenoient aux écoles jusqu'au seuil de l'âge mûr; puis dans les canonicats, les monastères ou à la cour des princes, ils alloient, comme les

Molinet, les Crestin, les Lemaire de Belges et les Martin Franc, composer les Chroniques, traduire les auteurs latins, inventer les longs Poèmes allégoriques. En somme, après avoir fort ennuyeusement fait manœuvrer pendant un siècle dame Vénus et Cupidon, son *garçonnet*, après avoir pendant ce même temps fort laborieusement *écorché la peau de ce povre latin*, ils devoient livrer la langue et l'esprit François aux poétiques expériences de la Renaissance. Les autres, esprits vifs et hardis, moitié laborieux, moitié amis du plaisir, mais ennemis de la débauche, devoient retourner dans leurs villes natales. Là, gens de loi, fonctionnaires de la Commune ou grands bourgeois, ils iroient, en s'inspirant du génie de leur province, réveiller quelques échos de la littérature du Moyen Age; ils réciteroient dans les réunions joyeuses les Ballades gaillardes ou les Rondeaux satiriques, les Complaintes grivoises ou les Chansons équivoques, et célébreroient ainsi les scandales et commérages de la cité. La troisième classe se composoit de pauvres hères qui avoient apporté à l'Université le prix de quelque bon lopin de terre gagné à grand'peine par la charrue paternelle, maintenant traîneurs de coutelas et orateurs de tavernes. Ceux-là se trouvoient destinés à devenir les poètes de la Cour des Miracles, à traîner par toute la France les plus mauvaises traditions des vieux jongleurs, à égayer les enfans perdus, les truands, les *tire-laine*, en leur chantant la chanson du *Pauvre Escolier* :

> Les dyables m'ont rompu ma houppelande,
> Et ma chappe est par vin toute perdue ;
> Mieux m'eust valu chasser en une lande.

Le jeune étudiant Rémois tenoit de son origine bourgeoise une tendance à se garder prudemment des extrêmes. Sa nature d'esprit, son éducation, la voie qui lui étoit tracée par la position paternelle, ne lui permettoient pas de se ranger dans la première de ces trois classes : il s'en consoloit en disant que, si les chevaux courent après les bénéfices, ce sont les ânes qui les attrapent. Mais il étoit l'enfant de la bonne et riche bourgeoisie, et c'est, malgré une certaine ressemblance de gaieté et d'esprit, ce qui constitue une grande différence entre lui et Villon, qui touchoit au peuple. Il ne lui falloit pas, comme à celui-ci, inventer les plus étranges expédiens et fouiller parfois dans les poches sans défiance pour trouver les vingt sols que l'Université exigeoit chaque année de ceux qui suivoient ses cours, et les cinquante sols qu'ils devoient payer pour l'examen de Licence. Le fils de maistre Guillaume, Conseiller de Reims, n'avoit pas non plus, comme le pauvre Villon, besoin de vendre ses livres et ses robes fourrées de l'hiver pour, au printemps, donner une aubade à sa belle.

En outre, Coquillart avoit bien une imagination

aussi vive, mais moins rêveuse, une nature plus positive et moins paresseuse. Il voyoit devant lui sa carrière; il n'étoit point mordu par cette mélancolie que donne l'incertitude de l'avenir, par le besoin de jouir d'une vie qui sera peut-être et si courte et si misérable. Quoiqu'il fût hors de la cité Rémoise, il se sentoit toujours tenu par cet amour de l'ordre, presque déjà classé dans cette forte hiérarchie qui faisoit le bonheur de la Bourgeoisie du Moyen Age. Malgré les entraînemens, il s'arrêtoit toujours à cette limite extrême et périlleuse où le plaisir cesse pour devenir la débauche irrémédiable et l'abandon de soi-même. Ainsi il connoissoit bien ces insignes débauchés, Perrenet le Bastard, Jehan le Loup, Chollet, qui savoient si adroitement voler les canards dans les fossés de Paris; mais il n'étoit pas leur ami, il arrêtoit sa camaraderie à Michault du Four, le *Prince des Sots*. Il se sentoit entraîné seulement vers ces gracieux galans que Villon devoit suivre aussi aux temps de sa splendeur, danseurs, sauteurs, vifs comme dards, aigus comme aiguillons, gens d'esprit, « un petit estourdiz ». Rien ne nous prouve qu'il montrât un profond dégoût pour ces femmes galantes, ces *grandes joncheresses*, comme il les appellera, ces Parisiennes si subtiles et si vives *langagières* qui se tenoient aux portes des écoles; il fera même plus tard le portrait le plus simple et le plus vrai de la grisette de Paris, — grosse, courte, bien entassée, avec la hanche bien troussée, le bec ouvert pour recevoir dons et baisers, pour dire aussi le gentil *mot de gueule*, l'œil comme taillé et lançant des étincelles ainsi qu'un diamant à facettes, toujours prête, avec son petit *musequin* éveillé, à chasser à la pipée, c'est-à-dire à poursuivre de ses regards aigus tous ces gros niais chargés de bijoux et contrefaisant les gaillards à bonne fortune. — Toutefois il se gardoit bien de se faire le compagnon de la belle Heaulmière. Sans doute aussi, comme Villon, il aimoit, le soir venu, à aller voir en quelque église ces vives commères Parisiennes, assises sur le bas de leur robe, et là, pour se reposer des longues patenôtres des hautes fêtes, devisant sur les merveilleuses vertus des voisins et voisines. Il y entendoit des jugemens plus beaux que ceux de Salomon, des dictons plus réjouissans que les Distiques du sage Caton. Ces fêtes populaires de la parole, ces naïfs *débridemens* de langue, devoient être toujours ses inspirations et son bonheur.

A cette époque du reste, il se faisoit une sorte de transformation dans la partie bruyante des écoliers. Ils n'étoient plus ces sicaires contre lesquels l'Official de Paris avoit dû lancer tant d'excommunications; ils ne portoient plus vers la politique cette fièvre turbulente qui les avoit rendus si redoutables au commencement du siècle; ils dirigeoient maintenant leur activité vers la galanterie légère et brillante. Coquillart, dans sa vieillesse, accablera de ses satires cet amour du luxe extérieur, et bien fera-t-il, car il le trouvera installé, en place des vieilles mœurs, au foyer domestique de la Bourgeoisie ; néanmoins il dut subir un instant son influence, et il se laissa enivrer par toutes ces énervantes douceurs de la vie Parisienne qui civilisent au profit des femmes les grossières et provinciales natures.

C'étoit une grande fête pour lui quand il pouvoit rencontrer Tapissier, Carmen, Cesaris, qui chantoient à la vieille mode, et Verdelot, le plus habile joueur de *doulcine* et de flageolet. Ils ne valoient pas, à vrai dire, Guillaume du Fay et Binchois, qui venoient d'inventer une nouvelle et mélodieuse méthode pour *déchanter*, c'est-à-dire chanter à deux voix. On les disoit pourtant eux-mêmes dépassés par les Anglois, qui suivoient, en haute et basse musique, la méthode de Dunstable et faisoient l'étonnement de la cour de Bourgogne. Il semble nous indiquer aussi combien souvent on le voyoit errer par les rues vêtu de vert comme l'arbre du Mai, la toque ornée d'une branche de verdure, symbole d'amourettes. Il marchoit, musant aux fenêtres, regardant avec un gracieux sourire les jeunes filles qui arrosoient d'une main nécessairement tremblottante les giroflées, la parure du prochain bal. Quelquefois il fréquentoit les gens de Cour, et *cultivoit* la littérature à la mode, du moins il le laisse entendre dans le *Monologue du Puys* et le *Blazon des Dames*. Quelquefois aussi, pour plaire à ses protecteurs, il composoit ces ballades, ces rondeaux où il

> Mettoit chevaux et lévriers,
> Hérauts, échansons, escuyers.

Il falloit le voir, quand il avoit passé les nuits à chercher les mots nouveaux, les nouvelles rimes sur la gracieuse prison d'amour, partir dès le matin avec Henriet et son compagnon Jacquet, musiciens ordinaires des riches écoliers. Ils s'en alloient tous trois donner l'aubade à quelque riche et bienveillante bourgeoise. Combien plus tard il trouvera ce temps plaisant et cette musique jolie !

> Où estes-vous, chantz de linottes,
> De chardonneretz ou serins,
> Qui chantiez de si plaisans notes
> Soubz les treilles de ses jardins ?
> Où estes-vous, les tabourins,
> Les doulcines et les rebecz,
> Que nous avions tous les matins
> Entre nous aultres mignonnetz ?

Il ne paroît pas que ni le siècle, ni les écoliers, ni Coquillart, fussent fort enthousiasmés d'amour platonique. Il passoit vingt fois par jour dans la rue où demeuroit sa Dame, mais c'étoit moins pour saluer langoureusement ses fenêtres, adorer la porte et baiser en grande détresse la cliquette

de l'huis que pour montrer ses beaux habits.
Aussi, quand il rencontroit ses joyeux compagnons : — *Bona dies* soit aux mignons ! — Où allez-vous ? D'où venez-vous ? — Peut-être revenoient-ils de quelque honnête festin, mais à coup sûr ils se trouvoient sur la route de quelque amoureux banquet. Qu'y pouvoit-on faire sinon danser ? et le diable sait si l'on se faisoit fête de mener sauter ces commères de si facile humeur. Le corps bien fait et gracieux, vif et hardi, éveillé comme sauce piquante, Coquillart s'en alloit donc chantant parmi les demoiselles :

Hé ! vogue la galée
Nuit et jour sans cesser !

pendant qu'entre les mains des jeunes filles le chapelet de fleurettes poursuivoit sa ronde au son des couplets amoureux. Il ne négligeoit pas pourtant sa dame par amour. Elle l'avoit séduit par son plaisant sourire et sa naïveté. Ne diroit-on pas une enfant, tant elle rit gentillement et sans faire bruit ! Elle a les yeux vairs, la bouche petite, et elle marche si légèrement en faisant un tas de minettes ! on croiroit qu'elle s'avance à travers un fagot de jeunes épines. — Et notre amoureux va gratter à sa porte, toujours fier de sa fortune et émerveillé de sa bonne mine. Tantôt à pied, portant robe de fin camelot, la cornette de velours ornée de bijoux, il court, traînant le patin, tracassant les pavés ; puis demain, monté sur une belle haquenée, vêtu d'une robe richement fourrée, il s'avance suivi de son page, faisant feu sur les pierres de la rue, montrant partout son beau costume et ses gentils brodequins.

Telle étoit selon toute apparence la vie du riche et hardi escolier. Cependant une telle vie ne pouvoit toujours durer. Coquillart étoit un joyeux jeune homme ; mais il possédoit à un haut degré ce mélange de sens et de finesse qui distingue la race Champenoise. Il se disoit bien qu'il ne seroit jamais un de ces clercs jusqu'aux dents qui ont avalé leur Digeste ; mais il étoit trop ambitieux pour vouloir devenir un de ces Avocats sous l'orme et Procureurs des mouches, un de ces Licenciés sous la cheminée, grands savants devant leur chambrière, qui étoient la risée de sa satirique patrie. D'ailleurs les récompenses que la cité promettoit au travail, à la probité, à l'intelligence, la place que sa parenté lui avoit déjà choisie, rien ne lui permettoit de rentrer dans la bonne ville sans étude et sans science.

Il savoit bien aussi l'avenir qui attendoit à Paris ces écoliers éternels. Cette sorte d'imagination qui lui étoit propre, et qui lui montroit toutes choses sous la forme de petits tableaux, lui avoit bien souvent représenté cet avenir sous de tristes couleurs, quand le remords et le dégoût venoient après les longues fêtes et les longues amourettes. Il voyoit alors Guillaume Coquillart, escorté de messire Coupaureille, maître juré Tourmenteur, s'en aller bravement, lié derrière une charrette, vêtu de léger comme il convient à un dos qu'on fustige, porter et laisser ses oreilles au pilori des Halles, pour expier quelque grand tapage ou scandale, quelque blasphème, ivrognerie ou léger larcin. Que pouvoit-il devenir après cette exécution, sinon le « capitaine de la foire aux chétifs », comme disoit Eustache Deschamps, le chef de quelque bande de cinq cents malotrus si persécutés du sort, qu'ils n'eussent pu à eux tous montrer trois cents oreilles ? Et quand il comparoit ce spectacle de l'avenir qui attendoit les fringans à la fin de leurs fêtes aux tableaux qu'il avoit vus si souvent pendant son enfance, pendant que sa mère, au son des fuseaux, au milieu de tous les bruits de la famille heureuse et laborieuse, lui racontoit les miracles de la douce Dame, il se sentoit oppressé comme par un cauchemar. Alors il laissoit là le velours et le satin, et il reprenoit avec ses habits de drap, qui étoient l'attribut de la Bourgeoisie, le travail, qui étoit aussi l'honneur de cette bourgeoisie.

Une partie de sa vie étoit donc donnée aux études juridiques ; mais là encore Coquillart retrouvoit quelques unes de ces influences qui faisoient l'éducation de son génie littéraire. Si nous pouvions le suivre aux écoles pendant le temps où l'on discutoit de la nature, des droits et de la position de la femme, nous entendrions le professeur enseigner les singulières doctrines de maître Drogon de Hautvillers, célèbre professeur de droit civil au XIIIe siècle. Ces considérations juridiques, d'une dureté naïve et brutale contre la nature féminine, devoient encore contribuer à augmenter dans Coquillart ce mépris de la femme qui est un des plus singuliers côtés de son génie.

Au milieu de cette existence donnée tantôt au plaisir, tantôt au travail, la fin de ses études universitaires arriva et le trouva oscillant entre les deux côtés de sa nature. Subiroit-il l'entraînement de cette tendance à la vie et à l'observation extérieures? Se laisseroit-il emporter par le besoin de voir et par l'imagination? ou bien obéiroit-il à ces qualités qu'il avoit plus particulièrement héritées de la Bourgeoisie du Moyen Age, l'intelligence des choses positives, le développement du sens commun et l'amour de la morale?

En suivant la première de ces tendances, il pouvoit prendre la littérature comme carrière, devenir le plus dévergondé des trouvères errans et sans soucis, exagérer en un mot son cynisme jusqu'aux *Contredits* de Marcoul et de Salomon, jusqu'au *Dit* de Richaud et au Roman de Trubert, ou bien il pouvoit encore, restant à Paris en qualité de secrétaire de quelque seigneur, lutter douloureusement au nom de la science contre son génie original et devenir à la longue un pâle disciple d'Alain Chartier. Heureusement la pensée de Dieu, le respect des traditions, la préoccupation de faire une bonne maison en suivant la carrière paternelle, le désir de ne point déshonorer son lignage, toutes ces idées avoient conservé encore une grande partie de leur pouvoir, et opposoient un puissant obstacle à la vie de caprice et de fantaisie. Nous avons dit aussi que la fierté communale étoit fort développée dans la bourgeoisie Rémoise, et toujours la vieille et noble cité avoit exercé une fascination étrange, à laquelle nul de ses enfans n'avoit pu résister. Toujours ils avoient les yeux tournés vers elle, l'honneur, presque la tête sacrée du royaume de France, et toujours c'étoit là qu'il leur falloit revenir. Eustache Deschamps lui-même ne l'avoit-il pas dit ? Il n'y étoit point né pourtant ; mais quand il avoit dû la quitter, il étoit parti bien malheureux. Long-temps il avoit regardé ces mille clochers qui avoient sonné tant d'heures joyeuses, et lorsque le plus haut d'entre eux s'étoit confondu à l'horizon avec le ciel bleu de la douce Champagne, il s'étoit agenouillé et s'étoit écrié en pleurant : « Adieu te dis, noble cité de Reims. »

Coquillart voyoit bien aussi que la littérature étoit devenue plus que jamais un accessoire, l'emploi d'un moment de loisir, non un métier. Guillaume de Machault, poëte champenois et secrétaire du roi Jean, étoit bien arrivé par la faveur de la Cour jusqu'au canonicat de Reims; mais la faveur royale ne se tournoit plus maintenant que vers les gens de guerre. La Féodalité s'en alloit aussi; les seigneurs n'étoient plus que de pauvres protecteurs, et il se rappeloit quelle peine Deschamps avoit eue à obtenir une houppelande du duc de Bourbon et un cheval du duc de Bar. — A gens de lettres honneur sans richesses, — disoient les vieux proverbes, qui faisoient au contraire toute sorte de gracieuses promesses au noble métier de l'advocasserie, car l'argent tremble devant la porte du Juge et de l'Avocat, tant il est sûr d'y entrer un jour, et le vent n'entre jamais dans la maison d'un Procureur, tellement ce bienheureux argent en bouche tous les trous. S'il est vrai d'ailleurs que les hôtels des avocats sont faits de la *teste des fols*, notre Bachelier ès lois savoit bien qu'il trouveroit dans sa ville natale les matériaux d'une belle construction. Peut-être aussi entrevoyoit-il déjà, dans un lointain avenir, quelque vieille figure ridée, mais joyeuse encore, coiffée du bonnet rond aux riches fourrures et appuyée sur le dossier sculpté d'une stalle de chanoine. Il lui sembloit qu'en passant on saluoit dévotieusement cette honorable personne du nom de monseigneur Guillaume Coquillart! Il n'ignoroit pas en effet que le canonicat étoit parfois dans la cité la récompense suprême de l'intelligence unie à une vie chrétienne et laborieuse.

Il revint donc à Reims s'installer à titre de *practicien*, ce qui étoit se faire moitié avocat, moitié procureur. Il rentra sans arrière-pensée dans la vie bourgeoise; il y fit rentrer aussi, comme à leur bercail, son esprit, son intelligence, ses instincts et ses désirs. Il se sépara complétement des influences hostiles à la moralité de sa vie, à l'originalité de son génie, et il se jeta résolument dans le travail.

III

Installation dans la cité.

Pendant le temps que Coquillart avoit passé loin de sa ville natale, le calme et la paix, qui y étoient entrés à la suite de la Royauté, avoient de jour en jour étendu leur influence. On avoit bien senti encore, et on les sentira jusqu'à la fin du siècle, ces sortes de soubresauts sans lesquels ne finissent ni les guerres civiles ni les révolutions. Le menu peuple surtout avoit été fortement ému par une sorte de prédécesseur de Luther, Thomas Connecte, qui s'en alloit faisant par toute la France une guerre acharnée aux *hennins*, aux grandes *cornes*, à tous les atours des femmes. Mais la foi en la Royauté et le respect de l'autorité étoient revenus, tout tendoit à rentrer dans son état normal. La bourgeoisie Rémoise avoit tellement souffert pendant sa période d'orgueil et d'indépendance, elle aimoit tellement ce roi qui l'avoit délivrée des angoisses de la dictature, qu'elle s'abandonna à lui tout entière, et l'on peut mesurer la grandeur de ses souffrances par l'étendue de ses sacrifices. En résumé, pendant tout ce temps, quelque ruinée qu'elle fût, elle ne refusa ni les saluts d'or nécessaires à la continuation de la guerre, au rachat des villes, ni les hommes, soldats ou pionniers, qui alloient périr au siége des places fortes ou dans les escarmouches. Elle étoit redevenue la bourgeoisie fidèle d'une ville qui se disoit le chef et l'honneur du royaume de France.

C'étoit surtout l'archevêque, monseigneur Regnault de Chartres, chancelier de Charles VII, qui servoit d'intermédiaire entre la ville de Reims et le Roi. Il n'oublioit jamais ses enfans bien-aimés, et, à de bien courts intervalles, on voyoit arriver quelque courrier aux armes de France, quelque Chevaucheur du Roi, apportant une lettre de monseigneur le Chancelier. C'étoit toûjours un grand événement. Par là il tenoit la cité au courant des affaires politiques et des nouvelles de la Cour. Ces naïves et simples missives racontoient toute l'histoire du temps. Tantôt elles montoient jusqu'aux plus amples renseignemens touchant les mouvemens des armées belligérantes, tantôt descendoient jusqu'aux plus petits détails des commérages sur la Pucelle ou des vols faits dans la garde-robe du Dauphin ; elles étoient la vraie gazette du temps, et jouoient à peu près le rôle de la presse actuelle. Elles se répandoient par toute la ville, et, au sortir de la salle du Chapitre ou du Conseil, où elles étoient lues d'abord, elles descendoient dans toutes les oreilles, elles devenoient la conversation de tous. Dieu sait de quels commentaires hardis elles se trouvoient ornées quand elles arrivoient au coin du feu de quelque politique de *l'état et artifice de barberie*, ou de quelque autre diplomate des petits métiers. Ces lettres avoient bien, il est vrai, un côté désagréable; et il étoit rare qu'elles ne se terminassent pas comme l'épître de l'Ecolier Champenois : « Je vous mande argent et saluts. » Ne falloit-il pas racheter Épernay des mains de Chastillon, aider ce pauvre duc d'Orléans à trouver les 20,000 écus d'or de sa rançon, et remplacer les serviettes volées au Dauphin? Cela du reste étoit demandé si courtoisement, qu'il n'y avoit pas moyen de refuser. Et quoique les plus riches bourgeois eussent été obligés de fondre leur vaisselle d'argent quand monseigneur Regnault mourut, en 1444, il n'en fut pas moins, dans les éloges funèbres que prononçoient les bouches savantes de la cité, le pacificateur des princes, l'œil vigilant du royaume.

C'étoit vers cette époque que Guillaume Coquillart rentroit au foyer paternel. Il y retrouvoit assises au coin du feu, chantant au son des mêmes fuseaux et murmurant leurs éternelles joyeusetés, ces impressions qui avoient gouverné son enfance, ces influences qui alloient diriger son avenir. Elles étoient les fées protectrices des lignages bourgeois, et elles avoient attendu l'enfant prodigue. Il ne leur avoit guère été infidèle du reste, et il alloit devenir leur illustre et docile élève jusqu'à la fin de sa longue carrière. Il entra résolument, avons-nous dit, dans cette vie chrétienne et laborieuse qui étoit alors encore imposée par les mœurs générales, et qui se trouvoit ainsi la seule respectable, la seule utile et conseillée par l'ambition. Il arrivoit à titre de Practicien, noble état dans la ville de Reims, représenté au Conseil comme le Clergé, les Nobles, les Bourgeois et les Marchands, et souvent même passant avant les nobles sur les actes des délibérations. Il fut accueilli, l'on pense bien, et escorté à son arrivée par tous les proverbes qui étoient, dans la bonne ville, en possession publique, paisible et immémoriale de donner l'aubade à tout débutant dans la carrière judiciaire. Notre praticien n'étoit pas homme à rester court : il vivoit depuis longues années dans l'amitié des proverbes.

Il se mit de grand courage à poser les fondemens de son avenir, et l'on ne tarda pas à reconnoître en lui un de ces hommes qui ont l'œil à garder et à bien gouverner leur fait. La bourgeoisie de ce temps avoit en effet pour règle stricte de travailler sans distraction jusqu'à la fortune gagnée; après cela, les uns prenoient leur repos dans la direction générale de la famille ou dans les charges municipales, d'autres dans les cloîtres, quelques autres dans la littérature.

Les circonstances étoient favorables pour Coquillart. Dans la ville de Reims, il est vrai, un avocat ne gagnoit guère que huit sous parisis pour servir de conseil en un procès, et il falloit faire de bien nombreuses écritures pour avoir vingt-quatre sous; mais le Moyen Age étoit volontiers processif, et les procès de Champagne étoient aussi célèbres que la fausse monnoie de Paris. La coutume de Reims régissoit non-seulement le bailliage du Vermandois, mais aussi la comté de Champagne et le bailliage de Vitry. Il y avoit là un vaste champ à moissonner. La position paternelle lui avoit fait des protecteurs et des amis; aussi, dès 1446, le Garde du sceau du bailliage lui avoit demandé un rapport sur des difficultés intervenues à propos de la police des marchés. Sans doute il n'étoit pas aussi savant que Me Gérard de Montfaucon, qui faisoit en ce moment le premier commentaire de la coutume de Reims; il n'étoit certes pas aussi bien posé dans la ville que Me Jehan Cauchon, Me Henry le Membru, licenciés ès lois, qui appartenoient aux premières familles municipales; peut-être même n'étoit-il pas aussi habile que Jehan de La Sure et Henry

Payot, ses confrères, procureurs comme lui en *court-laye*. Pourtant, qui l'eût vu et entendu à l'auditoire de la Pierre-aux-Changes, où se tenoit le tribunal de l'Archevêque, celui-là l'eût distingué parmi tous les avocats, les conseillers, praticiens, bacheliers ou licenciés en lois ou en décrets qui composoient l'auditoire de M. le Bailly. Celui-là eût pu prédire aussi qu'il y avoit dans l'espèce particulière de son esprit des qualités qui fascineroient le populaire Rémois. Nous pouvons nous le figurer là au milieu des merveilles de son éloquence, et, à juger de son talent oratoire par sa poésie, il semble avoir aimé à se précipiter *in medias res*, détestant les exordes et oraisons préparatoires. Plutôt fin, ingénieux et vif, que large, ample et éloquent, il avoit pour ennemis ordinaires les déductions et transitions, que ne respectoit guère la promptitude de son esprit ; mais par cette vivacité même il pouvoit parvenir à l'éloquence, c'est-à-dire que par un effort suprême, comme par colère, il arrivoit, presque à bout d'haleine, à une sorte de puissance de parole, procédant par saccades et par énumération.

Cependant il ne déployoit pas là toute son activité, et c'est dans les autres détails de la vie de la cité qu'il satisfaisoit les plus originales tendances de sa nature. La politique chrétienne, qui avoit constitué la vie sociale du Moyen Age, avoit bien posé le travail rude, persistant et régulier, comme la loi de ce monde ; mais elle avoit aussi permis des fêtes nombreuses, pleines de mouvement et d'intérêt, où les esprits venoient s'absorber entièrement, trouver une réaction puissante contre la fatigue journalière, et qui favorisoient l'activité de l'intelligence en même temps que le repos du corps. La diplomatie bourgeoise avoit toujours compris et secondé les vues de cette féconde sagesse. Dans l'intérêt de l'industrie aussi bien que pour éloigner le populaire des agitations politiques, elle avoit eu soin de diriger son activité vers les fêtes religieuses, qui réveilloient par des images brillantes la pensée de Dieu ; vers les plaisirs publics et les réunions, qui satisfaisoient l'amour du merveilleux et la manie conteuse de nos pères. La nation Rémoise, plus que toute autre, aimoit ces distractions ; elle n'avoit pas, comme la Bourgeoisie du nord, des *chambres de rhétorique;* comme la Noblesse du midi, des Cours d'amour et de plate littérature : sa verve et sa vivacité brutale ne s'accommodoient pas de ces entraves. Cette observation qui travailloit à l'emporte-pièce, si je puis dire, cet amour de la réalité, mais surtout de la réalité excentrique, désordonnée et joyeuse, tout cela ne se trouvoit à l'aise que sur la place, au milieu du bruit, dans les réunions, parmi les commérages. C'est ce qui explique le génie original, indépendant, cynique et réaliste de Coquillart.

Dans la première pairie ecclésiastique du royaume, les fêtes religieuses, on le comprend, étoient fréquentes et remuoient profondément la curiosité générale. Tantôt c'étoient les Joyeuses entrées des archevêques, les inventaires et exhibitions des riches châsses et des insignes reliques, les émouvantes cérémonies des Conciles ; tantôt cette fête de la Dédicace, qui attiroit à Reims cent mille personnes. Puis venoient toutes ces processions qui étoient célèbres jusqu'aux marches d'Allemagne, celle de la Fête-Dieu, celle de la Pompelle à Sainte-Timothée, celle du Grand-Bailla, espèce de dragon symbolique de la même famille que la Gargouille et la Tarasque, celle des Pèlerins et de Saint-Christophe à l'église Saint-Jacques, la fête des Etoupes, la procession des Harengs, et tant d'autres. Le populaire se ruoit à ces processions avec un empressement infini, car il y avoit introduit ce mouvement dramatique, ces naïves images qu'il aimoit par-dessus tout, et il y avoit ainsi posé, grossièrement peut-être, mais énergiquement, le cachet de sa poésie et de son génie.

La Bourgeoisie, elle, recherchoit dans cet ordre de distractions des plaisirs non moins vifs, non moins agités, mais un peu plus intellectuels. Sans doute elle ne méprisoit pas les bruyans ébattemens de cette fameuse foire de la Couture, qui duroit toute une semaine, de Pâques à Quasimodo, et pour la protection de laquelle le pape Alexandre III avoit lancé anathèmes et excommunications contre ceux qui attaqueroient les marchands en chemin pour s'y rendre. Elle ne dédaignoit pas non plus tous ces exercices du corps qui étoient toujours des occasions de fêtes, les défis entre diverses communes sur le fait du jeu de paume, et surtout les luttes du noble jeu de l'arbalète. Ce gentil jeu, « tant noble et plaisant que toutes créatures se doivent réjouir d'en ouïr parler », étoit parfaitement organisé dans la ville de Reims, rue de Cérès et au jardin du Ban Saint-Rémy, avec son Empereur, son Roi et son Connétable, son cerf d'argent aux cornes dorées, de la valeur de neuf livres tournois, qui étoit la récompense du plus adroit, et son image de Sainte-Barbe, signe de commandement. Monseigneur l'archevêque, Jean Juvénal des Ursins, étoit un des chevaliers du noble jeu, à telles enseignes qu'à sa mort Coquillart, son exécuteur testamentaire, eut des difficultés avec l'Empereur des arbalétriers, Colart Boucquin, lequel réclamoit, et à bon droit, ainsi qu'il fut jugé par M. le Lieutenant, l'arbalète du défunt chevalier. Tout cela offroit certes des occasions de bruit et de bonheur; mais il falloit surtout à la Bourgeoisie les moralités satiriques qui se jouoient dans la Commanderie du Temple, les belles joyeusetés qui se célébroient durant le *gras temps*, le jour des Brandons et à d'autres époques. Ces joyeusetés morales et allégoriques demandoient bien des heures de réflexion aux graves et ingénieux bourgeois, à Coquillart surtout, qui devoit être un des grands inventeurs de telles histoires et un des plus zélés à en accoutrer les personnages. On représentoit en effet, par personnages se promenant à cheval, les misères d'Amour, la folie de Jeunesse, « les sages et gens de grande renommée du temps passé, et la manière comment ils avoient été trompés par les femmes. »

Rien de tout cela néanmoins ne valoit pour les bonnes villes du Moyen Age cette grandiose représentation de la vie et de la passion de Notre-Seigneur, qui revenoit tous les ans à Reims aux environs de la Pentecôte. Elle remuoit la cité de fond en comble, occupoit pendant huit jours entiers toutes les imaginations, et elle devoit exercer sur les tendances littéraires une influence que nous pouvons comprendre.

Qu'on se transporte en effet au milieu de ces seize mille individus de toutes classes qui sont accourus pour assister au Mystère. Beaucoup d'entre eux sont venus des bourgades voisines à trente lieues à la ronde; comme les héros d'Homère, ils sont liés par les liens de l'hospitalité réciproque avec les familles Rémoises; avant la grande fête, leur arrivée a déjà ouvert les cœurs, ils ont apporté à leurs hôtes les joies de cette hospitalité. Ils sont là tous, étrangers et citadins, au milieu des splendeurs de l'été, et ils ont rejeté pour huit jours tous soucis, toute préoccupation. Dès la veille, qui étoit le dimanche d'avant la Pentecôte, on a fait *la montre* du

Mystère: les plus honorables personnes de la ville, accompagnées d'une centaine d'autres acteurs, sont passées en grand triomphe, revêtues un peu à la mode du XVe siècle sans doute, mais chacun avec les attributs de son rôle. Maintenant, la messe du Saint-Esprit dite de grand matin, les enfants de chœur chantent des motets merveilleux, et l'on va commencer la première de ces neuf pièces, qui dureront chacune près de dix heures. Les illustres personnes que la commune a invitées sont assises en place honorable à côté des plus puissants clercs ou laïques de la cité. L'Echevinage a fait provision de nombreuses *queues* de vin; au nom de la ville, on distribue des rafraîchissements aux spectateurs et aux acteurs, pendant qu'à leur tour les plus riches d'entre ces derniers ont fait établir de place en place des buffets tout reluisans de vaisselle d'argent, où l'on offre à tout venant le vin et les pâtisseries. Le théâtre montre le Paradis, la Terre et l'Enfer. Tout ce qui habite ces trois régions, Dieu, ses saints et ses anges, Lucifer et sa cour, les rois du monde, les seigneurs, les hommes et femmes de presque tous les métiers, vont passer devant les yeux des spectateurs. Jusqu'au lundi de la Pentecôte, les détails du saint et merveilleux drame vont soulever dans le cœur de tous les émotions les plus diverses et les plus puissantes. On comprend quel intérêt profond et toujours constant devoit sortir de ce drame, qui donnoit la vie aux objets des préoccupations religieuses et journalières de tous les chrétiens. Qu'on se figure à côté de cela l'accompagnement obligé de toutes les fêtes du Moyen Age, ces tables chargées de vins et de viandes dressées à chaque porte, toutes les maisons parées et encourtinées, les feux de joie à tous les carrefours, les danses et rondes dans toutes les rues, la musique de tous les instrumens luttant comme forcenée avec les chansons joyeuses de toutes les cloches, et la ville illuminée par les lumières qui veilloient à toute fenêtre pendant la nuit entière. C'étoit là le spectacle que présentoient les fêtes de la Bourgeoisie, et c'étoit là surtout que Coquillart retrouvoit les impressions de son enfance.

Les Mystères exercèrent sur lui une incontestable influence. Son style a gardé cette vivacité de dialogue, ces locutions populaires et proverbiales qui les distinguent, la même verve, les mêmes tournures alertes et nettement coupées. Peut-être a-t-il rendu aux Mystères ce que les Mystères lui avoient donné; dans *la Vengeance de Nostre Seigneur* entre autres, j'ai retrouvé bien des mots qui lui sont propres, des expressions avant lui inconnues, oubliées depuis, et je ne serois pas étonné qu'il eût eu une grande part à la création de cette pièce. Les tentures et tapisseries des églises remettoient journellement du reste sous les yeux de tous les habitans les personnages de la Passion. C'étoit à cette époque aussi qu'on achevoit ces superbes toiles peintes dont les gens de Reims étoient si fiers, et qui devoient rivaliser avec les modèles d'Arras et de Nancy. Ces toiles étaloient de vives peintures, des personnages richement et brillamment habillés : ce sont là aussi les qualités de la littérature de Coquillart. Cette littérature prenoit en effet son origine, de même que les images, dans le génie Rémois du XVe siècle ; comme les images aussi, elle naissoit de la réalité prise sur le fait et marquée au sceau d'une originalité intraitable. Il y a bien pourtant dans les Mystères deux qualités que Coquillart ne nous montrera pas, — la naïveté et la simplicité. Ces deux vertus auront disparu au moment où il prendra la plume, mais il les aura vues assez en honneur pendant la première moitié du XVe siècle pour qu'elles puissent lui servir de point de comparaison vis-à-vis du monde moderne. L'amour qu'il aura conservé pour elles, le souvenir des saintes leçons et des graves vertus maternelles, seront la cause de son amertume et l'aiguillon de sa satire.

En ce moment, mais en dehors des fêtes officielles, qui suivoient encore les erremens des traditions, la lutte commençoit entre cette naïveté, cette bonhomie des vieilles mœurs, et la légèreté inconstante et inconsidérée des nouvelles. L'observateur partageoit son loisir entre les unes et les autres. Pendant les temps de pénitence de l'Avent et du Carême, quand il falloit visiter ses vieux parens ou les graves protecteurs, il mettoit modestement un voile sur ses yeux malins, une sourdine à sa verve plaisante. Il venoit sans doute s'asseoir à quelque sérieuse veillée en l'Enclos du Chapitre, à l'hôtel de quelque savant chanoine fort épris de maistre Alain Chartier, et qui récitoit, aux jours gras, aux heures de joie folle, des bribes du *Roman de la Rose*, ou des extraits du *Champ vertueux de bonne vie*. L'avocat ne vouloit pas négliger toutes ces discrètes personnes, tous ces honorables et sages maîtres, hauts et puissans bourgeois, vieux Echevins ou anciens Maîtres jurés des grands métiers. Ils avoient été les contemporains de son aïeul et les protecteurs de son père; ils lui disoient les relations et les vertus de son lignage, et racontoient, à la honte des jeunes gens d'alors, les merveilleuses histoires du temps de leur petite jeunesse. Toutes ces histoires, depuis les traditions guerrières de Reims jusqu'aux Légendes pieuses, Guillaume les reconnoissoit encore : c'étoient elles, nous l'avons dit, qui, en compagnie des Mystères, avoient bercé son enfance; mais ce n'étoit pas là seulement qu'il alloit chercher les semences de sa poésie. Il préféroit les réunions joyeuses, qui avoient toujours été une des grandes distractions de la Bourgeoisie, mais auxquelles les circonstances, les conséquences des troubles passés, commençoient à donner un caractère nouveau, plus léger et plus licencieux.

Les assemblées, les fêtes de confréries, les noces, les accouchemens, les relevailles, tous ces jeux, ces farces, ces ébattemens, toutes ces fêtes de l'hospitalité, n'étoient pas seulement les fêtes de la famille. Elles bouleversoient joyeusement tout le foyer domestique, et elles faisoient sortir tout le linge des grands bahuts; elles remuoient cette argenterie solennelle et ces coupes magistrales, souvenirs des ancêtres, qui ne sortoient qu'aux grands jours, et qu'on respectoit dans la bourgeoisie comme s'ils eussent été les portraits de la famille. C'étoit à toute la parenté, à tout le voisinage, presqu'à toute la ville, que de telles fêtes se donnoient. C'étoit là que se racontoit la *légende dorée* de la cité, les médisances, les contes gaillards; c'étoit là que venoient se réveiller les échos des caquets de l'accouchée et des grands conciliabules des commères, là qu'on ébruitoit tous les grands faits de guerre contre la bourse et la tranquillité des maris. On y récitoit les ballades écrites sur les événemens scandaleux, on y dansoit les chansons composées contre tel ou telle, et dont un joueur de tabourin s'étoit emparé pour en faire une danse. Telles étoient les Cours d'amours et les Chambres de rhétorique des dames Rémoises, « si humaines à gens de cour », comme dira plus tard Coquillart, et qui avoient depuis longtemps la réputation d'offrir aux étrangers « grandes festes et nobles mangiers ». Dans de telles réunions se trouvoit à l'aise cet esprit que nous avons signalé chez les anciens Rémois, cette verve agressive, peu féconde, un peu plate, rabâcheuse et accablée sous la lourdeur de la forme, mais parfaite dans les mots, les jugemens courts, les maximes et les sobriquets, évitant alors l'entortillage par une vivacité saccadée et peu grammaticale.

Ces réunions étoient aussi les grands *gaudeamus* de Coquillart. Il s'en alloit *oreillant* par la ville, observant et préparant les documens de sa future poésie. Dans les réunions populaires, il cherchoit « mille mots, mille dictz d'ouvrier », comme il l'annonce lui-même, les locutions énergiques et joviales particulières à chaque métier. Dans les assemblées plus brillantes, il étoit à la piste des « paroles sophistiques », comme il dit encore, c'est-à-dire toujours gaies, mais un peu plus recherchées. Il retrouvoit là ces caractères corrompus ou ridicules qu'il avoit déjà vus dans son étude de procureur sous un si mauvais jour, poussés qu'ils étoient par les âpres passions du gain, de l'envie et de la haine. Là encore il les revoyoit à leur désavantage, en proie à des passions plus bruyantes et plus plaisantes, mais tout aussi honteuses et effrénées. Il ne voyoit ainsi ni l'humanité ni la bourgeoisie sous leurs meilleures couleurs; il ne faut pas l'oublier, car sa littérature repose presque tout entière sur les observations qu'il rassembloit alors. Il faisoit, à vrai dire, ces observations, poussé surtout par son instinct; il les amassoit plutôt qu'il ne les digéroit; il ne pensoit pas encore à la littérature.

Nous ne savons ce qui l'y poussa plus tard, mais ce dut être quelque hasard, quelque conseil d'ami, le loisir de la vieillesse, la réussite d'un essai tenté par caprice. Toutefois l'apparence peu littéraire et la tournure de simple conversation que présentent ces premiers essais prouvent bien l'absence de toute préoccupation d'artiste. Du reste il resta toujours ce que nous appelons un *amateur*, et nous verrons que c'est à cette réserve qu'il dut une partie de son originalité. En attendant, tout ce qui se passoit dans la cité, tout ce qui de l'histoire générale arrivoit à la ville, prenoit dans son esprit une vie particulière. Les mots, les proverbes, les observations, lui offroient immédiatement une figure connue, un tronçon de satire, une comparaison joyeuse; chaque fait aussi, chaque action, se généralisoit dans son imagination et y créoit une sorte de type. Seulement il avoit une de ces intelligences trop vives, trop impressionnables et trop emportées pour pouvoir produire en leur jeunesse. Elles ont besoin de voir souvent la même chose pour que cette chose reste en eux; il faut que le temps fatigue cette fougue d'observation; jusque-là elles ne peuvent rendre leurs impressions que par éclairs et par lueurs.

Nous savons maintenant où Coquillart trouva les origines de sa poésie, et nous pouvons aussi nous représenter à peu près complétement sa vie et son caractère. Nous voyons que c'étoit une de ces singulières natures où le cœur parle peu, dont toute l'énergie repose dans l'esprit, dont toute l'activité consiste dans la lutte entre l'esprit et la raison. Ainsi, tandis que le cœur, ignorant la vivacité du sentiment, sans grand instinct du bien et sans claire vue du sens moral, ne connoît guère et ne croit que ce qui lui a été appris par l'éducation, — l'esprit, lui, est intraitable, indépendant et original ; il ne cède à rien, sinon à l'intérêt personnel, clairement démontré par une raison froide et mathématique. Tel étoit notre poète bourgeois. Esprit vif et indocile, mais caractère sérieux et positif, gai dans l'oisiveté, mais grave dans les affaires, il utilisoit cette double qualité, surtout au profit de son ambition. Ce fut la diplomatie de toute sa vie. Sa joyeuseté, sa finesse, son brillant cynisme, lui valoient l'amour du populaire, la crainte moitié affectueuse moitié respectueuse de la Bourgeoisie, et lui ouvroient ainsi la route du Conseil de ville, tandis que son intelligence, sa gravité dans les affaires et dans sa conduite, lui attiroient l'attention du Clergé et lui faisoient une pente facile vers cette stalle de chanoine qu'il avoit entrevue comme le trône de sa vieillesse.

Il lui falloit souvent déployer une grande habileté pour ménager deux opinions si différentes et marcher sans trop pencher d'un côté ou de l'autre entre deux compagnons de si diverse humeur. Parfois sans doute l'envie, les calomnies, les haines, punissoient ses satires, et le Conseil de ville s'éloignoit à l'horizon; d'autres fois la légèreté de son esprit et le cynisme de ses railleries laissoient mal présumer de son caractère, et la prébende future faisoit les doux yeux à quelque autre de ses sages confrères. Aussi, quoique sa vie ait été bien heureuse et qu'il se soit nommé lui-même l'*honneste fortuné*, pourtant il nous dira un jour, dans un moment de joyeux dépit :

> Car pour repos j'ay eu foulure,
> Pour le beau temps j'ay eu greslure,
> Pour provision des sornettes ;
> Au lieu de faisans, alouettes ;
> Pour chariots branlans, brouettes.

Ce fut peut-être à la suite de quelque prodigieux ébattement qui avoit fait froncer les sourcils à messieurs du Chapitre que Coquillart, par esprit de pénitence et pour rattraper le terrain perdu, entreprit la traduction de la *Guerre des Juifs* de Flavius Josèphe. Cette histoire, qu'il commença à traduire le 12 octobre 1460, en la trente-neuvième année de son âge, traite le même sujet que ce Mystère : *la Vengeance de Notre-Seigneur*, que nous sommes tenté de lui attribuer, c'est-à-dire la prise et la destruction de Jérusalem par les Romains.

Je n'ose pas me fier au portrait que donne de l'auteur une des vignettes du manuscrit que nous possédons. La richesse de l'appartement et des habits prouve que cette image est une œuvre d'imagination. Dans cette figure creusée, grave, longue et paisible, dans ces pommettes saillantes, dans cette bouche large, à laquelle les lèvres abaissées aux deux extrémités donnent un si profond caractère d'amertume, je ne puis voir la tête de Coquillart. C'est plutôt le masque de la réflexion, de l'étude et du travail, que de la gaieté et de l'observation des choses extérieures. Quoi qu'il en soit, c'étoit pour lui une chose importante que la traduction de Josèphe; il y travailloit tous les jours de grand matin sans doute, avant l'heure des affaires, et le samedi veille de Pâques-Fleuries, le vingt-quatrième jour de mars de l'année 1463, il put, assis sur son grand fauteuil, en dicter les derniers mots à son copiste, assis sur un escabeau à ses pieds. « Il étoit, dit-il, entre six et sept heures du matin. »

Je ne sais s'il avoit l'intention de faire passer à la postérité cette importante date, mais je suis bien persuadé que cette traduction fit dans la ville un bruit infini, et fut la principale cause de sa fortune. Pourtant, quoiqu'elle soit faite avec naïveté et facilité, il faut bien se garder de voir là rien qui indique le génie original de Coquillart. C'étoit une sorte de thèse qu'il offroit au jugement du Clergé, peut-être une préparation au grade de Docteur en décret qu'il vouloit acquérir, ou bien une manière de faire sa cour au saint et savant archevêque Jean Juvénal des Ursins, et d'obtenir ainsi quelque droit à la place de procureur de l'Archevêché.

Le temps de la littérature n'étoit pas encore venu pour Coquillart, son ambition n'étoit pas satisfaite ni le loisir possible. Les mœurs qui devoient exciter sa verve et irriter son observation n'étoient pas encore assez tranchées; le monde moderne n'étoit pas complétement sorti du Moyen Age, et la bourgeoisie Rémoise avoit encore à livrer son grand duel au roi Louis XI avant de se reposer dans le luxe, l'oisiveté et la licence.

IV.

Noviciat littéraire.

Nous venons de raconter la vie intime de Guillaume Coquillart, et nous avons vu combien chacune des tendances de son caractère et de son esprit étoit la conséquence, presque le résumé, de l'existence que menoit alors la Bourgeoisie dans la bonne ville de Reims. La destinée littéraire de ce poète est soumise aux mêmes influences, et c'est encore la position de Reims qui va donner leur couleur particulière, âpre, satirique et sceptique, à ses premières œuvres. Le vrai noviciat de sa poésie c'est la vie politique de la Bourgeoisie sous la direction de la Royauté, et c'est ce qui doit tout d'abord attirer nos regards.

Louis XI, en montant sur le trône, trouva toutes les classes de la nation sur le chemin de la guerre sociale, déjà toutes prêtes à attaquer le boulevard général, la Royauté, pour en venir ensuite à lutter sans obstacle les unes contre les autres. Le populaire, persécuteur dans les grandes villes, persécuté dans les campagnes, avoit désiré dans ses momens de détresse un pouvoir qui le protégeât exclusivement. Pendant le court espace de temps où il avoit exercé la tyrannie, il avoit à peu près compris ce qui lui étoit nécessaire pour rendre cette tyrannie plus durable : il avoit entrevu qu'il ne lui manquoit, à lui représentant le nombre et la force, que l'union et l'organisation. Il s'organisoit donc à l'abri des associations des métiers, et il inventoit déjà, mais secrètement, des mesures analogues à celles qui composent aujourd'hui la charte du socialisme. On a vu l'influence et les tendances de la Bourgeoisie. Pour la Féodalité, elle n'avoit sans doute plus tout son ascendant moral; mais, concentrée entre des mains puissantes, elle avoit gagné en énergie ce qu'elle avoit perdu en étendue. Retrempée du reste par la guerre, qui avoit été son berceau, par là retombant un peu dans l'état barbare, elle devoit supporter difficilement à l'avenir la discipline de cette hiérarchie qui avoit été sa gloire et sa raison d'être. Elle étoit, et c'est ce qui causa sa ruine, entraînée à désirer la continuation des querelles. Maintenant qu'elle se trouvoit les armes à la main, elle alloit donc essayer de rentrer par la force dans les villes, d'où la diplomatie bourgeoise l'avoit chassée; dans le gouvernement de la patrie, où la Royauté ne lui avoit plus laissé qu'une place restreinte et diminuée de jour en jour.

On n'a pas généralement aperçu ces germes de la guerre sociale qui menaçoit de suivre la guerre civile, et on n'a vu dans Louis XI qu'un tyran de mélodrame. On en a fait aussi l'adversaire exclusif de la Féodalité, et en cela encore on ne l'a guère compris. Sans doute ce mépris des formalités inutiles qui est propre aux esprits puissants et actifs; ce dédain des manières, de la pompe, de l'étiquette, qui distingue les génies indépendants, maîtres d'une position incontestée; ce masque de bonhomie, cet amour des contes grivois et des facéties grossières; cette astuce, cette diplomatie tortueuse, préférées à la force ouverte et au bruit des armes, tout cela lui a donné l'apparence d'un bourgeois. Sans doute aussi la puissance que la Bourgeoisie devoit aux circonstances, et surtout à sa propre habileté, a forcé Louis XI à s'occuper plus spécialement d'elle et à paroître la protéger, quand il ne faisoit que la surveiller. On l'a ainsi nommé le roi de la Bourgeoisie, mais il a trompé l'histoire comme il a trompé ses contemporains : l'apparence a caché la personne. Incontestablement, dans les pays comme la Normandie, où la Noblesse étoit encore redoutable, Louis XI encouragea les influences bourgeoises, accorda des foires, des priviléges, des franchises, fit des visites, de belles harangues aux bonnes villes, et passa fort gravement la revue des milices armées. Mais là où, puissante et orgueilleuse, la Bourgeoisie essaya de réveiller quelqu'une des traditions d'indépendance qu'avoient caressées ses pères, il la traita plus rudement, peut-être, que la Féodalité. En somme, il n'étoit l'ennemi ni de cette Féodalité, ni de cette Bourgeoisie : il étoit vraiment le Roi, c'està-dire l'adversaire implacable de toute indépendance de caste et de toute tendance fédérative. Il étoit le Roi en ceci encore, que sa brutalité même sauva non seulement la patrie, mais souvent l'avenir de ces classes contre qui elle s'exerçoit. C'est surtout dans la ville de Reims que l'on peut observer la querelle de ces diverses classes, la lutte sourde de la diplomatie communale contre la Royauté, et nulle part la politique de Louis XI, comme aussi les tendances du Populaire, de la Bourgeoisie, de la Féodalité, ne furent plus curieusement caractérisées.

Pendant son sacre à Reims, Louis XI s'étoit trouvé dans une position difficile : connoissant le mauvais vouloir du plus grand nombre des anciens serviteurs de Charles VII, il n'avoit pu refuser l'honneur que vouloit lui faire Philippe de

Bourgogne, et celui-ci l'avoit accompagné à Reims à la tête de toute sa noblesse de Flandres, de Bourgogne et d'Artois. Louis n'avoit pas oublié le grand amour que les Rémois avoient porté à Philippe de Bourgogne; il en voyoit les preuves dans la réception cordiale qu'ils faisoient à ce Duc, et il avoit pris les plus minutieuses précautions afin de cacher cet enthousiasme, ou au moins afin d'en diminuer la portée en le faisant passer pour un devoir imposé par lui à la ville de Reims. Toutefois il avoit compris qu'il falloit surtout desserrer ces vieux liens d'amitié en se rendant populaire, et il avoit promis l'abolition des impôts.

Le Roi et le Duc partis, on *cueillit* les impôts comme à l'ordinaire. Les bourgeois se plaignirent à haute voix, et le peuple murmura sourdement. Un mois environ après le Sacre, les gens des petits métiers s'assemblèrent, s'armèrent de toute sorte de traits, d'arbalètes, de hallebardes et autres *bastons* de défense, coururent sus aux Collecteurs des aides, les pourchassèrent, pillèrent leurs maisons, brûlèrent leurs registres, et, dit une chronique, en pendirent quelques uns qui avoient oublié la science de bien fuir. C'étoit dans de tels accidens que la diplomatie bourgeoise brilloit de tout son éclat. Elle commença par mettre la main sur quelques uns des séditieux les plus mal renommés et dont il seroit utile de se défaire en tout état de cause, puis elle attendit. Mais Louis XI n'étoit pas homme à commencer son règne sous de tels auspices, et on apprit bientôt que monseigneur Joachim Rouault, maréchal de France, nommé commissaire du Roi en cette partie, se dirigeoit vers la Champagne, fort escorté de gens de guerre. La Bourgeoisie s'empressa d'envoyer cinq des plus habiles et des plus honorables habitans pour remontrer qu'elle n'avoit point pris part à une si damnable sédition, et que les plus compromis des rebelles se trouvoient déjà entre les mains de la justice. Le Commissaire les accueillit froidement et continua sa route. Pendant quelques jours on vit entrer dans la bonne ville une foule de marchands, manouvriers, laboureurs, portant figures étrangères et inconnues. Joachim Rouault arriva à son tour avec une petite troupe ; tous ces étranges marchands se changèrent en autant de soldats, et Reims se trouva directement sous l'autorité du Roi. Après avoir fait saisir environ deux cents des plus coupables et terrifié les bourgeois en annonçant qu'il alloit s'enquérir des complices, Joachim Rouault se contenta de punir une centaine de mutins, parmi lesquels six furent écartelés, décapités ou pendus ; les autres furent fustigés, essorillés, emprisonnés ou bannis.

La Bourgeoisie put apprendre deux choses dans cet événement, qu'on appela le *micmaque de Reims* : la première, c'est qu'elle venoit de rencontrer un roi qui se servoit plus habilement qu'elle de la politique bourgeoise ; le second enseignement, le bailli de Vermandois le lui donna à son de trompe quand il publia que « un grand nombre de gens mécaniques, sous umbre et couleur de fraternité, alliances et confédérations, tenoient des assemblées et congrégations particulières en dehors de toute juridiction, dans lesquelles assemblées ils statuoient entr'eux des édicts et ordonnances, et levoient sur eux des deniers mis en boîtes et en trésors communs. » C'étoit ainsi que la Royauté protégeoit les bourgeois malgré eux contre le socialisme, et que, tout en se défendant, elle défendoit forcément les lois de la justice, l'avenir de la patrie et de la société.

Cependant la sévérité du Roi n'avoit pas touché directement les bourgeois. Quelques années de tranquillité leur firent oublier les ennuis où les avoit jetés le *micmaque*; comme aussi le demisiècle de calme et de paix qu'ils devoient à la Royauté avoit effacé de leur mémoire les misères et les angoisses mortelles de la guerre de cent ans. Ils n'y voyoient plus que ces rêves d'indépendance qui les avoient bercés, ces joies de la vanité et de l'orgueil dont ils ne se rappeloient déjà plus les dures expiations. Ils auroient voulu retrouver dans le roi Louis cet ami discret et respectueux de la bonne ville qu'ils avoient rencontré dans le duc Philippe ; et, sentant au contraire cette main de la Royauté qui les maintenoit toujours le plus près possible du cœur de la France, ils murmuroient et se révoltoient intérieurement. Ils montroient leur mauvais vouloir en se faisant lents dans les choses nécessaires, inertes dans les choses utiles, taquins dans les choses indifférentes, en se plaignant sans cesse, résistant toujours, jusqu'à ce qu'ils sentissent la première flamme de la colère du Roi. Louis XI trouva bientôt un homme selon son cœur, et il envoya à ses très chers manans et habitans de Reims messire Raulin Cochinnart, qui, une fois capitaine de la ville, fit de ces si puissans et si rétifs bourgeois les plus dociles constructeurs de murailles qu'on pût voir.

Ce Cochinnart étoit une sorte de Richelieu sur un petit théâtre, un de ces esprits fermes et obstinés qui voient dans le lointain un but grand et noble, et qui y marchent droit sans s'arrêter devant nul obstacle et sans s'inquiéter des détails de l'exécution. — Dans les détails d'exécution rentrent nécessairement la vie et la fortune de ceux qui se trouvent sur le chemin. — Il avoit reçu de son maître la mission de s'opposer au renouvellement de la guerre civile, en empêchant Edouard d'Angleterre de prendre par le sacre une apparence de légitimité. Il avoit donc juré que Reims ne tomberoit pas aux mains des Anglois, et quand il avoit devant les yeux ce but, qui étoit pour lui le salut de la patrie, peu lui importoient les plaintes de Marguerite, veuve de Jehan Vakier, pillée par ses sergens, et les clameurs que faisoient pousser à toute la ville les voleries insignes commises par les Jehan Bresche, les Robinet Bresche, les Pernet Cabi, et les autres gens de mauvaise vie qu'il employoit à rendre malléable l'indocilité bourgeoise.

Sur ces entrefaites, c'est-à-dire en 1472, le pouvoir féodal sembla se réveiller du long sommeil où l'avoient tenu les derniers seigneurs de Reims. Le saint archevêque Jean Juvénal venoit de mourir. Son successeur, Pierre de Laval, avoit l'orgueil des grands barons ; il étoit Montmorency par les lignes paternelles, du sang de Bretagne par les femmes de sa maison ; neveu de Charles VII, cousin-germain de Louis XI, c'étoit un des plus grands seigneurs du royaume. Il arrivoit sur le trône archiépiscopal les yeux fixés sur la position que les seigneurs de Reims avoient occupée au XIe siècle, et il étoit décidé à faire reculer jusqu'à ces limites tous ceux qui, Roi, Abbés, Bourgeois, avoient profité des malheurs des temps pour usurper les droits du patrimoine de saint Rémy. Fier et ferme, impatient et dédaigneux, il se trouvoit au nombre de ceux qui poussent jusqu'à l'apogée de la puissance les pouvoirs jeunes et en chemin de monter, mais qui tuent sans retour les pouvoirs sur le déclin de la ruine. Il étoit né deux siècles trop tard ; la Féodalité ne pouvoit plus supporter un stimulant aussi énergique.

Raulin Cochinnart, en arrivant dans la ville, commença par attaquer en face le pouvoir féodal.

Il commanda aux Dizainiers et Connétables de détruire le château de Porte-Mars. C'étoit la forteresse féodale d'où relevoient un grand nombre des fiefs de la mouvance archiépiscopale. Les bourgeois détestoient cette forteresse. Elle étoit depuis deux siècles l'occasion de toutes sortes de négociations ; elle avoit entrée dans la campagne, entrée dans la ville, et elle empêchoit la Commune d'être complétement maîtresse de ses murailles. C'étoit néanmoins un crime de lèse-suzeraineté que de la détruire. Voyant Cochinnart décidé à ne pas reculer, les Rémois feignirent d'avoir peur de leur archevêque, firent maintes représentations, demandèrent une garantie au nom du pouvoir royal, et après avoir envoyé des ambassadeurs à Pierre de Laval pour lui démontrer qu'ils ne cédoient qu'à la force, ils s'en allèrent joyeusement détruire ces vieilles murailles, célèbres déjà dans les Romans de chevalerie. L'Archevêque comprenoit bien qu'il ne pouvoit lutter directement contre le représentant du Roi. Il fit donc circonvenir Louis XI et crut faire acte de bonne politique en demandant le titre de Lieutenant-général du roi pour le pays de Reims. Louis, plus habile que l'archevêque, le lui accorda ; il comprenoit quel avantage lui donnoit le premier seigneur ecclésiastique de France en devenant le fonctionnaire de la Royauté. Armé de ce pouvoir, celui-ci revint à Reims, fit saisir et chasser tous les acolytes de Cochinnart, et, forçant ce dernier à comparoître devant lui, « il ne savoit, lui dit-il, ce qui le retenoit de le faire mettre en sa bombarde et jeter jusqu'au Bois-Salins. » Les bourgeois, broyés entre les deux mains de l'archevêque, qui tenoient chacune un des pouvoirs principaux de la nation, s'humilièrent, expièrent encore une fois les ruses de leur politique, et promirent 900 livres pour la reconstruction du château. Mais le sénéchal de Normandie, Monsieur de Saint-Pierre, et Jehan Raquin, amis de Cochinnart, représentèrent au Roi le tort qu'il laissoit faire à ses fidèles serviteurs, et combien adroitement l'Archevêque se servoit de son titre de Lieutenant au profit du pouvoir féodal. Louis, furieux, envoya un mandement à son bailly de Vermandois; ce mandement, brutal et injurieux pour le duc de Reims, le cassoit de sa lieutenance, déchargeoit les bourgeois de leur promesse de 900 livres, et remettoit Cochinnart à la tête de la ville. L'Archevêque vit qu'il étoit inutile de lutter, il se retira à son abbaye de Saint-Nicolas d'Angers, et Cochinnart trouva le lendemain sur sa table ces simples mots: « Le roy ne vivra point toujours! »

La Commune étoit donc encore une fois victorieuse; mais sa joie fut de courte durée, et la tyrannie du nouveau maître ne connut bientôt plus de bornes. On venoit d'apprendre la venue en France d'Edouard d'Angleterre; cette nouvelle apporta au capitaine de Reims le plus sûr moyen de satisfaire sa vengeance contre les officiers et amis de l'Archevêque, contre le Clergé et contre les bourgeois en général, dont il avoit remarqué la joie à l'annonce de sa chute. C'est surtout aux biens qu'il s'attaqua, et la somme qu'il *cueillit* par les amendes, confiscations, compositions, fut immense. Heureusement pour les Rémois, le roi ne vécut pas toujours, comme l'avoit dit Pierre de Laval, et en 1485 trois commissaires furent nommés pour interroger Cochinnart sur ses excès. Ils le trouvèrent à Amboise, dans sa maison d'Entre-les-Ponts; il étoit dans son lit, aveugle, cassé par la vieillesse, brisé par les infirmités, mais aussi énergique que quand il tenoit sous sa main de fer l'orgueilleuse capitale de la Champagne. Il ne nia rien, ou guère. Du reste, dès 1477, Louis XI, averti des violences de son commissaire, fort peu irrité contre lui peut-être, mais voyant les fortifications à peu près complètes et la Commune rendue docile, Louis XI l'avoit retiré.

Aussi bien quant à Reims l'œuvre politique étoit faite, le Populaire avoit été puni dans son sang, la Bourgeoisie dans sa fortune, la Féodalité dans son orgueil, et de longtemps on ne devoit entendre parler de jacquerie, d'indépendance fédérative, de souveraineté seigneuriale.

Ce fut vers cette époque que Guillaume Coquillart entra dans la littérature.

Depuis l'instant où nous l'avons perdu de vue,

en 1463, au moment où il achevoit sa traduction de Flavius Josèphe, il avoit grandi en influence et avoit conquis la double position que lui promettoient ses qualités diverses. Jean Juvénal avoit pris en affection le sage et laborieux traducteur de l'*Histoire des Juifs*; il l'avoit nommé Procureur de l'archevêché, c'est-à-dire, après le Bailly, le premier des officiers temporels. En 1470, nous le voyons arriver au Conseil de la ville, en suivre assidument les séances, souvent défendant les droits de l'Archevêque, et toujours veillant, dans le cercle de son pouvoir, au profit de la bonne ville. Jean Juvénal l'avoit nommé, en 1472, son exécuteur testamentaire, Pierre de Laval lui avoit conservé sa position; mais tout cela attira sur lui la dangereuse attention de Cochinnart. Aussi commença-t-il par le mettre, comme les grands politiques de Reims pouvoient le dire, entre l'enclume et le marteau, en le nommant un des Commissaires chargés de veiller au travail des fortifications en son absence. C'étoit l'exposer à la haine de ses concitoyens s'il se montroit sévère, à la malveillance des officiers du Roi s'il se montroit facile. Il est probable que le poète Rémois préféra la malveillance de Cochinnart, car nous voyons celuy-ci lui extorquer cinquante écus d'or et une douzaine de fines serviettes, ce qui donne une satisfaisante idée de sa position de fortune. Pendant ce temps, Guillaume cherchoit à recueillir le fruit de sa traduction de Josèphe, et nous le voyons enfin reçu Docteur en décret.

A partir de ce moment, la période la plus difficile du travail de sa vie étoit terminée, il pouvoit être sûr de sa fortune, il n'avoit plus qu'à attendre les récompenses. Il passoit la plus grande part de ses loisirs dans la plus notable et la plus intelligente société de Reims, au milieu des Chanoines et des officiers, tant spirituels que temporels, de l'Archevêché. Dans ces réunions, on discutoit toutes les conséquences de la révocation de la Pragmatique sanction, on agitoit toutes ces questions de réforme qui remuoient alors si profondément les esprits; on comparoit ce qui se passoit avec ce qu'on avoit vu au temps de la jeunesse, et rien de tout cela ne tomboit en vain dans l'esprit du poète. Le temps favorable étoit donc venu, qui devoit briser les dernières entraves de ce génie singulier, et tout se réunissoit pour le pousser à la poésie qui convenoit le plus à sa tournure d'esprit.

Il n'avoit pu s'abandonner à son genre sarcastique et gai au milieu des douleurs de la patrie; mais maintenant la France étoit redevenue riche, pleine d'aise, presque agitée déjà par cette surabondance de luxe, d'activité et de fièvre hardie, qui suit toujours la paix et le bonheur. A l'abri derrière la Royauté, le caractère François reparoissoit, le rire revenoit, non point ce rire âcre et plein de malédictions qui est, dans l'histoire, l'écho des jours d'angoisses, mais ce rire léger qui voltige autour des ridicules. Pourtant la Royauté n'avoit pu procurer que le bien-être, et ce bien-être même avoit encore contribué à développer ces rudimens de dépravation et d'affoiblissement du sens moral que contenoient les crimes et les misères du passé. La foi seule eût pu reconstruire la pureté et la simplicité des mœurs, mais la foi étoit blessée pour bien longtemps. Coquillart avoit devant ses yeux la deuxième des générations qui étoient nées depuis la guerre. Cette génération ne touchoit par aucun point au Moyen Age; elle portoit toute la peine des fautes paternelles, et elle étoit possédée par un besoin de luxe, de joie bruyante, de jouissances matérielles, qui signaloit la naissance d'un nouveau monde.

Le poète Rémois étoit surtout frappé de voir que la vie tout entière et pour toutes les classes étoit devenue une vie de loisir : chacun faisoit l'école buissonnière et passoit le temps à courir les fêtes, qui n'étoient plus réglées et organisées comme autrefois. La fantaisie entroit violemment dans l'humanité, et elle chassoit la vieille société fondée par l'Eglise. Les jeunes gens de la Bourgeoisie se conduisoient tout comme autrefois se conduisoient les seuls Jongleurs, et ils bâtissoient toute leur existence sur le plan de cette vie exceptionnelle que menoient, au grand détriment de leur conscience et de leur avenir, les plus libertins d'entre les écoliers. Le monde moderne prenoit donc pour règle générale de sa conduite ce qui n'avoit été que l'exception dans le Moyen Age, et ce furent surtout ces idées qui jetèrent Coquillart dans la littérature. Il avoit alors cinquante-six ans, et, quand cette foule de nouveaux masques fit irruption sur la scène de ses observations, son esprit étoit assez calmé pour lui permettre d'embrasser d'un coup d'œil l'ensemble de ces portraits.

En l'année 1477, on vit circuler dans les bonnes sociétés de la ville de Reims un petit opuscule intitulé *le Plaidoyer d'entre la Simple et la Rusée*. C'étoit un des premiers ouvrages d'*honorable homme et sage* maistre Guillaume Coquillart. Il fut, à un an de distance, suivi par *l'Enqueste d'entre la Simple et la Rusée*. Il s'agit dans ces deux œuvres du *Mignon*, l'amoureux par excellence, réclamé par deux femmes, la Simple et la Rusée : celle-ci l'a enlevé dernièrement à sa rivale. Dans la première pièce, Maistre Simon et Maistre Olivier, avocats, plaident devant Monsieur Jehan l'Estoffé, le juge, sur la question de propriété du Mignon. L'enquête est ordonnée; elle fait le sujet de la deuxième pièce. Là, devant un jury grotesque, comparoissent six témoins destinés à représenter toutes les infamies de la ville, et qui racontent les causes et détails de la querelle entre les deux femmes. Les termes de droit sont ingénieusement attachés à la trame; chaque texte est à peu près juste, chaque glose est grave; enfin c'est une enquête, un plaidoyer parfait et sérieux quant à la forme; il n'y a que le fond, le débat, qui soit comique.

Ce débat peut être, au gré des imaginations amoureuses du symbolisme, le sujet de diverses interprétations. C'est la querelle de la vieille et de la nouvelle société, ou de la vieille et de la nouvelle littérature, se disputant le génie de la France, ou bien encore des vieilles et des nouvelles amours, symbolisées sous le nom de la Simple et de la Rusée. A première vue, c'est la lutte entre la femme galante des temps passés et celle des temps modernes. La première, la Simple, c'est l'amoureuse du Moyen Age, à peu près fidèle, bonne et facile, ennemie acharnée de l'amour platonique, mais se contentant de jouir secrètement de ses amours. Pour la Rusée, la coquette moderne, elle est fausse, hypocrite, pleine d'afféterie; il lui faut le grand bruit, le brillant, l'effronterie. C'est ainsi une philosophique manière de montrer les deux espèces de femmes qui se disputent le Royaume d'amour. Tout y va au fait, tout y est naturel, réel, brutal. La caricature y est double. Dans la forme, c'est la caricature des cérémonies de dame Justice; dans le fond, c'est la satire des poésies amoureuses, c'est le voile arraché à tous ces poèmes, romans, chansons, où l'on cache hypocritement sous la langueur, sous les plaintes modulées et les gémissemens imbéciles, ce qui n'est en définitive que passion matérielle, emportement de la chair et des sens.

Après ces deux pièces parurent probablement ces Monologues du *Puys*, de *la Botte de Foing*, du *Gendarme cassé*. Pourtant ces ouvrages, qui ne portent pas de date, vinrent peut-être plus tôt. Dans le Monologue du *Puys* surtout, on trouve quelque chose de moins arrêté et de moins brutal; on croiroit que l'auteur n'a pas encore foi en son genre, et c'est là qu'on rencontre le plus de souvenirs de la jeunesse et de l'Université. En tout cas, ces Monologues paroissent être un genre inventé par Coquillart, un genre qui tient le milieu entre le Conte et la Farce, destiné, comme le Conte, à narrer quelque aventure scandaleuse, mais ressemblant fort à un Dialogue récité par un seul personnage. C'étoient, autant qu'on en peut juger, des sortes d'intermèdes qui prenoient leur place au milieu des danses et des festins de la nation Rémoise, et on peut les regarder comme les bouquets à Chloris, les chansons de dessert de la Bourgeoisie au XVe siècle. Le meilleur de ces Monologues est incontestablement celui du *Gendarme cassé*. Les gens d'armes avoient toujours été, nous l'avons vu, les ennemis particuliers des Rémois, tout dernièrement encore ils avoient très maltraité le pays environnant; peut-être y a-t-il là quelque souvenir de Cochinnart: aussi le gendarme est-il représenté d'une âpre façon. C'est bien l'ignoble soudard, le vieux routier qui a perdu le respect de toute chose, avec ses observations de mauvais lieux, ses opinions, ses études de mœurs qui sentent la taverne et le pillage. C'est lui naturellement qui a mission d'exposer les plus rudes exemples, les plus odieux caractères de femmes, et c'est dans sa bouche que le Poète met la plus amère satire contre cette fièvre de luxe qui attaquoit la Bourgeoisie.

Cette poésie, toute cynique qu'elle fût, étoit loin d'avoir porté atteinte à la gravité du jurisconsulte. Le 10 octobre 1481, Regnault Doulcet, lieutenant-général de M. le bailli de Vermandois, confie à Coquillart, ainsi qu'à trois autres hommes de loi, le soin de mettre par écrit toutes les coutumes de Reims. Ce travail lui valut à peu près de 35 à 50 sols par jour, grosse somme. Mais après l'affaire sérieuse revint la caricature, qui lui apporta plus d'honneur que l'autre ne lui avoit apporté d'argent. Les *Droitz nouveaulx*, qu'il travailloit vers cette époque, sont le plus long et le plus original de ses ouvrages. Le grand travail de réforme qui se faisoit dans le droit et dans la discipline ecclésiastique lui donna l'idée de cette joyeuse satire, qui peut être considérée comme une charge de la *Somme* de quelque Me Drogon de Hautvillers, ou bien comme une caricature des Cours et Arrêts d'amours. Il y a sans doute là aussi une arrière-pensée de comparaison entre le vieux monde chrétien, grave et moral, que lui avoient fait entrevoir les leçons maternelles, et la futilité des nouvelles choses, la méchanceté, le trouble, survenus dans les volontés et les idées du temps présent.

Il indique en effet qu'il vient enseigner trois choses : *les modes fringantes, les paroles élégantes, les termes juristes,* et il revient souvent sur cette idée de *mots nouveaulx, droits nouveaulx, modes et rhétorique nouvelles.* En résumé, ces *Droitz nouveaulx,* véritable cours de galanterie trouvère, fort utile à comparer avec la galanterie des XVIIIe et XIXe siècles, ces *Droitz* sont bâtis sur le modèle des livres de jurisprudence. C'est une réunion de statuts du droit canon et du droit naturel, le tout caricaturé d'une façon cynique, mêlé à des contes grossiers et arrangé avec les formules, les divisions, les gloses, rubriques, questions, interprétations, qui constituent l'apparence d'un Traité de droit civil. C'est ainsi encore une raillerie de l'art juridique unie à une vive et piquante satire des mœurs du siècle, mais où le mot, l'esprit, la nécessité de faire ressortir le portrait, dissimulent trop la réflexion et l'idée morale.

C'est sans doute après avoir terminé les *Droitz nouveaulx* que Coquillart entra dans les ordres. L'Archevêque et le Chapitre lui accordèrent la cinquante-septième prébende, qui vint à vaquer. Le 21 avril 1483 il put prendre possession de sa stalle de chanoine. Il étoit enfin arrivé à cette gloire qui avoit été le but de toute son ambition, et ce fut sans doute avec un grand sentiment d'orgueil qu'il se vit revêtu de la chape d'honneur, portant à son choix le chaperon fourré ou le bonnet rond de docteur, et montant sur son pupitre pour y chanter matines dans le magnifique chœur de la cathédrale de Reims.

Le nouveau Chanoine fut choisi pour composer un poème qu'on devoit réciter en grand appareil devant le nouveau roi Charles VIII, lorsqu'il viendroit se faire sacrer. Ce ne fut pas sans une certaine inquiétude qu'il se vit appelé à donner aussi solennellement la mesure de son talent. C'étoit sur lui que comptoient ses concitoyens, comme sur la gloire de la nation Rémoise. Il auroit pour auditeurs tous les émules des Molinet, des Chastellain, des Octavien de Saint-Gelais, et peut-être exposeroit-il aux railleries de ces savans et élégans esprits la poésie provinciale et le génie de la Champagne. Il ne savoit pas que c'étoit à peu près la dernière fois que les échos de la vieille littérature alloient retentir parmi les princes et à la Cour des rois de France ; mais dans son cercle intime il reçut à coup sûr bien des conseils contradictoires : céderoit-il à l'école Savante alors à la mode, et chercheroit-il quelque pâle imitation de Me Alain, ou bien obéiroit-il courageusement au genre Bourgeois ? Il prit ce dernier parti, et composa le *Blason des Armes et des Dames*, c'est-à-dire la comparaison et l'éloge des biens qu'on trouve dans les unes et dans les autres. Il travailla d'ailleurs plus qu'il n'avoit jamais fait; il évita les négligences de style, suivit et développa plus complétement ses idées, enveloppa son cynisme habituel d'un triple voile, sans rien perdre pourtant de sa vivacité, de sa franchise et de son naturel. Il dut être singulièrement applaudi, et cette verve, ce charme dans les détails, cette invention gentille, cette forme joyeuse, facile et légère, pouvoient plaire aux deux sortes d'écrivains qui se partageoient alors la Cour, aux fins et aux délicats comme aux amoureux de la grosse gaieté; à ceux qui, tournés encore vers le Moyen Age par Louis XI et les *Cent nouvelles*, se rattachoient aux Trouvères, à ceux-là aussi qui pressentoient déjà la Renaissance et présageoient François Ier.

On connoît encore de lui quelques Ballades qui n'ont guère de caractère. Pour moi, je lui attribuerois volontiers les œuvres anonymes attribuées à Villon; la coupe des vers, la tournure du style, bien des expressions et une certaine harmonie propres à Coquillart, — tout cela, joint à quelques détails caractéristiques, m'a à peu près persuadé que ces ouvrages pouvoient être de lui [1].

---

1. Nevizan dans sa *Sylva Nuptialis*, Hotman dans le *Matago de Matagonibus*, La Croix du Maine dans sa *Bibliothèque*, le *Guide des Arts et des Sciences et Promptuaire de tous livres*, lui attribuent deux ou trois pièces sans apparence de raison; mais il est probable que le poète de Reims pourroit bien revendiquer quelques-unes de ces petites œuvres vives

V.

La comédie humaine à la fin du XVe siècle.

Nous connoissons le Poète ; pénétrons dans son œuvre et demandons-lui quelle étoit cette société corrompue qui devoit enfanter l'âge moderne.

Le Dieu de ce monde au milieu duquel nous mène le Poète bourgeois, c'est nécessairement l'Amour, — non point cet Amour des temps chevaleresques, l'Amour *au cœur de lyon, au cœur d'aignel*, héroïque au milieu des aventures guerrières, ailleurs humble, doux et courtois, sensuel sans doute, mais fidèle jusqu'à la mort. Iseult la blonde et la belle Maguelonne, la douce Grisélidis, sa sœur passionnée la châtelaine de Vergi, et toutes leurs gracieuses compagnes, se sont endormies au départ des chevaliers de la dernière Croisade, et peut-être attendent-elles, pour se lever, le retour si long-temps espéré du

---

et satiriques qui pullulent vers la fin de ce siècle. Nous pourrions citer, dans le Recueil des anciennes poésies françoises, publié dans cette Bibliothèque elzevirienne, plusieurs morceaux qui semblent avoir des droits sérieux à être signés de son nom. Nous aurons occasion de revenir là dessus à la fin de ee premier volume, et dans le courant du second nous indiquerons les pièces de ce temps qui se rapprochent le plus des œuvres authentiques de Coquillart.

roi Arthur et de l'enchanteur Merlin. Marot, avec sa poésie gentille, essaiera de réveiller les plus légères de leurs sœurs, et sans doute elles étoient dignes d'entendre la divine musique de Ronsard, le Roi des poètes; mais ce n'étoient point là les amours qui avoient frappé Coquillart. Il n'avoit pas non plus vu paroître encore cette sorte de misérable passion qui constitue la poétique des amants de ce temps-ci; il n'eût point compris ces sophismes qui se trempent si laborieusement dans les larmes pour briller au soleil de la rhétorique, et il eût singulièrement raillé cette fièvre d'impuissance qui descend jusqu'au suicide pour y chercher une preuve de vigueur. Ce qu'il nous montre, c'est ce qu'on peut appeler l'Amour bourgeois, *l'amour des dimanches* de la Bourgeoisie; c'est le sensualisme gaillard des jours de fête dans la cité joyeuse; c'est le sentiment dans sa plus matérielle acception, brutal et grossier, naïf et franc dans sa brutalité, plein de vie, de naturel et *de tapage*, au milieu de sa corruption; c'est l'amour de ceux-là qui ont hâte de jouir : pressés qu'ils sont entre le travail de la semaine qui vient de finir et le travail de la semaine qui va commencer, ils n'ont pas grand temps pour la coquetterie; ils n'ont ni le loisir ni le repos d'esprit qui laissent mûrir la poésie du sentiment; tout au plus ont-ils la poésie des sens, celle qui apporte l'ivresse et la volupté par les tendres et les brillantes couleurs, par le froissement du velours et de la soie, par le cliquetis de l'or et des bijoux, par le bruit des chansons joyeuses et des verres vibrans. Pour ces fêtes, les nouveaux élégans de la bourgeoisie quittent le foyer domestique, mais ils le quittent un seul jour. Corrompus, pourtant honteux encore, ils entendent la famille qui les appelle et qu'ils vont rejoindre ; il faut que le plaisir soit emporté séance tenante et que la coquetterie abrége fort ses cérémonies. Avant la fête suivante, le foyer domestique aura peut-être converti ces transfuges à sa douce gravité.

C'est bien là, du reste, la passion distinctive de ce XVe siècle, qui est déjà assez sorti du Moyen Age pour avoir rencontré l'effronterie de la corruption, qui n'est pas assez entré dans le monde moderne pour avoir osé chanter la poésie de la débauche. Cet amour leste et grossier, ce mépris de la femme, railleur, franc, plein de bonhomie, mais implacable et sans ménagement, étoient bien dans le caractère de la Bourgeoisie d'alors. Sans cesse en contact avec le peuple, éloignée par l'activité de sa vie de ce poli de civilisation que donne le loisir, cette Bourgeoisie du XVe siècle avoit gardé assez intactes les qualités propres au génie du populaire François ; une fois hors de la vie de ménage, elle étoit volontiers, dans ses ébats, brutale et grivoise. Privée de l'éducation chevaleresque, elle ne respectoit pas la femme en tant que femme, mais en tant qu'elle étoit respectable, c'est-à-dire bonne mère, épouse docile et fidèle. Plaçons-nous donc avec Coquillart au milieu de cette ville de Reims, dont il a été le poète, suivons-le dans une de ces fêtes auxquelles préside le premier amour du monde moderne, nous connoîtrons ainsi le poète par ce monde qu'il a reproduit, et c'est le meilleur moyen de le juger.

Le voilà, le Prince des sens, l'Amour, le dernier seigneur de la Commune affranchie. Il n'est ni blanc, ni rose, et ce n'est pas un enfant : c'est un robuste jeune homme, haut en couleur, à la figure riante et ronde, aux mains rudes et aux épaules carrées. Il n'a ni arc ni flèches : ce sont les armes qui atteignent les cœurs parfumés et les déshabillés galants ; mais il porte à sa main droite la coupe d'argent nette et grossièrement ciselée, la coupe vingt fois vidée qui fait les yeux vainqueurs et les sens invincibles. Il agite dans sa main gauche la bourse aux écus d'or, et tout autour de lui gisent les plus riches produits de la *marchandise*, les bijoux de l'orfèvre, les toiles fines du tisserand, les étoffes brillantes de la draperie. C'est par là qu'il achète les plus rebelles de ses ennemies. Ce n'est point l'orgie pourtant qu'il célèbre ; non, les Dieux antiques ne sont pas encore ressuscités, et les voiles de la pudeur jetés par le Christianisme sur le corps de la femme ne sont pas encore en lambeaux. Il ne connoît pas les raffinemens de la volupté, et il a conservé quelque grâce, un peu de cette fraîche poésie des champs et des feuilles, du soleil et du printemps, que le Moyen Age, en sa jeunesse, avoit donnée pour compagne à la poésie du sentiment. Au XVe siècle, sans doute, les bijoux ont presque remplacé les fleurs, et les jeunes filles des poèmes ne portent plus ces gracieux ornemens, ces jupes ornées de roses pures, ces ceintures de violettes et ces couronnes de nouvel églantier, avec lesquelles elles alloient chanter la veillée du dieu gentil. Néanmoins l'Amour bourgeois a bien souvent couru aux fêtes des villages voisins, il a assisté aux processions du *Grand-Batlla*, aux Fêtes de la rosée, aux plantations du *Mai*, et il en a rapporté, avec des pannerées de feuilles, de mousses et de fleurs, l'intelligence des fraîches et riantes couleurs.

Il est là maintenant, ce Dieu vainqueur, dans la cité vieillie et corrompue, sous son dais, au haut bout de sa table bruyante; mais les tentures sont réjouissantes à l'œil, et le plancher de la salle est couvert de romarins, de muguets, de lavandes et de giroflées. Il habite son palais, et ce palais, si ce n'est une Halle, est presque un Hôtel de ville. Il est entouré de sa Cour; sa Cour a ses officiers, comme M. le bailly de Vermandois; ses conseillers portent cotte verte, ses Huissiers ont la tête couverte de chapeaux de fleurs de houx, et ses Avocats sont là prêts à invoquer les droits nouveaux, ces droits des sens que ne promulguoit pas la poésie des temps passés. Pour lui, il a haut et puissant maintien, il prêche ses éternels mensonges, et tous ses sujets répètent en chœur : « C'est lui qui est le roi de toute douceur, de toute courtoisie et loyauté; c'est lui qui rend l'homme prompt, prudent et sage; sans lui, nul ne devient parfait. »

Parfois il s'abandonne aux élans de sa nature cruelle, il dompte alors ses ennemis

> Par un ris de la queue de l'œil
> Qui les mène jusqu'au mourir,

et malgré son air bonhomme, malgré sa figure enluminée, ses yeux s'arment de méchantes coquetteries, comme s'il étoit toujours le descendant de Vénus, la fille de la mer capricieuse. C'est alors qu'il tourmente ses serviteurs pour leur faire inventer les ruses, les mots élégans et amoureux; il les force maintenant à rire, bientôt à soupirer; maintenant résolus, puis découragés, maintenant gracieux et bientôt sombres, ils font par son ordre mille grimaces, mille singeries, et bien souvent n'ont-ils pour toute récompense que les yeux dédaigneux de leurs maîtresses, les menues pensées, les *marmousemens*, le songer creux, qui arrêtent leurs bras et contractent leurs fronts pendant le travail de la semaine. Cependant il se rappelle bientôt qu'il est le dieu des fêtes et l'amour bourgeois; il laisse ses joyeux amis

> Dancer, bondir, tourner, virer,
> Fringuer, pomper, chanter, saulter.

Aussi le Dieu est-il entouré d'une suite nombreuse; tous ses jeunes vassaux, les *mignons*, fils des grands marchands de la cité Rémoise, les *bustarins*, élégans des petits métiers, les *rustarins*, verts galans de campagne, tous se pressent autour de lui. Ils se promènent en pourpoints de satin, cheveux longs, perruques de prix, et les flûtes, les rebecs, les tabourins, vont donner le signal du *Train*, du *Petit rouen*, de tous les branles et de toutes les basses danses.

A côté d'eux sont les dames de pensées amoureuses,

>Si cointes, si polies, si frisques,
>Si pleines de doulces amours,
>Si propres pour trouver replicques,
>Si promptes pour donner secours,
>Si humaines à gens de Cour.

Chacun rit, raille, conte sornettes; chacun raconte les merveilleuses aventures de Gaultier et de Michelet, ces types gaillards, ces don Juan des classes marchandes. C'est un cliquetis de médisances; chacun discute les causes, droits et devoirs d'amour; chacun se vante et chacun coquette. Le palais du Dieu est plein, les portes mêmes sont encombrées par un nombre infini de galantins qui se pressent d'arriver dans le temple, et le poète satirique nous montre à l'arrière-plan, où nous ne le suivrons pas, les lits parés, les paquets d'herbes vertes, tandis que les plus réservées de ces honnêtes dames montent en quelque tournelle pour y visiter en petite compagnie la lingerie de la famille.

Puis, quand il a ainsi dépeint le temple et l'idole, quand il a esquissé la scène générale et bâti le théâtre, Coquillart amène les personnages divers, toute la troupe des joyeux et dévergondés enfans de la corruption nouvelle, les verts galans, les femmes folles; il dramatise les commérages, analyse les anecdotes scandaleuses, enfin il va faire passer sur ce théâtre presque toute la ville de Reims.

Maintenant tout est préparé. Le Poëte se lève alors. Pour faire courtoisie à sa poésie et aux auditeurs, il a revêtu sa belle chape d'honneur, son bonnet rond de docteur, qui n'étoient point faits pour se trouver à telle aubade. Puis il emprunte tout ce qui sonne bonheur et plaisir, tout ce qui dans la bonne ville porte au loin la fête de l'air, les annonces joyeuses, la promesse des journées sans travail; il appelle à lui les sonneries de la Saint-Jean, le son des trompes royales ou communales, annonçant aussi bien que les entrées de Rois les Farces et les Mystères, enfin toutes les cloches fériales, les tambourins des jongleurs et les violes des ménétriers. Il se tourne aux quatre coins de l'horizon; il convoque tout ce monde qui ne pense plus à Dieu, tout ce qui veut rire dans la ville satirique et brutale, dans la Champagne au vin léger, aux têtes folles, aux paroles libres : bonshommes de Reims, gens épicés;

gascons de Vitry, bragards de Saint-Dizier, gouailleurs d'Avize; vous, glorieux de Laon, chats de Meaux, coqs de Dormant, vivans de Nogent; vous aussi, lourdauds de Châlons, dormeurs de Compiègne, venez, venez tous, le rire va commencer, les bras vont se déraidir, les fronts vont se dérider; le vieux Poète va chanter les saturnales de la Bourgeoisie. Ce que valent de tels chants, vos filles le montreront à vos gendres, et vos petits-fils le sauront au siècle suivant dans les guerres civiles; vous, riez, sautez, dansez, accourez tous :

> Advisé me suis au matin
> De vous lire des droits nouveaulx.

Quels sont ces Droits nouveaux ? Le berceau de l'enfant est là, là aussi le fauteuil de l'aïeule, et le bonhomme de mari, ce niais de tradition, ce bouffon de l'éternelle comédie, gagne durement la vie de la famille; il aune son drap, remue sa houe et fait sauter sa navette; il ramasse ainsi les derniers sourires de sa vieille mère, les fêtes de l'adolescence pour son enfant, et procure à sa femme la vie débarrassée des soucis et de la misère. Mais quoi! qu'est cela pour la femme du Temps nouveau ? Le vieux Christ est là, au fond de l'alcôve conjugale; il y est depuis bien des générations, étendant ses deux bras d'ivoire jauni par le temps, et semant de ses mains sanglantes toutes les bénédictions du foyer domestique. Qu'est cela encore ? Ce sont les *anciens droits*. Les Droits nouveaux, on les fait valoir quand la brune est venue et que l'occasion est favorable ; il n'est pas besoin de les définir. S'il reste encore quelque honte, bien, qu'on pleure demi-larme, et tout sera dit. Pourtant voilà la vengeance qui arrive, et Coquillart nous montre, avec sa finesse et son cynisme ordinaires, la coquetterie, le dernier Juge, l'Exécuteur des hautes œuvres de la morale en ce monde passionné.

Ce n'est pas qu'il veuille prêcher ; non, il ne le sait pas faire ; il appelle ses ouvrages *les Festes*, et il se contente de traîner par les cheveux, devant le Dieu d'amours et devant sa Cour, tous les ridicules de la bonne ville.

Voici donc *Dangier*, le mari trompé, pétulant et jaloux. C'est le plastron de tout joyeux esprit, la victime turbulente du seigneur Amour. C'est lui sans doute qui l'a affublé de cette étrange façon. Son seul aspect décourageroit la plus vertueuse matrone.

Avec son grand chaperon, sa large cotte, son pourpoint qui lui tombe jusqu'aux genoux, bourré devant, derrière, à la vieille mode, avec ses bottes qu'il a héritées de l'archevêque Turpin, Dangier a l'air d'un niais qui vient d'obtenir de monsieur le Bailly le fermage des vieilles chausses de la ville. Il est toujours radotant contre la mode des pourpoints courts et des hauts-de-chausses étroits, chose malhonnête et impudique. Sa femme s'en va parmi ses voisines disant qu'autant vaudroit une vieille commère, et qu'il est tout au plus bon à rimer le refrain de quelque ballade. Pourtant il est encore le maître, on l'appelle « monseigneur »; le Moyen Age n'a pas tout entier disparu. Il rentre encore de temps en temps, le bonhomme, au moment utile, et l'on sait quelles terribles peurs il fit parfois aux amoureux qui venoient enseigner à sa femme les rubriques des *droits nouveaux*, quelles nuits il leur a fait passer dans les greniers, quelles courses légères à travers les rues, quels sauts dans les puits, quelles chutes entre les bras de notre cousin le Guet! Non, on ne bat pas encore son vénérable pourpoint de chamois, on respecte ses dignes épaules et on tremblotte en présence de cette épée du temps du roi Dagobert que son aïeul a gagnée à la bataille de Rosebecque. Cependant tout cela va venir; Me Coquillart lui donne déjà les honnêtes conseils : « Bonhomme, faites bruit quand vous rentrez, et criez benoîtement :

> Qui est ceans? ne vous deplaise,
> Au moins deviez vous l'huis fermer;
> S'il fût venu des autres gens!

En attendant, il rassemble sur son pauvre corps, plus maigre que souche, tous les gracieux surnoms : c'est *Jeannin Dada*, c'est *Jeannin Turlurette*, c'est Me *Macé Goguelu*.

A côté de lui, rentrant tout essoufflée après une longue absence, voici la *mignonne*, la *sadi-*

nette, la *fringante*, que sais-je? C'est la jeune femme de monseigneur Dangier, celle qui se plaint si amèrement que son mari ressemble trop à une vieille commère. Elle est chargée de bijoux et de pierres précieuses; ses affiquets, épingles et agrafes sont enrichis de pointes de saphirs ou d'émeraudes; ses anneaux portent des symboles amoureux; sous ses aiguillettes, sous ces touffes de rubans terminées par des aiguilles d'or et d'argent ciselés, on entrevoit des chiffres entrelacés qui ont bien exercé l'imagination du pauvre homme. Du reste elle est vêtue à la dernière mode; elle a le chaperon de Pontoise, la ceinture tissue d'argent et de soie garnie de lames d'or; d'un côté pend l'aumônière richement ornée, et de l'autre le miroir encadré d'un métal brillant. Dans les jours d'automne elle porte la robe fourrée d'hermine, comme une noble dame, et elle méprise la fourrure de putois, qui faisoit les beaux jours des bourgeoises ses aïeules. Maintenant elle est revêtue d'une belle cotte de satin cendré de Florence; et elle n'est pas dans ses plus beaux atours. A la fête prochaine, pour paroître belle et grande, elle qui est ronde et rouge comme groseille, elle portera des pantoufles qui paroîtront avoir vingt-quatre semelles. Et tous ces ornemens, ce n'est point le mari qui les a achetés; ils lui arrivent sans doute, par héritage,

> De maître Enguerrand Hurtebise
> Son aïeul, qui mourut transi
> L'autre jour au pays de Frise.

Mais le bonhomme se doit bien garder de chercher d'où cela lui vient, car, disent les sages, à cheval donné on ne doit point la gueule ouvrir. D'où arrive-t-elle en ce moment, si brillante? Peut-être de ces caquets de l'accouchée, où l'on fauche et étrille la réputation d'autrui, et c'est le plus honnête des endroits où on l'accuse d'aller. — C'est une vraie fée, disent ses adorateurs; elle est pleine de petits ris et de petites *façonnettes*. Et toutes ces minettes, ces yeux si vifs, qui étoient comme les miroirs des plaisirs mondains, enchantoient ces pauvres égarés du Moyen Age, naïfs encore, et ignorant le véritable sens de ces caprices qui naissent de l'écume du monde nouveau.

Mais la famille n'est pas complète : entre le Mari et la Femme il manque quelque chose, et ce n'est pas l'Enfant, c'est l'Entremetteuse d'abord, puis l'Amant, et il les amène sur la scène. Celle-ci, c'est la vieille aux yeux riants, qui promet aux femmelettes chaperon, robe fourrée, et aux gentils mignons quelque femme de *gros grain*, quelque dame *haut atournée*. C'est une grande vieille sibylle, caduque, menaçant ruine, barbue comme un vieux franc archer. Quant aux types d'amoureux, ils foisonnent chez Coquillart.

Le premier qui se présente, c'est le descendant de la grande Bourgeoisie, le fils de ces hauts et puissants bourgeois qui avoient bien quinze cents francs de revenu. Il étoit destiné à passer sa jeunesse dans l'étude, son âge mûr dans le travail, et à devenir ainsi le chef de la commune, un des conducteurs du peuple ; mais maintenant le voici par les rues, suivi de Gauthier Fouet, son valet ; de Bec-à-Brouet, son page ; et de Colin Suisse, son ménétrier. Il clique fièrement du patin, mince chaussure à haut talon, dont le bruit attire sur lui l'attention des galantes bourgeoises et met en mouvement tous les couvre-chefs féminins. Demain il sera dans les salles de bal et dans les festins, il foulera dédaigneusement du pied les lavandes, les romarins, et, plus hautain qu'un châtelain de Poitou, il raillera toutes les danses qui réjouissent les élégans de second ordre, le *Grand tourin*, la *Gorgiase*, la *Bergière*, la *Maistresse*, les *Filles à marier* ; il ne voudra danser que les *Trois états*, car il a mis sa *galvardine* de migraine rouge à larges manches et sa *capeline* ornée de plumes et de rubans. Les autres danses sont les branles de l'âge d'or, les sauts du temps *Boniface* ; elles sont trop honnêtes pour une époque où les femmes se laissent corrompre pour se distraire et sont adultères sans s'en être aperçues. Il est donc là au milieu de ses compagnons, débitant sur ses amours quelque chanson que les pages feront courir par les rues comme s'ils étoient les *scribes* et les *promoteurs* de la dégradation des femmes. Les sourcils de ce mignon sont peints *de vive peinture*, il porte à la main sa canne à bec d'outarde, et ses chaussures sont larges et rondes comme une raquette. Il a l'estomac orné d'un tas de lacets bigarrés ; son beau pourpoint des grands jours a un collet de satin renversé, pour laisser voir le linge fin. Ses manches sont larges comme bombardes et ornées d'un effilé long de trois doigts ; elles laissent voir un bras revêtu de fine batiste et orné d'un chapelet composé de grains brillans comme des fleurs d'or. Enfin, l'épée au côté, la daguette troussée pointe en l'air, il a pris l'apparence d'un gentilhomme. Qui défendra à l'avenir les libertés de la bonne ville ?

La Bourgeoisie moyenne ne manque pas à la galerie, et le jeune marchand est devenu peut-être plus bruyant que le fils de l'échevin. Celui-ci est plus fat, plus satisfait de lui, plus *advantageux en petits faits*, mais nous le voyons parfois grotesquement suspendu à la glu qu'il avoit disposée. L'autre, plutôt hardi et tapageur, fait la guerre de brocards avec les bons bourgeois qui raillent son équipage galant et lui prédisent les haillons de l'avenir. Vêtu de vert, au côté le bouquet de romarin, le bonnet renversé sur l'oreille, comme s'il *guignoit* toutes les femmes, un portrait attaché à la toque, il s'en va, tranchant du Régent, s'exposer à tous ces caprices féminins, qui sont plus violents que vent de bise.

C'est surtout aux galans des petits-métiers, à ces ouvriers que la vanité a mordus, c'est à ceux-là que le poète Rémois prodigue ses sarcasmes. Ceux-à ne sont pas les *fringans*, ce sont les *fringuelo-*

tés. Et voilà de mes galans! ils n'ont pas dix francs vaillant, ils ne pourront trouver six blancs au fond de leurs poches à la fin de la semaine, et on les voit, tout fiers de leur robe de migraine, baguenauder autour des femmes! Gens de porc et de bœuf, il leur faut une chaîne pour singer les chevaliers; ils porteroient plutôt la chaîne de leur puits et l'anneau de leur pelle à feu! On diroit de gros trésoriers; regardez-les demain, ces *varlets dimancherets*, ils ont retourné leur robe, ce sont des savetiers. Et encore, et toujours, défiez-vous de ceux-là qui portent ces longs cheveux étendus comme hérissons; toutes les perruques ne cachent point des oreilles.

Sortons maintenant de ce palais de l'Amour bourgeois, parcourons toute la ville, nous y trouverons le même mélange de ridicule et de corruption.

Celle qui passe avec tant de rires et menant si grand tumulte, escortée d'une vieille aux yeux malins, d'un page aux blonds cheveux, entourée d'une bande de neveux ou cousins sans doute, c'est une bourgeoise de basse lignée, sans rentes et sans terre. Elle a bien un mari; mais, que veut-on? le pauvre homme mouroit de faim, et il trouve sa maison grandement garnie de vin, de blé, de bois, de vaisselle d'argent. Du reste il est innocent comme Judas; il ne voit, n'entend rien. On fait grand bruit chez lui pourtant: il y a toujours autour de sa femme une brigade de porte-perruques, le tabourin joyeux sonne en chambre et en salle ; on y joue tout le jour, au son des cymbales, au *glic* et à la *condemnade*; on n'y fait que danser, patheliner ; les morceaux sont toujours servis, les drageoirs toujours ouverts.

On ne rencontre par les rues qu'un tas d'écuyers sans suite ; sires *d'un prunier fleuri*, chevaliers *sous leur cheminée*, ils ont pour fief le *sel qui croît en la Mer-Rouge*. Sur la grande place, il y a une foule de francs archers ; ils sont de la lignée des choux, sortis de la cliquette d'un moulin, et on les voit, plus fiers que les grands chefs de guerre, se promener au soleil, brillans comme Caresme-Prenant. Ils attendent que le soir soit venu pour visiter, l'épée à la main, les bahuts des marchands endormis. Auprès des tavernes, lorgnant piteusement les brocs, jurant par saint Godégrand, voilà le Gendarme cassé, un véritable gibet à pied ; sa lance est au grenier, qui sert à sécher les vieux linges ; il a bu épée et houseaux, et il raconte à tout venant les bonnes infamies du temps de la guerre civile.

Entrons dans la salle des Assises. Salut, maistre Adam de Tire-Lambeaux, maistre Oudard de Main-Garnie, maistre Ponce Arrache-Boyaux, Gratien de Taste-Potence, Regnault Prend-Tout ! Salut, tous, juges bénins et conseillers vénérables ! Salut aussi, digne notaire en parchemin de corne,

Maître Mathieu de Hoche-Prune,

Recepveur de Rifle-Pecune,
Grant cousin de Happe-la-Lune.

Il y a séance solennelle. Voici tous les savans de la ville, tous les *forge-latin*, tous les docteurs *mâche-gloses*. On discute la grande question, la Simple contre la Rusée, l'Amoureuse d'autrefois contre la Galante des temps modernes. Maistre Jehan l'Estoffé préside, gravement assis, roide et pompeux comme une épousée ; c'est un véritable éplucheur de chardons, un vrai contrôleur de bélîtres. Les avocats sont là qui s'insultent hypocritement, tâchant de vaincre les bonnes raisons par les injures et les idées par les mots. Monseigneur le Juge semble gagné par la Rusée, sa roide gravité n'a pu tenir contre ces yeux reluisans comme les facettes d'un diamant; mais il y a parmi les Jurés nombre de sages personnages : voleurs dans leurs boutiques, raffineurs de draps, maîtres clercs en faux poids, grands abatteurs de mensonges, ils sont trop vieux pour n'être pas touchés par les charmes de l'antique fée qui présida aux corruptions de leur jeunesse, la simple et débonnaire fille de joie. Ce sont bonnes gens et discrètes personnes.

Nous pourrions descendre plus bas encore, mais nous avons donné de cette étrange société, de cette curieuse manière de peindre, une idée aussi complète que le permettoit une si révoltante corruption. Il en est du reste de cette littérature comme de l'esprit que donne le vin, et elle ressemble au lendemain d'une orgie. Quelques contractions nerveuses, quelques fiévreuses lueurs, rappellent seules que ces faces pâles, ces lèvres bleues, ces yeux éteints, ont été des visages illuminés par l'âme du vin, des yeux brillans, des lèvres comme enflammées par le feu de l'esprit. Ainsi en est-il de la poésie de Coquillart; et quand nous la prenons loin des événemens qui l'ont inspirée, séparée de ce cynisme qui en est comme la parure, nous ne la voyons plus qu'inerte et décolorée; à quelques traits seulement, nous pouvons reconnoître tout ce qu'il y avoit en elle de vivant et d'original. Il y a là sans doute une grande leçon pour les littératures fiévreuses : elles ne peuvent arriver à la postérité que d'une assez triste façon, n'y paroissant au grand jour que privées de leur énergie, de ce qui fait leur vie et explique leur influence.

Cependant, si nous sommes sévère pour la poésie de Coquillart, nous nous gardons bien d'en conclure une vie corrompue. Pourtant, comment en sa vieillesse, avec son caractère et sa position, a-t-il pu arriver dans sa poésie à un tel cynisme? C'est là une question d'histoire littéraire des plus importantes, c'est aussi la question capitale de cette étude : car la solution de ce problème donne non seulement le mot de l'histoire du XVe siècle, mais elle jette aussi une grande lumière sur la vie morale de tout le Moyen Age.

VI.

La littérature Bourgeoise à la fin du XVe siècle.

Je ne puis croire que Coquillart n'ait été qu'un vieillard libertin; Marot, qui le dit, paroît avoir obéi uniquement à l'attrait d'un double jeu de mots. Comment admettre que l'ami, presque le confident du saint et savant archevêque Jean Juvénal des Ursins, que cet homme accablé d'honneurs et de respects par toutes les classes d'une cité maligne et sensée, choisi comme chef par les deux classes les plus graves et les plus saintes de cette ville, comment admettre qu'un tel homme n'ait été qu'un honteux vieillard perdu de débauche, et qu'il soit mort à quatre-vingt-dix ans des suites du libertinage de toute sa vie! Coquillart a été un écrivain singulièrement cynique, il a commencé à l'être à près de soixante ans; c'est un triste et étrange mystère sans doute, mais il s'explique.

Il n'étoit pas rare de voir les bons *gaudisseurs* porter fort sérieusement livre d'Heures à leur ceinture, et s'en servir très pieusement. Le Catho cisme, au moment où les guerres civiles avoient affoibli son influence, n'avoit pas encore vaincu l'obscénité des paroles, comme il avoit, et depuis longtemps, vaincu la cruauté. l'indiscipline, la licence du sang Barbare et la *voluptuosité*, si je puis dire, du sang des Romains de l'Empire. D'ailleurs cette légèreté et ce cynisme de paroles n'avoient pas, au point de vue moral, les conséquences qu'ils auroient maintenant. L'imagination générale n'étoit pas encore développée, le travail matériel y avoit mis obstacle, et le loisir n'avoit pas encore aiguisé les sens; aussi cette licence dans les mots ne paroissoit-elle devoir produire d'autre résultat que de fouetter les esprits appesantis par la gravité de la vie ordinaire et de maintenir quelque vivacité aux corps lassés par le travail constant. Ce peu de danger qu'une telle liberté offroit alors, joint à la naïveté et à l'amour de la réalité, amenoit parfois les plus saints personnages à ce qu'on appelle de nos jours la grossièreté. Au XVe siècle, cette licence devint plus générale, elle arriva jusqu'à la brutalité la plus abandonnée, et les hommes les plus graves subirent comme une nécessité mystérieuse qui les poussoit au cynisme. Michel Menot, Olivier Maillard et les autres prédicateurs restent, pour nous, malgré les lourdes railleries d'Henri Estienne, de grands esprits et de véritables apôtres; rien n'égale leur brutalité. Presque tous les Mystères sont composés dans un but pieux, élevé, moral; les plus infâmes personnages y viennent jouer leur rôle et y débitent des tirades dignes des Atellannes. Anthoine de La Salle, homme grave, personnage austère digne précepteur des enfans de la maison d'Anjou, justement vénéré à la cour de Bourgogne, devient l'auteur des *Quinze Joies de Mariage* et le rédacteur des *Cent Nouvelles*, auprès desquelles les *Contes* de La Fontaine sont des idylles. On a publié dernièrement le plus intéressant ouvrage qui peut-être ait été écrit au XVe siècle, les *Mémoires* de Philippe de Vigneulles; nous y trouvons un bourgeois simple, bon et naïf, pieux, intelligent, rangé, et ce même Philippe de Vigneulles a laissé des *Contes* qui ne le cèdent en rien aux *Cent Nouvelles*. Coquillart et bien d'autres encore se trouvent dans une position analogue.

Les poètes bourgeois de ce temps nous présentent donc un singulier spectacle. Ils semblent toujours avoir à parler à une grande assemblée composée de deux sortes d'hommes : les uns, au bas bout de la table, bruyans, grossiers, sauvages encore, réclamant à grands cris le rire gras et franc; les autres, au haut bout, graves et pieux, mais naïfs, simples de cœur, faciles d'esprit, penseurs qui veulent pour ainsi dire se baigner dans la gaieté, afin de s'y reposer. Il faut que le poète parle à ces deux classes en même temps, qu'il jette à ce bruyant populaire des choses vives, grivoises et hardies, des anecdotes saupoudrées de gros sel, des proverbes et des dictons à l'emporte-pièce. Il faut pourtant parler de manière à ne pas blesser l'autre portion d'auditeurs, tout en comptant assez sur la pureté de leur esprit et la naïveté de leur jugement pour aller loin dans le cynisme.

C'étoit tout ce que le catholicisme avoit pu alors obtenir de réserve. Et lorsqu'à la fin du XVe siècle le torrent de brutalité devint irrésistible, les moines prédicateurs tournèrent la difficulté et s'emparèrent de ce cynisme de langage pour prêcher au peuple la plus sainte et la plus pure morale. C'étoit une politique excellente peut-être, mais désespérée, que d'employer un tel instrument. Ce fut par là que Luther réussit lorsque les délicatesses de la Renaissance ôtèrent cette arme aux mains des moines, en effrayant tous ceux qui eussent voulu s'en servir. La Réforme en effet avoit organisé une armée de railleurs écorchant impitoyablement tous ceux qui essayèrent de parler aux masses la seule langue qu'elles comprissent, et que Luther, Bèze, Ulric de Hutten, parloient, l'un au populaire, les deux autres à la Bourgeoisie des Universités, des Cours de justice, des arts libéraux. D'autres, comme Henri Estienne, trouvèrent dans ce cynisme le signe d'une grande corruption : ils ne vouloient point voir que les Moines, tant qu'ils l'avoient pu, avoient fait une guerre à mort aux Jongleurs, dont les chants entretenoient dans le peuple l'amour et l'habitude de cette grossièreté.

Ils ne se disoient pas non plus qu'après tout

il ne falloit pas reprocher au Moyen Age et au Catholicisme les mœurs d'un siècle qui n'étoit corrompu que parce qu'il leur échappoit.

Pour nous, dans tout le cours de cette étude, nous avons été préoccupé de rechercher, une à une, les causes de cette corruption et de cette brutalité de la Bourgeoisie au XVe siècle; nous nous sommes efforcé de poser en parallèles constans les accidens qui jetoient cette Bourgeoisie dans ce dévergondage et les raisons qui poussoient Coquillart à le choisir pour inspiration; nous avons ainsi tenu continuellement en présence, et subissant des influences analogues, le génie du Poète et l'objet de sa Poésie. Par là nous croyons avoir montré la nécessité et la logique de cette littérature, si étrange qu'elle soit.

Nous avons vu, dès avant la naissance de Coquillart, la perturbation du sens moral, l'indulgence pour la corruption, la tendance vers le matérialisme, qui menaçoient la Bourgeoisie Françoise et son poète. Tous les événemens qui survinrent dans le siècle, la nature particulière du génie Rémois, l'éducation, la littérature du temps, toutes les influences qui plient le cœur et l'esprit de l'homme se réunirent pour développer ces semences de corruption dans la ville de Reims, et ces germes de brutalité dans l'esprit du poète Rémois. La vie qu'il mena, les observations qui vinrent le chercher d'elles-mêmes, tout encouragea les tendances de sa nature vers les choses extérieures, tout le poussa vers l'esprit au détriment de la gravité.

A un moment donné, la tranquillité, la richesse, le bien-être matériel, permirent aux crimes qui avoient signalé le commencement du siècle de produire et de montrer tous leurs fruits. La Bourgeoisie, jetée hors du foyer domestique, entraînée vers la vie légère, inaugura un nouveau monde. Un flot de masques étranges accourut sur la scène; ils s'y précipitèrent avec la pétulance de l'ivresse, et ils frappèrent violemment les yeux du Poète par leurs qualités les plus remarquables, qui étoient le bruit, le brillant, l'extérieur en un mot. Les événemens sembloient ainsi prendre plaisir à précipiter énergiquement le génie de l'écrivain Rémois sur sa pente naturelle. Il écrivit donc ce qu'il voyoit, mais seulement ce qu'il voyoit, et il écrivit avec les qualités que le siècle lui avoit faites. Cette même indifférence morale, qui rendoit cette bande de fous si désordonnée, guida sa plume; ce vieillard sérieux et honorable ne pensa que bien peu à la satire morale et chrétienne : le siècle en avoit fait seulement un homme d'esprit. Il voit passer *la grande volte* humaine, comme dit Octavien de Saint-Gelais, mais joyeuse, bondissante et folle; ce sont les *fêtes*, se dit-il, les fêtes de l'esprit et du rire. Le rire règne; et il prendra le seul langage qui ne soit pas discordant avec ce rire. Il fuira la gravité et craindra par-dessus tout de paroître un prêcheur.

Il sentoit que son esprit se seroit trouvé mal à l'aise en compagnie de réflexions graves ; peut-être craignoit-il de faire fuir ses auditeurs et de ne pouvoir ainsi faire parvenir jusqu'à eux le petit nombre de vérités qu'il vouloit leur dire.

Peut-être aussi ne pensoit-il à rien de tout cela, et suivoit-il seulement cette loi de l'*age quod agis*, qui paroît avoir été la grande règle de conduite du Moyen Age. Consciencieux, réguliers et naïfs, les gens de ce temps laissoient la morale aux prédicateurs, la gravité aux affaires, la joie simple et emportée aux fêtes et aux contes, sans trop penser que les souvenirs des contes peuvent bien parfois s'introduire au foyer domestique. Coquillart est ainsi un poète réaliste : il fait parler à chacun de ses personnages son langage particulier, et il parle aux gens de son temps le langage qu'ils veulent entendre, sans se demander si ce langage est cynique.

En somme, il n'y a dans le poète Rémois que l'art et la méthode qui soient condamnables, et nous avons vu que cet art, descendant de la tradition des Trouvères, lui avoit été imposé, non par sa vie, mais par le génie de la ville de Reims. Cette littérature des jongleurs avoit été, dès le commencement, la littérature des *vilains* mise en regard de la littérature chevaleresque ; elle avoit toujours eu pour principes fondamentaux la plus grossière franchise et le mépris de la femme. Au XVe siècle, ces défauts s'étoient accrus ; la guerre avoit ravivé la brutalité, et le cynisme avoit atteint ses dernières limites. Cette grâce dont les Romans de chevalerie avoient entouré la *Damoiselle* avoit disparu, mais elle n'étoit pas encore remplacée par ce respect de convention que la femme, armée de coquetterie et appuyée sur la poésie langoureuse, arrachera au monde moderne. Le XVe siècle est un siècle de transition, et la femme, entre le respect qu'elle n'inspire plus et l'adoration qu'elle n'a pas encore su faire naître, la femme étoit placée par la littérature dans une situation humiliante et équivoque.

Ainsi Coquillart, ennemi par sa position de la poésie chevaleresque, disciple d'une école hostile à la littérature platement galante et hypocritement réservée des Cours d'amour, hostile aussi à cette autre école littéraire, l'école du Clergé, vraiment morale sans doute, mais insipide et à cette époque inaccessible au peuple, Coquillart devoit nécessairement être un écrivain grossier et cynique. Il devoit opposer l'amour matériel aux gracieuses et menteuses poésies du temps passé. Il devoit en arriver où il en est venu, à traiter les femmes comme des êtres sans conscience morale. Il ne faut pas oublier non plus que la littérature ne se mêloit pas alors à la vie: c'étoit une chose de pur loisir, en dehors de la vie intime, en dehors des devoirs et des affaires.

Il faut conclure de cela que de tels écrits indiquent une société en décomposition. Ils dénotent aussi chez le poète l'absence de la réflexion, le défaut de logique, mais non le libertinage. Coquillart n'étoit pas un débauché; il n'étoit qu'un bourgeois faisant de la littérature, un bourgeois qui étoit entré trop tard dans l'état ecclésiastique pour avoir pu changer sa doctrine littéraire et les habitudes de son esprit.

Après tout, s'il se laisse souvent emporter par l'entraînement de l'esprit et le besoin de la plaisanterie, il y a aussi dans ses portraits une singulière puissance de satire et de correction. Il fut sans doute pour beaucoup dans les lois somptuaires qui signalèrent la fin du siècle, et bien des infamies que les chastes leçons de l'Eglise ne pouvoient atteindre, bien des corruptions que les larmes maternelles ne pouvoient laver, bien des ridicules qui s'en alloient devenir des plaies sociales, furent stigmatisés par ce fouet brutal qui devoit passer dans la boue pour les trouver et les toucher.

Quoi qu'il en soit, après la composition de ces œuvres, la vie de Coquillart ne fut plus qu'une succession de bonheurs et d'honneurs. Il étoit l'homme célèbre par excellence, la gloire, la fierté de la nation Rémoise, et cette gloire avoit tous les caractères de ces triomphes que les petites villes seules savent décerner. Complète, absolue, accordée naïvement, elle retomboit sur tous les habitans de la cité, les illustroit tous. Elle étoit la joie des amis de la bonne ville, la jalousie des ennemis, et on eût été malvenu, malmené, peut-être, en cherchant à la discuter et à l'amoindrir. Il étoit ainsi devenu l'oracle, le représentant de l'esprit des Rémois, et les merveilleux monumens dont la ville étoit pleine, les châsses étincelantes dont elle étoit si fière, les preuves de courage et d'habileté dont son histoire étoit remplie, ne jetoient sans doute pas plus de splendeurs sur l'antique domaine de Saint-Remy que la poésie de Guillaume Coquillart. Reims étoit d'ailleurs une ville forte et puissante, elle jouoit un rôle historique; aussi l'autorité que Coquillart acquit par cette poésie s'exerça sur de grandes choses. Il devint le premier des citoyens; mais la bonne ville ne vouloit pas de serviteurs inutiles. La grande Bourgeoisie étoit ainsi constituée, que la gloire, la puissance acquise au service de la nation municipale et accordée par l'assentiment de tous, devoient toujours retourner au profit de tous et au service continuel de la nation. La vie du Moyen Age étoit l'activité constante, et Coquillart avoit seulement gagné ceci, que rien de grand ne se faisoit sans lui.

En 1486 [1], Maximilien d'Autriche se prépare

1. Nous devons ces derniers renseignemens sur la vie de Coquillart à la préface de l'édition des œuvres de notre poète publiée à Reims en 1847 par M. Tarbé. Nous faisons cette déclaration par esprit de justice, non par esprit de défiance. Nous n'avons pu consulter la partie des archives qui les

à reconquérir l'ancien héritage des ducs de Bourgogne ; Reims se lève en armes contre lui, et Coquillart est chargé avec onze autres citoyens de veiller à la défense de la ville. En 1487, le Chapitre le nomme chanoine de Sainte-Balzamine. Vers 1490, il est nommé Official. C'étoit le plus haut titre auquel pouvoit parvenir la bourgeoisie Rémoise dans l'ordre religieux ; l'Official étoit le second personnage du diocèse. Le Prévôt du Chapitre, les Abbés des divers monastères, étoient, dans une certaine limite, soumis à sa juridiction. Toutes les causes de la province ecclésiastique pouvoient être appelées devant ce Tribunal de la justice Métropolitaine, tandis qu'au contraire les causes scellées du sceau mystérieux de l'officialité Rémoise, — le cerf élevé sur un piédestal, avec cette légende : *Cervus Remensis,* — toutes ces causes ne reconnoissoient d'autre tribunal d'appel que la cour de Rome.

Vers cette époque pourtant, il semble que la Providence ait voulu jeter quelques soucis au milieu de cette existence glorieuse, et faire comprendre au Poète ce qu'il y avoit d'absolument immoral dans sa littérature. Le dimanche des *Brandons* de l'année 1490, à la suite de la représentation de quelques moralités satiriques, la po-

---

renfermoit, mais, sur la foi de M. Tarbé, nous n'avons pas hésité à regarder ces détails précis et complets comme authentiques.

pulace quitta la Commanderie du Temple, où avoit lieu la représentation, et se précipita vers l'Enclos du Chapitre, où elle commit mille désordres. Le lendemain, des jeunes gens parcoururent la ville en récitant des vers obscènes, injurieux aux femmes et au Clergé. On fit courir le bruit qu'ils étoient tirés des poésies de Coquillart, et ce fut cela sans doute qui le décida à faire imprimer ses propres vers [1]. Cette publication ne fit qu'augmenter sa renommée et sa puissance. En 1493, il est nommé grand Chantre, troisième dignité du Chapitre, donnant juridiction sur le bourg de Betheny, la présidence du Chapitre en l'absence du Doyen et du Prévôt, la police du chœur, et l'honneur d'avoir son nom à côté de celui de ces deux dignitaires en tête de tous les actes capitulaires. En 1496, il est élu par le clergé pour aller à Laon ratifier la paix faite avec l'Angleterre. Enfin il est chargé de solliciter auprès du pape la confirmation de l'élection de l'archevêque Robert Briçonnet.

1. Nous donnerons à la fin du second volume une notice bibliographique étendue sur les œuvres de Coquillart. Nous nous trouverons forcé d'attaquer la plupart des idées reçues sur la position réciproque et la valeur des diverses éditions. Nous montrerons que rien ne rend vraisemblable l'existence d'une édition en 1491. Nous repousserons assez avant dans le XVIe siècle l'édition qu'on a placée à cette date. Mais nous avons découvert une portion importante de l'œuvre de Coquillart dans une édition jusqu'ici inconnue, et qui, selon toute apparence, appartient au XVe siècle.

A partir de cette époque, il commence à se retirer de la vie publique ; mais il avoit transmis une part de son illustration et de son autorité à tout ce qui portoit son nom ; la bonne ville savoit récompenser ses glorieux enfans jusqu'aux dernières générations. Le vieux poète voyoit tous ceux de sa race, les Denys, les Nicolas, les Jehan, les Guillaume, occuper les plus hautes charges de la Municipalité et de l'Eglise, et le nom de Coquillart resta illustre pendant tout le XVIe siècle, jusqu'au moment où un Guillaume Coquillart, troisième du nom, mourut, comme son grand-oncle, chanoine de Sainte-Balzamine.

Le poète Champenois passa dans la retraite les dernières années de son existence. Il y avoit alors dans la province Bourguignonne un pauvre poète, Roger de Collerye, dont la destinée devoit être l'obscurité, destinée aussi misérable que celle de l'écrivain Rémois avoit été brillante. C'étoit pourtant le seul disciple que Coquillart devoit avoir. Mais les premiers essais de Pierre Gringore parvinrent peut-être à sa connoissance, il put prévoir que celui-ci seroit comme lui un glorieux disciple des vieux Trouvères, le dernier représentant de la poésie Bourgeoise, mais aussi le plus grand et le plus complet.

Quant à lui, sa carrière étoit terminée ; les hommes lui avoient donné toutes les gloires dont ils peuvent disposer, mais le monde qui l'avoit tant honoré avoit disparu, les esprits qu'il savoit si bien réjouir étoient ouverts à d'autres inspirations. Il étoit pour ainsi dire le dernier de sa race. Il étoit le seul qui eût vu la grande guerre de cent ans, les antiques vertus des temps passés et la puissance presque souveraine de la bonne ville. La Cour l'emportoit sur la Bourgeoisie, et la musique des paroles sur l'observation des mœurs. Il n'avoit plus rien à faire en ce monde, et il se tourna vers le Seigneur pour lui demander la seule gloire, la seule grandeur, la seule harmonie, qui soient éternelles.

Il mourut en l'année 1510.

Une telle vie est étrange pour nous, et de telles récompenses ne couronnent plus la poésie. La littérature s'adresse maintenant aux classes lettrées, et, à part quelques momens de surexcitation intellectuelle, les classes lettrées jouissent plus par la critique que par l'admiration. Le peuple, lui, a des récompenses pour ses écrivains : c'est lui qui est le véritable auditoire du poète, lui qui sait flatter son orgueil d'une merveilleuse façon par l'enthousiasme naïf et aveugle. C'est là ce qui explique toute la vie de Coquillart : il a écrit pour le peuple, et sa poésie est un des plus accomplis modèles de la poésie bourgeoise.

Toutefois, quelques unes de ses qualités ne sont pas l'attribut exclusif de cette sorte de poésie, et on pourra remarquer en lui, ce qui est commun à bien des écrivains du Moyen Age, un grande habileté de versification et cette singulière facilité de style qui naît de la vivacité de l'esprit et de l'activité de la mémoire. Ces qualités font qu'il n'y a pas un seul mot de perdu pour la gaieté, que les moindres détails sortent de l'ensemble tout en s'y confondant, et malgré leur brutalité arrivent parfois à l'élégance par leur vive naïveté et leur vérité brillante. Ce style encadre d'une charmante façon tous ces lestes et jolis tableaux, ces contes si vifs, si pleins de naturel et de franchise, ces scènes d'intérieur tracées avec une finesse d'observation parfaite, enfin ces détails particuliers et ingénieux propres à chaque état et à chaque caractère. C'est bien là la littérature facile à croire, difficile à faire, dont La Fontaine paroît avoir eu seul le secret depuis le Moyen-Age. On peut dire de l'écrivain Rémois qu'il a vraiment le génie de la forme légère, l'instinct d'une harmonie particulière comparable à la musique dansante. Jamais homme n'a mieux dépeint d'un mot, mieux fait un tableau d'une phrase. Tout ce qu'il dit saute aux yeux ou se laisse toucher du doigt, et chaque personnage est peint d'une manière grotesque sans doute et joyeuse à voir, mais saisissante, impossible à oublier : aucune des nuances d'un sentiment naturel et ordinaire ne lui échappe. Il est par-dessus tout un homme d'un esprit infini, et pourtant, chose peu commune, cette exubérance d'esprit lui permet toujours la simplicité dans l'analyse. Enfin il joint deux qualités bien opposées, la naïveté de l'esprit et la raillerie, la gentillesse et l'âpreté.

Pourtant ce ne fut point à tout cela qu'il dut son bonheur et sa gloire, et ce n'est pas dans ces qualités que nous trouvons sa véritable originalité. Ce qui le recommande à ses contemporains, c'est, avons-nous dit, qu'il fut un Bourgeois écrivant pour des Bourgeois sur des sujets exclusivement bourgeois, composant ainsi une littérature avec les instincts, les inspirations, les idées, les préjugés, la vie journalière de la Bourgeoisie. Cette espèce de littérature est unique dans notre histoire littéraire ; c'est à ce titre qu'elle réclamoit pour la vie de Coquillart une étude approfondie, et qu'elle réclame pour elle-même une analyse sérieuse de sa méthode et de ses procédés.

Le poète Rémois touchoit à tous les ordres de la Bourgeoisie, et il écrit pour eux tous, aussi bien pour celui qui tient au menu peuple que pour les puissantes familles de l'Échevinage et pour le Clergé. Aussi possède-t-il quelques-unes des qualités de la littérature populaire, la vie, l'activité, la *personnalisation*, l'invention des masques et des caractères fictifs, en même temps qu'il présente les caractères de la littérature plus particulièrement bourgeoise, le goût de la *dramatisation*, un art naturel de mise en scène et l'observation des alentours. Mais il faut reconnoître que c'est de cette dernière qu'il se rapproche le plus souvent. Il est vraiment le bourgeois écrivant. Il n'est pas devenu littérateur de métier, il écrit plutôt avec spontanéité qu'avec art, plutôt avec sa nature qu'avec science et travail constant.

Il avoit conservé son caractère et le mettoit tout entier dans ses écrits. Vif et actif, il ne pouvoit s'arrêter que rarement à regarder une idée sous toutes ses faces, et jamais à la résumer. C'étoit une nature aisément accessible à certaines observations particulières : il ne recevoit que les images des objets extérieurs, il ne voyoit que les manières, les étoffes, la toilette, dont il est resté un des plus utiles historiens ; mais ces images, il les recevoit avec une telle impétuosité, une telle couleur, qu'il se hâtoit de les fixer sur le papier comme s'il eût craint de les voir déjà parties ou bientôt décolorées. C'est ainsi qu'il est entré dans la littérature avec sa vie tout entière, ses habitudes et son métier. La poésie de Coquillart est donc comme le journal de la ville de Reims au XVe siècle. Nous ne pouvons retrouver facilement sans doute les allusions ni les origines de tous ces commérages qui naissoient dans les fêtes ; tout cet esprit ne nous arrive plus que comme l'écho d'un éclat de joie lointaine. Mais qu'il soit aiguisé comme le sourire, entraînant comme le rire à gorge déployée, il paroît toujours le résumé des réunions de ces fins et gaillards esprits de la classe moyenne décidés à s'amuser aux dépens de tout, sans autre méchante excitation que le vin léger de la Champagne.

Ne semble-t-il pas aussi que dans ce style, où les mots sont si vifs, si sonores, d'une sonorité si joyeuse et plaisante, on entende le bruit de ces mille clochettes des moutiers de Reims, le clapotement de toutes ces langues médisantes, les échos de tous ces caquets où les bons mots, les éclats de rire, les tournures alertes, jouent tout le rôle aux dépens des idées, de la réflexion, de la morale? Ces inversions, cette absence de transitions que nous remarquerons, ne sont pas dues seulement à la nature du poète, elles venoient aussi de cette habitude où est le Populaire de dédaigner, par amour de la rapidité, les tournures et les mots qui donnent à une phrase une apparence plus logique et plus philosophique, mais qui rigoureusement sont inutiles à l'intelligence de cette phrase. Cette agglomération de synonymes, de mots courts, qui permettoit au lecteur de voir facilement et sans travail plusieurs faces de la même idée, qui lui servoit la pensée toute délayée et comme à plusieurs gorgées, cette méthode portoit bien encore la trace d'une origine bourgeoise. Elle préféroit l'analyse à la généralisation; au lieu de s'imposer, comme le style de notre époque, par la puissance d'une image qui forme comme un foyer de lumière, elle procédoit par une série d'étincelles. C'étoit bien le style qui convenoit à l'observateur des petits faits, des mille aventures de la vie vulgaire. De plus, cette manière de présenter ainsi toutes les facettes de son sujet, d'amener cette série de synonymes qui semble se défier de l'intelligence de l'auditeur, et lui chercher, comme pour un enfant, des chances diverses de frapper son imagination, cette manière étoit évidemment imposée par ces auditeurs de la Bourgeoisie, gens de travail corporel, plus habiles à saisir un fait par son apparence que par ses conséquences philosophiques, plus habitués à regarder ce fait qu'à l'approfondir, plus accoutumés enfin à énumérer les petites lueurs qui en sortent qu'à le résumer. On retrouve facilement aussi à quels auditeurs, à quels admirateurs s'adressoient ces remarques moitié naïves, moitié malicieuses, appuyant un peu lourdement sur les détails qui pouvoient être insignifians pour des esprits distingués, mais qui provoquoient une joie profonde et soulevoient des murmures flatteurs chez ces simples et faciles esprits, enchantés de retrouver si superbement enchâssés leurs bons mots de tous les jours. Toutes les comparaisons de Coquillart sont tirées de la vie vulgaire, du mécanisme des métiers, de la partie technique de la marchandise, de la cuisine, etc., mais surtout de l'art judiciaire. Beaucoup de ses plaisanteries sont basées sur les mots et axiomes du droit, et son style ressemble tantôt aux vives répliques de l'avocat, tantôt aux graves délibérations couchées sur les registres de messieurs les Conseillers de ville.

C'est du reste dans la recherche fréquente, dans le grossier et ultra-naïf arrangement des comparaisons et des images, qu'il faut chercher son principal défaut. Parfois sans doute ces comparaisons s'élèvent; mais il manque toujours de simplicité; il succombe à cette prétention qui est propre, il faut le dire encore, à l'esprit bourgeois parvenu à conquérir un auditoire, des admirations, une position dans le monde savant ou littéraire. Il ne se laisse pas aller, comme les écrivains bourgeois de la Flandre, à la gravité pédante, au style magnifiquement empesé et traînant; mais il est possédé par ce besoin de ne pas parler comme tout le monde, de trouver des élégances, des figures de langage, destinées à frapper d'admiration les coteries de petite ville. Et quand à grand'peine il a trouvé ces comparaisons, il les croira si précieuses, qu'il ne les lâchera pas avant de les avoir épuisées. Il use souvent aussi fort naïvement de l'énumération; et ces énumérations ne sont autre chose la plupart du temps qu'une analyse du cœur d'après une formule reçue qui, vivement et avec concision, place à la suite l'un de l'autre tous les sentimens réveillés ou créés par un fait :

> Armes font croistre cœurs joyeulx
> Et multiplier en lyesse;
> Aux robustes, aux vertueux,
> Augmentant force et hardiesse;
> Aux magnanimes, la proesse,
> Aux confédérés, l'alliance,
> A courages haulx, gentilesse,
> A gens résolus, asseurance,
> Aux constans, la persévérance,
> Aux larges, libéralité,
> Aux rudes, prompte intelligence,
> Engin cler, et subtilité, etc.

Ces énumérations, répétitions, comparaisons, jouent, sous des formes diverses, un assez grand rôle dans la littérature du XVe siècle. Elles se rattachent à l'allégorie métaphysique, et on en retrouve l'origine dès Rutebœuf et *le Roman de la Rose*. Ce n'est pas ici le lieu de dire comment cette rhétorique est née et s'est développée; Coquillart du reste lui donna une tournure souvent satirique et brutale, mais toujours bourgeoise.

En résumé, il a, comme écrivain, les défauts que lui imposoit une vie passée en dehors du travail littéraire, et ces défauts, nous les avons montrés avec franchise. Nous devons le reconnoître néanmoins, il a l'esprit si juste et si naturel, que son improvisation arrive souvent au même résultat que la réflexion, et que sa légèreté-cache des observations toujours fines, ingénieuses, parfois profondes.

Il reste donc pour nous un poète satirique, d'une espèce unique, d'un talent original et d'une valeur littéraire incontestable.

Je ne veux pas quitter ce génie solitaire, sans ancêtres et sans disciples, cette littérature monument d'un âge complétement passé, avant d'indiquer comment ce poète qui parle une langue presque étrangère, qui explique des mœurs à peu près inconnues, qui s'adresse à une classe entièrement transformée, comment ce poète est par ses instincts le contemporain de nos poètes, et comment cette littérature est de même race que la nôtre.

Le XVe siècle et le XIXe siécle, nés dans des circonstances à peu près semblables, élevés, instruits et secoués par des événemens analogues, ont de grandes ressemblances, des analogies curieuses, des instincts, des tendances, qui vont presqu'aux mêmes buts. Sans doute bien des traits sont distincts, le langage a changé, ainsi que les habits et les formules, la forme tout entière en un mot a un aspect différent; tout a changé, si l'on veut, et les deux siècles suivent des sentiers différens. Cependant c'est la même faculté de l'âme qui dirige d'autres masques; elle produit en eux des contorsions diverses, mais elle les pousse dans la même voie. C'est ainsi que Coquillart est un des nôtres; c'est à nous qu'assis là-bas à l'extrême limite du XVe siècle, il donne des leçons ; c'est à nous qu'il apprend comment les classes bourgeoises, lorsqu'elles perdent la foi, l'esprit de discipline et de sagesse, tombent de la dictature dans la corruption, se consolent de l'abaissement moral par la volupté, et voient leur influence perdue pour bien des générations.

Coquillart est, comme bien des littérateurs de notre époque, un de ces écrivains dont le seul talent est de voir : les choses les frappent plus que les idées ; les caractères se présentent à eux, non avec les pensées qu'ils ont, mais tout habillés, avec le bruit qu'ils font, les couleurs qu'ils portent. Ces littérateurs ne regardent jamais sérieusement l'âme : aussi s'inquiètent-ils peu de la morale ; ce sont des peintres en littérature. Coquillart avoit donc reçu cette vue qui est un des attributs du génie, et qui chez lui eût été certainement du génie, si elle avoit été plus complète, si elle eût embrassé les passions et les caractères, au lieu d'apercevoir seulement les grelots que portent ces caractères, les grimaces que produisent ces passions. Mais il cherchoit uniquement les courbettes, les drôleries, les plumets et les bijoux qui distinguent les sentimens quand ils sautillent gaillardement dans les fêtes de la vie légère, quand ils se promènent, coquettement vêtus de neuf, enivrés de vin pétillant, et traînés par la jeunesse dans les danses, les amourettes et les festins de la Bourgeoisie. Ces sortes de poètes saisissent tout cela d'une vue prompte, nette et subtile; ils n'ont besoin de travail ni d'arrangement, ni de réflexion; leur esprit est peuplé d'images, mais les images seulement s'y reflètent. Ils n'aperçoivent pas l'usurier derrière l'habit de velours, la fatigue du lendemain après le vin pétillant, le travail douloureux et l'âge mûr, bientôt caduc, après l'irréflexion et la jeunesse usée. Seulement ils voient bien que l'habit est lourdement neuf, le velours maladroitement porté; les jambes sont vacillantes, les amourettes légères, et ils rient. Tout au plus remarquent-ils le ruisseau boueux sous les jambes vacillantes, la coquetterie et l'infidélité derrière les amourettes; ils ne crieront pas gare, et c'est leur seule manière de faire de la morale. Leur littérature devient dès lors une espèce particulière de paganisme, non pas ce paganisme des beaux temps de l'art antique tout préoccupé de la beauté matérielle, mais le paganisme des vieilles civilisations, celui qui est la punition des sociétés chrétiennes aux époques où la foi s'affoiblit. Ce paganisme, nous l'avons vu, c'est la passion, non du beau corporel, mais du bizarre, du monstrueux, de l'original et du risible.

De tels poètes, qui ont plutôt des sens que de la raison, plutôt des formules que des pensées, portent encore un autre signe, ce signe qui donne un si triste caractère à la littérature de notre temps, je veux dire la raillerie universelle contre toute religion et toute morale, contre eux-mêmes, contre leurs opinions quand ils en ont, contre leur conscience quand parfois elle se réveille. Ils sont entraînés par une sorte de délire mystérieux et de fièvre étrange. Ils sont amoureux de la pensée présente, il faut qu'elle leur appartienne, qu'ils l'écrivent; elle est vile, imbécile ou menteuse, peu importe, pourvu qu'elle soit brillante: il est nécessaire qu'elle soit reconnue leur propriété, leur maîtresse, à la face du monde artistique. Ils n'ont plus ni jugement ni raison, ils sont possédés par leur invention, et jamais les possessions diaboliques du Moyen Age n'ont exercé une aussi cruelle tyrannie. Ce délire de la forme, cet emportement de l'image, qui se sont emparés de notre siècle, existent sans doute à un moindre degré chez Coquillart; il lui reste encore quelque bon sens, mais il a bien aussi ce caractère d'attaquer ce qu'il respecte au fond de sa pensée.

Dans les deux siècles, les mêmes causes avoient produit les mêmes effets : la vie bruyante de la première moitié du siècle avoit réveillé les images des choses. Il en est toujours ainsi après les temps fort agités. Quand beaucoup d'événemens ont passé en peu d'instans sous les yeux d'une génération, toutes les facultés se trouvent surexcitées. La fièvre saisit l'imagination effrayée par de profondes terreurs, par l'attente et l'effroi d'une société nouvelle. La mémoire est tenue en continuelle activité par la comparaison entre les choses du passé et les mœurs du temps présent. Dans ces troubles suprêmes, la fortune passe à chaque instant à la portée des mains de tous, mais poursuivie par la mort qui la suit de près; et, pour faire fortune comme pour éviter la mort, la volonté reste toujours armée en guerre. C'est surtout dans la génération suivante qu'un tel mouvement manifeste sa puissance; il est alors généralisé, il devient la loi de l'époque. Dans l'art, il produit toujours deux choses : l'activité de la forme, c'est-à-dire la littérature d'images et de comparaisons, et l'inertie dans les idées, c'est-à-dire le scepticisme. Nous avons pu remarquer ces résultats dans notre temps, et nous allons les trouver dans les œuvres de Coquillart.

Je veux rester sur ces graves pensées, mais surtout je désire que le lecteur ne les perde pas de vue en parcourant cette satyre du XVe siècle, dont je me suis efforcé d'expliquer toutes les obscurités. Il comprendra plus aisément alors la pensée qui m'a constamment soutenu au milieu de ce travail ingrat, difficile et scabreux. Il trouvera là plus que partout ailleurs l'explication des misères morales, des troubles, des révoltes, des apostasies, qui occupent presque tout le XVIe siècle. Il y verra enfin ce que j'y ai vu moi-même, l'enfance de la société moderne, le germe de ces élémens de corruption effrontée, de libertinage, d'individualisme, contre lesquels la Royauté lutta victorieusement au XVIIe siècle, et par lesquels elle se laissa vaincre au siècle suivant, de telle sorte que les inventions hardies, les imaginations ironiques, la satire de Coquillart, son devenues l'Histoire de ces dernières générations.

FIN DE L'ÉTUDE SUR COQUILLART.

POESIES DIVERSES

ACROSTICHE

Placé à la fin de la traduction de l'Histoire de la guerre des Juifs de Flavius Josèphe.

REGRATIATION DU TRANSLATEUR.

    Grace, louenge, honneur et jubilation
    Vous doy rendre en la fin de ma translation,
    Jhesus, vray Redempteur d'umaine
Largiteur de salut et consolation.   [nation,

    L'Istoire de Josèphe, des guerres de Judée,
En langage françois du latin translatée,
Rude, en stile et façon simplement aournée,
Mon povre sens a mis comme elle est cy couchée.

    Veuille la prendre en gré vostre grace et clemence,
Supportant les deffaulz de mon insipience!
Car l'euvre requeroit homme de grant science,
Orateur bien expert de sens et d'eloquence.

Qui la veult doncques lire en lieu d'un pas-
setemps,
Viser doit à comprandre seulement le vray sens,
Imaginant que j'ay, selon mon petit sens,
Le texte translaté ainsi que je l'entens.

Les lisans je requier pour tout retributoire
Avoir mon esperit en devote memoire,
Requerans à Jhesus qu'il lui soit adjutoire,
Tant qu'après ceste vie le transfère en sa gloire[1].

Amen.

1. Ces vers sont probablement les plus anciens des vers que Coquillart a faits et qui sont arrivés jusqu'à nous. Ils se trouvent à la dernière page d'une « *Translacion de latin en françois, prise sur l'Istoire (De bello Judaïco) de Josephus, filz de Mathathie, Hebrieu de lignie, l'un des prebstres de Jherusalem.* »

Ce travail, dont nous avons parlé dans notre préface, se rapproche plus de la compilation que de la traduction. Coquillart annonce en effet qu'il connoît deux traductions latines de cet ouvrage *De bello Judaïco* : l'une en cinq livres, attribuée à saint Ambroise, à saint Jérôme, à Ruffin, à Egesippus ; l'autre en sept livres, d'un traducteur inconnu. La première est, de l'aveu de Coquillart, *treselegante et compendieuse*. Il s'est pourtant « arresté principalement à poursuir le stille et le cours » de l'autre translation, qui est plus étendue, mais toutefois en les complétant l'une par l'autre. Puis, comme il a reconnu que les deux premiers des sept livres qu'il traduit étoient un sommaire de quelques chapitres des *Antiquitez d'icelluy Josephus*, il s'est étudié à compléter ce sommaire à l'aide desdits chapitres. Il commença cette translation, dit-il à la fin de l'avertissement, « à Reins, lieu de sa residence, le douziesme jour du mois d'octobre, l'an de grace mil quatre cens et soixante... et l'an trente neuviesme de l'aage d'icellui translateur ».

A la fin de l'ouvrage se trouve cette note : « Ceste translation fu parfaicte le sabmedi, veille de Pasques Flories, vintquatriesme jour de mars, l'an mil quatre cens soixante trois, entre six et sept heures du matin, à Reins. »

L'acrostiche donne, comme on le voit, *Guillermus Coquillart*.

Cette traduction se trouve à la Biblioth. imp., in-fol., Nos 7015 et 7016. Nous en parlerons plus amplement à la fin de notre second volume, et nous citerons quelques uns des chapitres que Coquillart nous indique comme étant le résultat d'un travail plus original.

COMPLAINCTE DE ECO
QUI NE PEULT JOUYR DE SES AMOURS.

Cy commence de Eco et de Narcisus [1].

Eco, querant ses mondaines plaisances,
Cuidant venir de son fait au dessus,
Non regardant les tresdures vengences
Que les haulx Dieux contre elle avoyent
Fut surprise de l'amour Narcisus ; [conceuz [2],

---

1. Cette pièce est une tentative faite par Coquillart dans le genre mis à la mode par les poètes de Cour. Il n'avoit pas encore trouvé sa veine originale ; peut-être ne se croyoit-il pas encore assez grave, assez vieux, assez honoré, pour pouvoir suivre sans vergogne les inspirations hardies du génie provincial. Quoi qu'il en soit, cette pièce est remarquable comparée aux pièces du même genre dont s'enorgueillissoient Alain Chartier, dame Christine, et les autres poètes de l'école Savante. Les vers ne sont pas aussi élégants, ni aussi solennels ; elle est moins avancée en érudition classique, plus modérée en mythologie ; enfin elle renferme un sentiment gracieux, une pensée bien suivie, saisissable et vivement rendue. Cela indiquoit que Coquillart ne suivroit pas long-temps la mode.

2. Voir la Mythologie.

Parquoy depuis endura maintz travaulx :
— Desir d'aymer passe tous aultres maulx.

Tant y ficha son cueur et son courage,
Et tellement à l'aymer s'employa,
Que, sans garder d'aultres dames l'usage
D'estre priées [1], elle mesme prya.
Vers Narcisus assez se humilia,
Mais riens ne fit pour [2] son humilité :
— Grant privaulté engendre vilité [3].

Après plusieurs amoureux passemens [4],
Regardz, euillades, petis charivaris [5],
Qui tous servent aux grans embrasemens

1. Nous rappelons une fois pour toutes la grande liberté que s'attribuoient les poètes du XVe siècle au sujet de l'élision des syllabes finales. — 2. Par.

3. Tous les textes portent *virilité*. Le vers se trouvant également sur pieds par l'élision de l'*e* final dans *engendre*, nous eussions volontiers conservé *virilité* si le vers se fût rencontré dans les pièces joyeuses de Coquillart. On eût pu supposer qu'il caricaturoit le proverbe à la manière du Figaro de Beaumarchais, et nous aurions eu ce sens : La privauté fait naître la passion. Ces intentions fines, philosophiques et grivoises tout à la fois, sont bien dans l'esprit de notre poète. Cette Complainte nous a paru dans un ton trop grave pour supporter cette folâtrerie; nous avons préféré supposer une faute d'impression.

4. Action de passer, de se promener à côté de quelqu'un; approches, rencontres, tentatives pour lier connoissance.

5. Murmures, manières, grimaces de coquetterie effrontée.

De cueurs humains et mondains esperis,
Eco sans plus, après plusieurs soubzris,
Ung seul baiser requist à Narcisus :
— Riens n'est si dur en amours que reffus.

Par son orgueil fier et presumption,
Despit, oultrage et felonne nature,
En se mirant par grant elation [1]
A sa beaulté et plaisante stature,
Eust en desdaing la povre creature,
Sans la laissier parvenir à son esme [2]: [mesme.
— C'est bien congneu, qui se congnoist soy

Et en effect, par l'inhumanité
De Narcisus, qui le baiser desnye,
La povre Eco, par grande austerité,
Usa en pleurs le surplus de sa vie.
En gemissant fut en voix convertie
Et endura mutation subite :
— Ung cueur piteux en lermes se delite.

Ce Narcisus après, considerant
Que par dame avoit esté prié,
S'en orguillit, et, tout en se mirant,
Après qu'il s'en eust en soy glorifié,
Par le vouloir des Dieux fut tost mué
En une fleur qui ès fontaines croist :
— Orgueilleux cueur soy mesme se deçoipt.

1. Par grande vanité de sa beauté, etc.
2. But, intention, désir.

Notez, enfans : car, comme la beaulté
De la fleur est incontinent passée,
L'honneur du monde, qui n'est que vanité,
En ung mouvement[1] est aussi abaissée.
Si a esté ceste histoire brassée
Pour ceulx qui fiers et trop orgueilleux sont :
— Dieu et Nature sans cause riens ne font.

1. L'édit. d'Urbain Coustelier met : *en un moment*. Nous avons préféré supposer l'élision de l'*e* au milieu du mot et nous conformer aux anciennes éditions, qui toutes donnent *mouvement*, mot plus énergique d'ailleurs et plus en rapport avec l'image fournie par le verbe *abaisser*.

BALLADES

Sur les Etats-Generaux.

Les quatre ballades qui suivent et les Vers Manteaulx, qui y jouent un rôle important, ont attiré à bon droit l'attention de ceux qui, directement ou indirectement, se sont occupés de Coquillart. Il y a là un léger mystère historique que l'on n'est pas encore parvenu à percer. M. Le Roux de Lincy, dans son Recueil des Chants historiques, M. Tarbé, dans les notes de son édition, pensent que ces pièces font allusion aux Etats généraux de 1484; le premier assure que les *Vers Manteaulx* sont les partisans du duc de Lorraine, le second avoue qu'il n'a rien découvert sur ces personnages. C'est aussi le résultat auquel nous sommes arrivé. Les extraits que nous avons pu consulter des archives de Reims sont muets sur ce sujet, comme aussi les Chroniques et les Mémoires qui parlent des événements contemporains des Etats de 1468 et de 1484. L'étude du texte de ces ballades nous a suggéré de nombreuses conjectures. Voici celle qui nous a paru la plus vraisemblable; nous n'avons pas d'ailleurs la prétention de dire le dernier mot là-dessus.

Il faut voir, dans ces quatre ballades, des pièces écrites sans doute à propos des Etats de 1484, mais aux diverses périodes de la tenue de ces Etats, et indiquant des nuances d'opinion, des intentions diverses, suggérées par les bruits qui se répandoient à Reims sur les actes et les conséquences des actes de cette assemblée. *Les Princes* indiqueroient le parti du duc d'Orléans, Charles d'Angoulême, Jean de Foix, le comte de Dunois, les ducs d'Alençon et de Bretagne. Les mystérieux *Vers Manteaulx,* que les Princes traitent avec un si profond mépris, qu'on accuse de se faire les échos des ridicules plaintes de tout le monde, qu'on menace du supplice des vilains, la potence, ceux-là seroient les chefs du parti populaire, soit aux Etats, soit au dehors, où l'on supposoit qu'ils vouloient organiser une nouvelle Jacquerie.

Peut-être devons-nous ici indiquer que 30 ans avan on nommoit Compagnons de la *Verde* Tente ceux des Gantois révoltés qui tenoient les champs contre les partisans du duc Philippe de Bourgogne.

La première ballade semble écrite avant la réunion de l'assemblée. Coquillart indique aux Princes que leurs efforts ambitieux amèneront des soulèvements dans le peuple, ou qu'ils seront vaincus aux Etats par l'union du parti populaire et de la régente Anne de Beaujeu, qui s'étoit en effet attiré la faveur publique par la diminution des tailles, par le renvoi et la punition des favoris de Louis XI. Dans la seconde ballade il parle aux adversaires des Princes et leur montre la ruine et le bourreau comme le dernier mot des émeutes. Il conclut dans la troisième et parle au nom de la Bourgeoisie rémoise, aussi hostile aux tentatives de la Féodalité qu'aux mouvements séditieux du *commun peuple;* il prévoit qu'une nouvelle Jacquerie pourroit bien être accompagnée d'une nouvelle ligue du Bien public, et maudit l'une et l'autre. La quatrième ballade paroît indiquer que les Etats sont terminés, et qu'après la défaite des Princes les craintes d'une sédition populaire existent toujours.

Il est nécessaire de rappeler que les allusions de ces pièces n'ont sans doute d'autre origine que les commérages de la cité rémoise. Le silence de l'histoire sur les *Vers Manteaulx* le prouveroit. L'incorrection du texte de ces ballades dans les premières éditions, leur suppression dans les éditions postérieures, en seroient une nouvelle preuve, en montrant que les premiers imprimeurs ne les ont pu expliquer et que les seconds les ont jugées inutiles. Peut-être enfin ne faut-il voir là qu'une fantaisie de Coquillart, un développement d'imagination, une lutte poétique entre le poète rémois et quelques uns de ses amis. Le malicieux poète a peut-être tendu un piége à ses commentateurs, et nous a ainsi fait faire un roman historique à propos d'une de ses facéties. Nous avons dû en courir la chance, et chercher, malgré cette crainte, la position respective des personnages indiqués dans ses ballades.

BALADE CONTRE LES PRINCES.

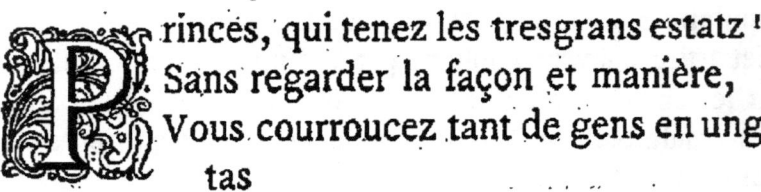rinces, qui tenez les tresgrans estatz ¹
Sans regarder la façon et manière,
Vous courroucez tant de gens en ung tas
Que par vous va ce que devant derrière.
Pour ce maintenez ² par raison droicturière ;

1. Qui occupez les plus hauts rangs sans habileté, ou qui menez la vie la plus fastueuse sans charité et modération.
2. Nous trouverons dans ces ballades des élisions plus nombreuses et une plus grande négligence de versification que dans le reste de l'œuvre de Coquillart. Peut-être ont-elles été faites surtout pour être chantées. Elles por-

Car, en ce prin temps et nouvelle saison [1],
Les Vers Manteaulx en feront la raison.

 Que pensez-vous? Prenez-vous voz esbatz
A mettre sus une telle matière [2]?
Par ce moyen vous forgez grans debatz
Qui dureront au moins l'année entière.
Et vous dis bien, se ce temps dure guère,
Et [3] Dieu reçoipt de chascun l'oraison,
Les Vers Manteaulx en feront la raison.

 Vous faictes tant de gens crier helas!
En haulte voix faisant à Dieu prière [4],
Qu'ensemble tous puissiez descendre en bas
Au puis d'Enfer, la teste la première!
Car aussi bien, s'on met aux champs banière
Ce temps d'iver, vous verrez qu'à saison [5]
Les Vers Manteaulx en feront la raison.

 Prince, regarde à qui baillie tu as
Toute la charge de ta noble maison,

---

tent, en tout cas, les traces de cette méthode moins soigneuse, plus hâtive, qui est propre aux *actualités*.

 1. On voit que les Etats ne sont pas encore commencés. Ils s'ouvrirent au mois d'avril. Les vers suivants indiquent qu'on est au *temps d'iver*, et toute la pièce parle du printemps comme du temps futur.
 2. A demander la réunion des Etats ou des changements dans la régence.
 3. Et si Dieu, etc.
 4. Demandant publiquement que vous puissiez, etc.
 5. Quand viendra la nouvelle saison.

En pensé [1] bien comment te garder pourras :
Les Vers Manteaulx en feront la raison.

RESPONCE.

Vous qui parlés des Princes et Seigneurs
Qui aux Estatz ont leur haulte main [mise,
Et les chargés des plaintes et clameurs
Que chascun faict en droict soy à sa guise,
Au grant Conseil [2] est la chose remise ;
Maistre Denis [3], qui a tousjours raison,
Aux Vers Manteaulx ostera la toison.

Ouyz serés en toutes voz erreurs,
Et congnoistrés que c'est folle entreprise.
Il n'y aura grans, petis ne greigneurs [4],
Que leur deffence ne soit tousjours admise.

1. Pense bien là-dessus, etc. Peut-être faut-il lire *en-pense*, en un seul mot ; les éditions subséquentes donnent *et pense bien*. Pour la régularité du vers, il faut ou supposer l'élision de l'*e* dans *pense*, ou remplacer *comment* par *comme*, dont on élideroit l'*e*.

2. Faut-il entendre par là les Etats généraux, le grand conseil de la France, ou la réunion formée des six commissaires du Roi et des députés nommés par chacune des six nations qui composoient les Etats ?

3. Probablement le bourreau, ou quelque personnage expert en fait de collection de tailles.

4. Plus grands.

Mais, se l'on voit que raison soit desmise,
Cestuy [1] bon maistre, qui scet plumer l'oison,
Aux Vers Manteaulx ostera la toison.

Vous menassez soubz couvertes couleurs [2]
Ceulx qui craignent le grant vent de la byze [3],
Et proposez [4] qui vous font voz douleurs
Par mal entendre le tout à vostre guise ;
Mais, ce [5] par vous banière est aux champs mise,
Le vray ouvrier, qui congnoist la maison [6],
Aux Vers Manteaulx ostera la toison.

Princes, pensez à toutes ces aigreurs ;
Pour tous ceulx là qui ont la desraison

1. Ce bon maistre Denis.
2. En vous cachant sous le nom et le déguisement de Vers Manteaulx.
3. Les grands personnages, qui craignent uniquement les fortes tempêtes. Peut-être y a-t-il une allusion à Anne de Beaujeu. Les poètes de ce temps emploient parfois le mot *vent* pour indiquer les caprices féminins. Les seigneurs du parti d'Orléans expliquent leur hostilité contre la fille de Louis XI en disant qu'ils craignent le grand vent de la byze, c'est-à-dire la politique hautaine, légère et capricieuse d'une femme appelée à gouverner la France.
4. Et vous indiquez ceux à qui vous attribuez vos douleurs à tort et par malentendu, etc.
5. Si. Dans Coquillart comme dans Gringore et les autres écrivains contemporains, le *c* et l'*s*, en certains cas, s'emploient l'un pour l'autre.
6. Cet habile homme, maistre Denis, qui sait comment traiter les coquins et comment tailler Jacques Bonhomme.

D'entretenir à qui mieulx ces rigueurs,
Aux Vers Manteaulx ostera la toison [1].

RESPONCE.

S'il advient que les Manteaulx Vers
Ayent cours, comme chascun pense,
Et que tout en voise de travers,
Je dis, ainsi que l'an commence [2] :
Mal content, ayez esperance,
Congnoissez que le temps s'aplicque
De ramener, sans differance,
Ung aultre nouveau Bien Publicque [3].

Soubz umbre de sermens couvers [4],
On baille à qui l'en [5] veult puissance;
Mais les faitz seront descouvers,
S'il plaist à la divine essence.
Lors on verra la consequence

---

1. A tous ceux-là qui entretiennent le trouble, c'est-à-dire aux Vers Manteaulx, il ôtera la toison. Tous les textes sont d'accord pour donner *ostera*, qui ne présente pas cependant un sens bien clair. Il est vraisemblable que Coquillart continue à parler de Maître Denis, qui joue un si grand rôle dans les trois strophes précédentes.
2. Au moment où l'année commence.
3. Une nouvelle guerre du Bien public.
4. Hypocrites.
5. *L'en* pour *l'on*, fréquent à cette époque.

De leur faulce et dampnée praticque :
Car par eulx reviendra en chance
Ung aultre nouveau Bien Publicque.

 Ung tas de rassotez [1] couvers
Ont voulu, par leur alliance,
Frapper à tort et à travers
Sur les bons serviteurs de France,
Qui [2] fut la vraye cause et substance
Du jadis mauvais Bien Inique ;
Et les Seigneurs plains d'arrogance
Forgent un nouveau Bien Publicque.

 Ha ! Prince de haulte excellence,
On te mect en une grant picque,
Car soubz ton manteau d'ygnocence
Se forge ung nouveau Bien Publicque.

BALADE CONTRE LES VERS MANTEAULX.

Vous, Vers Manteaulx, appellez vers de
  terre,   [Estatz,
Qui sans raison vous plaignez des
  Advisez bien se la paix ou la guerre,
Lequel des deux, pour prendre vos esbatz,
Vous vauldra mieulx : car je croy qu'à ung tas,

---

1. Devenus sots, extravagants, rêveurs fantasques.
2. Ce qui.

Se n'y pensez par bonne occasion [1],
Arbres et fourches [2] en feront la raison.

Quand on vouldra, serez tenus en serre
De si trespres que vous cryerez helas !
Que vous fault-il ? Querez vous la desserre
Des malheureux tombez jusques au bas ?
Je vous prometz que des ditz et debatz
Que vous menez en royalle maison
Arbres et fourches en feront la raison.

Aller vous fault, gens poureux [3], ailleurs querre
Que ceste Court, car ce n'est pas vostre cas.
Tirés avant et cheminez autre erre [4],
Et que ce soit plus viste que le pas ;
Ou autrement, pour le juste compas [5],
Pour le plus tard celle noble saison,
Arbres et fourches en feront la raison.

---

1. En temps utile.
2. Les fourches patibulaires étoient des colonnes en pierre au haut desquelles il y avoit une traverse où étoient suspendus les condamnés. Elles indiquoient le droit de Haute Justice, et varioient de deux à six, selon la qualité des seigneurs hauts justiciers.
3. Les éditions postérieures donnent *paoureux*, peureux. Dans la langue du Moyen-Age, comme aujourd'hui encore dans les dialectes de la Picardie, du Berry, de la Franche-Comté, etc., *poure*, *poureux*, se prend pour poudre, poudreux.
4. Autre voie, autre route.
5. Pour parler avec précision.

Prince Royal, qui devez tous conquerre,
Ne pardonnés si grande desraison
A telz mignons, qui [1], pour devoir acquerre,
Arbres et fourches en feront la raison.

1. A qui, envers qui, les fourches, pour remplir leur devoir, etc.

BALADE

Quant on cria la paix à Reims [1].

Vous, esperitz et vertueux courages,
Plaisans, honnestes, loyaux et pacifiques,
Saillez [2] acop [3] de voz nobles berna- [ges [4],
Engins subtilz, caultz [5] et scientificques,
Et regardés les euvres deïficques

[1]. « En ce temps (1482), dit Jean de Troyes, ès mois d'octobre et novembre, se firent grandes allées et venues par les Flamands de la ville de Gand, qui vindrent en ambassade devers le Roy... Et tellement fut communiqué par lesdites parties, tant d'un costé que d'autre, qu'ils firent et traitèrent la paix, en laquelle faisant se debvoit faire le mariage de monseigneur le Dauphin et de la fille du duc d'Austriche... Dont de ce le Roy fut fort joyeux et eut ladite paix et union pour bien agreable. Et pour l'honneur d'icelle en fut chanté par tout le royaume *Te Deum laudamus.* » C'est à propos des fêtes qui suivirent cette paix que Coquillart composa la présente ballade.

[2]. Sortez, sautez, élancez-vous.

[3]. Tout d'un coup, tous à la fois, maintenant.

[4]. Bagage, suite militaire ou camp. *Saillir* signifiant plus généralement sortir, s'élancer de, que faire sortir, retirer de, nous prenons *bernage* dans le sens de camp.

[5]. Prudents, rusés, habiles.

Dont Dieu nous a si grandement doez
Que tous noz deulx ¹ sont au jourd'huy muez
En joyes, en chantz, en plaisirs et en jeuz,
Par ces trois Dames lesquelles cy voyez :
C'est France et Flandre, et la Paix entre deux ².

Vouloir divin a conduit ces ouvrages,
Par luy sont faitz ces œuvres mirificques ;
Du ciel sont cheues ces plaisantes ymages,
Doulx maintiens humains et angeliques.
Ne sont ce pas precieuses relicques ?
Pensez que ouy ; ainsi fault que croyez.
Et pource, enfans ³, soyez tous envoyez ⁴
De rendre loz au Dieu celestieulx.

1. Deuil.
2. Dans les occasions solennelles, les Bourgeois des bonnes villes établissoient au coin des rues des représentations de scènes allégoriques, *jeux*, esbats ou mystères. Parfois l'un des personnages de l'allégorie récitoit des *rimes* ; d'autres fois elles étoient inscrites à titre d'explication sur quelqu'un des ornements du Mystère. Inscription ou récit, cette ballade faisoit probablement partie de l'un des jeux établis à Reims pour la célébration de la paix, et elle explique la position respective de trois personnages allégoriques.
3. Peut-être y avoit-il autour du Mystère des chœurs d'enfants *chantant mottets* ; peut-être Coquillart s'adresse-t-il simplement aux auditeurs de ballade. Nous en avons un exemple dans la complainte d'Echo.
4. Je crois qu'on peut prendre *envoyés de* dans le sens de être en voie, en train de. J'avoue cependant que ce sens est rare à cette époque.

Pour ces trois corps qui vous sont envoyez :
C'est France et Flandre, et la Paix entre deux.

Tremblez acop, envenimez langaiges,
Cueurs desloyaulx et gens dyabolicques,
Pervers, maulditz, plains de crueulx oultraiges;
Ne descordez à ces joyeux cantiques.
Muer vous fault vos lances et vos picques,
Et que d'armeures vous soyez desarmez,
Affin que mieulx ceste paix advoez [1],
Et que de cueurs loyaulx et vertueux
Vous maintenez tousjours ces pointz liez :
C'est France et Flandre, et la Paix entre deux.

Prince Françoys, tes faitz gloriffiez
Nous gratulons d'ung desir convoiteux,
Puis que ces trois ensemble aliez,
C'est France et Flandre, et la Paix entre deux.

1. Vous reconnoissiez.

S'ENSUYVENT LES VERS

que la pucelle dit au Roy en luy presentant les clefz de la cité de Reims, quand il y vint prendre son Sacre, l'an mil quatre cens quatre vingtz et quattre, et entra audit Reims le vingt et neufviesme jour de may[1].

ET PREMIEREMENT.

Nostre Roy, prince et souverain seigneur,
Treschrestien nommé par excellence,
A qui est deue gloire, louenge, honneur,
Subgection, amour et reverence,

---

[1]. « La jeune fille, la fille de la nommée Moët, dit Foulquart, procureur-syndic des habitans de Reims, estoit à la porte près de la Barbacane; elle estoit vestue de soye blanche et perse; un rinceau vers estoit dessiné sur le blanc, et la soye perse estoit semée de fleurs de lys; elle avoit un chapeau d'argent et un chapeau de fleurs sur ses beaux grands cheveux: elle representoit la ville de Reims. Elle presenta au Roy trois des clefs de la ville en lui recitant huit vers de rimes en françois. Le Roy la vit moult volon-

Vostre cyté de Reims obeyssance
Vous faict par moy, qui cy la represente,
Et de franc cueur, en vraye confidence,
Les clefz des portes humblement vous presente.

TRADOGON[1].

Roy trèspuissant, mon souverain seigneur,
Reims tresancienne, par grande humilité,
Son cueur vous ouvre par excellent honneur,
Vous promettant garder fidelité.

tiers descendre et remonter à l'aide d'un engin secret. C'est Guillaume Cocquillart, mon maistre, dit encore Foulquart, qui estoit l'inventeur desdites rimes. »

1. Ce Tradogon est aussi mystérieux pour nous que les Vers Manteaulx. Le *Et premièrement* qui commence la pièce sembleroit indiquer que la pucelle a récité non pas seulement les huit vers qui précèdent *Tradogon*, mais aussi les quatre qui suivent. Nous avons cherché s'il n'y auroit pas là la désignation d'une sorte particulière de poésie. Les *Arts de rhétorique* du XVe siècle ne nous ont rien indiqué qui pût nous le faire croire; d'ailleurs Foulquart indique à plusieurs reprises que la jeune fille récita seulement huit vers.

Nous devons rappeler que Coquillart joua un grand rôle dans les préparatifs poétiques et dramatiques de l'entrée de Charles VIII. On peut en voir de nombreuses et intéressantes preuves dans les Mémoires de Foulquart, 24 et 26 avril 1484. Il étoit par excellence le représentant de la science historique et de la fine fleur de l'imagination rémoise. Il dirigea l'arrangement des divers jeux et esbatz disposés dans les différents quartiers de la ville. Il fut l'inventeur de la Fontaine de Jouvence,—*merveilleux esbat,—*

où l'on voyoit Vénus, et Cupido ayant les yeux bandés, et qui avoit été arrangé entre deux ponts sur la rivière, près de la Quintaine et touchant au Boulevard. C'est lui aussi qui, le quinzième jour du mois de mai, avoit donné audit Foulquart l'histoire de l'élection et couronnement de Pharamond et de l'institution de la Loi Salique. On disposa en effet un jeu au coin de la rue Saint-Fiacre, et l'on y voyoit comment Pharamond fit faire par des docteurs ladite Loi Salique.

En réfléchissant sur ces données, il semble que Tradogon pourroit être un personnage de quelqu'une de ces représentations historiques ou allégoriques. Peut-être est-ce le héros qui, selon les traditions populaires, les romans de chevalerie ou les chroniques fabuleuses de France, livra Reims au roi Pharamond et lui permit ainsi de venir se faire sacrer dans la cathédrale de la noble et fidèle cité.

DROITZ NOUVEAULX

PREMIÈRE PARTIE.

LES DROITS NOUVEAUX.

Nous avons indiqué dans la préface quelques unes des idées qui avoient pu suggérer à Coquillart la composition de ses Droits nouveaux : le côté grotesque des Cours d'amours, la lourdeur ridicule de la méthode adoptée dans les commentaires des livres de droit, enfin la préoccupation que jetoit dans les esprits le travail ordonné par Louis XI sur les anciennes lois et les vieilles coutumes. Que devoit-il sortir de ce travail ? A coup sûr un nouveau Code de droit. Quels pouvoient être ces nouveaux Droits ? J'imagine que les vieux juristes, prévoyant l'obligation de nouvelles études et de nouveaux respects, devoient être fréquemment tentés de railler le nouveau Code qu'on leur fabriquoit ; j'imagine encore que les esprits malins et libertins de la cité Rémoise devoient trouver plaisante l'idée d'avoir de nouveaux droits, lesquels, puisqu'ils étoient nouveaux, montreroient nécessairement le plus libre dédain pour les bonnes mœurs, protégées par les anciennes lois. C'est dans ce sens qu'écrivit Coquillart, aussi bien à titre de vieux jurisconsulte qu'à titre d'esprit malicieux. Peut-être encore trouvoit-il grotesques ces traductions en vers françois qui se firent, dès le XIIIe siècle, des Institutes de Justinien, et en voulut-il donner la caricature. Il m'a semblé, en effet, rencontrer çà et là quelque ressemblance entre les Droitz nouveaulx et le « Livre des Institutions des drois appelé Institute », translaté par Richard d'Annebaut, trouvère normand du XIIIe siècle. Ce qui est certain, c'est que notre poète rencontra un cadre ingénieux et original pour une satire hardie et fine, cynique, puissante et joyeuse tout à la fois.

S'ENSUYVENT LES NOUVEAULX DROITZ

COQUILLART.

Frisques [1] mignons, bruyans enfans,
Monde nouveau, gens triumphans [2],
Peuple tout confit en ymages [3],
Parfaitz ouvriers, grans maistres Jehans,
Tousjours pensans, veillans, songeans
A bastir quelques haulx ouvrages [4],

1. Vifs.
2. Je crois qu'il faut comprendre la phrase en donnant au mot *triumphans* le sens de glorieux. Il est pourtant possible que Coquillart veuille dire : Monde nouveau qui l'emportez sur l'ancien.
3. Qui brille en dehors et se laisse séduire par l'extérieur des choses.
4. Il est à peine besoin de faire remarquer la raillerie presque amère avec laquelle le vieux poète traite ce monde nouveau. L'ironie est, du reste, le ton général de cette œuvre. Nous croyons devoir le rappeler, un peu pour excuser le cynisme du poète, et surtout pour l'intelligence de beaucoup de passages de sa poésie.

Farouches, privez et ramaiges [1],
Humains, courtois, begnins, sauvages,
Dissimulateurs, inventeurs ;
Cueurs actifz et saffres [2] couraiges,
Laissez bourgades et villages,
Affin d'estre noz auditeurs.

Venez, venez, sophistiqueurs [3],
Gens instruits, plaisans topiqueurs [4],
Rempliz de cautelles [5] latentes,
Expers, habilles decliqueurs [6],
Orateurs, grans rhetoriqueurs
Garnis de langues esclatantes ;
Aprenés noz modes fringantes [7]
Et noz parolles elegantes,
Noz raisons, noz termes juristes.
Nos sciences vous sont duisantes [8]
Et noz traditives [9] plaisantes,
Et noz enseignemens bien mistes [10].

Venez, pompans, bruyans legistes ;

---

1. Qui vit dans les branches ; par extension, rude, sauvage, sédentaire.
2. Folâtres, lascifs ; *couraige*, humeur.
3. Gens subtils en langage.
4. Discuteurs.
5. Ruse, habileté, prudence, finesse.
6. Bavards, hâbleurs.
7. Lestes, brillantes, libertines.
8. Vous conviennent.
9. Méthodes d'enseignement.
10. Gracieux, joyeux.

Medecins et ypocratistes,
Laissez voz saulces et voz moustardes.
Venez, mignons curialistes [1],
Musiciens et organistes,
Et laissez voz harpes lombardes ;
Archiers, laissez voz halebardes ;
Canonniers, laissez voz bombardes ;
Pietons, laissez voler voz picques ;
Mignons, laissez chevaulx et bardes [2],
Voz grans bastons, voz becs d'oustardes [3] ;
Sophistes, laissez voz logiques ;
Ystoriens, laissez croniques ;
Gouverneurs, laissez politiques ;
Conseilliers, laissez voz rapors ;
Orateurs, laissez rhetoriques ;
Advocatz, laissez voz praticques [4] ;
Generaulx [5], laissez voz tresors ;

1. Gens de cour, peut-être entremetteurs.
2. Espèce de longue selle faite de toile rembourrée.
3. Vos grands bâtons recourbés comme des becs d'outardes.
4. Le métier et les ruses des gens de loi.
5. Généraux des finances ou trésoriers de France. Ils étoient au nombre de quatre au temps de Coquillart. Plus tard, les généralités, c'est-à-dire les circonscriptions établies pour faciliter la perception des impôts, furent portées à vingt-cinq : dix-neuf dans les pays d'Elections, six dans les pays d'Etats. Chaque généralité étoit formée d'un certain nombre d'élections, chaque élection d'un certain nombre de paroisses. Un intendant étoit placé par le roi à la tête de chaque généralité; il avoit sous ses or-

Baillifz, laissez voz grans ressors,
Voz fins, voz limites, vos bors [1];
Capitaines, laissez conquestes;
Laissez, conseilz [2], faveurs et pors [3];
Tous aultres pensemens soyent mors,
Jusques en la fin de ces festes;
Procureurs, laissez les requestes :
Commissaires, laissez enquestes;
Ma science est trop plus prisée [4].
Ouvrez voz yeulx, fendés voz testes [5],
Oyez noz sciences honnestes,
Puis que l'heure y est disposée.
Venez, la Simple et la Rusée [6],
Qui avez la Court abusée [7];
Venez, on vous enseignera.
La cause eust esté terminée

dres deux receveurs généraux des finances, qui recevoient les deniers royaux que le collecteur de paroisse avoit remis au receveur des tailles. — On connoissoit encore les généraux des aides, les généraux des monnoies, etc.

1. Sans doute les discussions commencées sur le bornage des terres.

2. Cour, réunion de conseillers.

3. Support des criminels, faveur, injustice.

4. Est bien plus estimée.

5. Pour comprendre.

6. Allusion aux débats grotesques qu'on retrouvera plus tard.

7. Abusé des moments des juges, ou bien qui tenez abusivement la Cour en suspens en ne terminant pas votre procès. *Abusée*, et non *abusé*, conformément à la vieille

Entre vous deux ; mais ceste année
Je cuide ¹ qu'elle surcerra ²,
Une aultre fois on y pensera.
Escoutez doncques ce qu'on dira,
Aprenez, soyez clergeresses ³ :
Quelque mot vous y servira
Quant l'arrest se prononcera
D'entre vous aultres plaideresses.

Ça, mes mignonnes dancerresses,
Mes tresplaisantes bavarresses ⁴,
Delaissez voz amoureux trais ⁵ ;
Mes grandes entreteneresses ⁶,
Combien que vous soyez maistresses,
Escoutez noz moyens parfaictz.
Cloez l'*œil* de : Je hay telz fais ⁷,

langue du Moyen Age. Le participe passé s'accordoit toujours avec le substantif régime, quelle que fût leur place respective.

1. Je pense. — 2. Surseoira.

3. Instruites, désireuses de vous instruire.

4. Qui raconte des niaiseries, qui babille d'une manière folâtre et en mentant. Plus fréquemment, *baveresse*.

5. Vos coquetteries ordinaires.

6. Habiles aux entretiens amoureux.

7. La méthode selon laquelle sont composés ce vers et les suivants est fréquemment employée par notre poëte. Nous l'avons signalée dans notre préface. On peut y voir une caricature de l'art facile et pédantesque à l'aide duquel on fabriquoit les poèmes allégoriques. Il y a là sans doute aussi la raillerie des formules poétiques en honneur

Les *paupières* de : Je m'en tais,
L'*oreille* de : Tout sonne cas ¹,
La *langue* de : Tout est mauvais,
La *bouche* de : Laisse m'en paix,
Et les *dens* de : Ne me plaist pas.
Prenez l'*art* de : Je me esbas,
L'*ardeur* de : Vela ung bon pas,
Le *vouloir* de : On ne peult mieulx dire,
Les *grans gestes* de : Parlez bas,
La *façon* de : Vela mon cas ;
Et le *ris* de : Grant mercy, sire ².
Quant est de moy, pour vous instruire,
Pour vous recreer et desduire ³,
J'ay vestu ma chappe d'honneur,
Mon chapperon fourré ; pour lire ⁴,
Mon pulpitre, pour plus hault luire ;
Et mon bonnet rond de docteur ⁵,

parmi les disciples d'Alain Chartier, surtout parmi les disciples graves, comme Jehan du Pain, de Bourbonnois, etc.

1. Tout sonne sourdement comme le son d'une sonnette fêlée. Peut-être vaut-il mieux comprendre : toute aventure s'ébruite, devient l'objet des commérages.

2. De ces douze vers, les six premiers signifient : Perdez ces habitudes de coquetteries qui consistent à rudoyer les galants ; les six derniers conseillent, au nom des droits nouveaux : Soyez de joyeuses commères et faites bon visage aux gens. Je suis probablement trop modeste dans ma traduction.

3. *Desduit*, joie, fête, distraction.

4. Sous-ent. : *j'ay* pour lire, etc.

5. On peut aussi mettre le point-virgule après *pulpitre*,

Ma grand lanterne de liseur [1],
Mon livre, pour estre plus seur,
Sans faillir ne sans repentir [2].
Les dames, par leur grant doulceur,
A ce faire m'ont meut le cueur :
— Honneste cueur ne peult mentir.

Ça, mignons, pour vous advertir,
Puis que on voit noz *anciens droitz*
Casser, adnuller, pervertir,
Par la confusion des loys,
Et que je apperçoys et congnoys
Que, pour trainacer le patin [3],
Il est de grans clers en françoys
Qui ne sont que asnes en latin,
Lesquelz sont vestus de satin
Et ont or, argent et joyaulx,
Advisé me suis au matin

et comprendre : J'ai mis, pour briller davantage, mon bonnet de docteur.

1. Coquillart indique sans doute ici la lanterne nécessaire à celui qui, à matines par exemple, lit les *leçons*.

2. Ni sans me reprendre. Si, comme il nous paroît sage de le faire, nous prenons au sérieux les allusions de notre poète à la dignité canoniale, nous en concluons que les Droits nouveaux n'ont pu être composés avant 1482, puisque c'est à cette époque seulement qu'il fut nommé chanoine. Il avoit alors, on se le rappelle, 61 ans.

3. Que bien des gens, pour s'être trop servis de la chaussure à la mode, pour avoir trop fréquenté les compagnies légères, sont devenus de grands clercs en fait de bavardage, des ânes en fait de science.

De vous lire des *droytz nouveaulx*,
Droytz nouveaulx, droytz *especiaulx* 1,
Droys dont on use *par exprès* 2.
Ce ne sont pas droytz feriaulx 3,
Les droys de la porte Baudais 4,
Nenny, non ; ce sont droytz tous frais,
Droytz de *maintenir* bref et court 5
Par les mondains du temps qui court.
Et n'y ayt si sot, ne si lourd,
Si nyaiz, ne si mal basty,

1. On appeloit droits spéciaux ceux qui, étant exorbitants du droit commun et contraires aux règles générales, ne pouvoient être exercés que dans les cas tout particuliers pour lesquels ils ont été introduits.

2. Personnellement, à titre non équivoque.

3. Ce ne sont pas des droits faits pour les oisifs, des droits qu'on n'exerce que de temps à autre, aux jours de fête et de foire.

4. Les proverbes satiriques du Moyen Age font souvent allusion aux droits de la porte Baudais, dans le sens de questions sérieuses agitées par des niais, discutées par des bavards. Cette porte Baudais appartenoit au mur d'enceinte de Paris avant Philippe-Auguste; le terrain qui l'avoisinoit, dans les environs de la place de Grève, devint un lieu de promenade fréquenté probablement par le menu peuple de la bazoche. Coquillart assure que son Code des droits nouveaulx n'est pas bâti sur le modèle des discussions juridiques qu'agitoient les habitués de la porte Baudais.

5. Le droit de maintenir résultoit d'une sentence qui, dans un procès de propriété, maintenoit la possession à l'une des parties en attendant le jugement définitif. Com-

Pour faire du gros, du demy lourd [1],
Qui ne use des droytz du jourd'huy !
Et en effect, de ces droytz cy
Toute la première rubriche [2],
C'est *De Jure naturali*,
Du Droit Naturel [3]; je me y fiche.

me cette sentence n'étoit que préliminaire et ne jugeoit pas le fond du procès, on comprend pourquoi ce droit devoit être bref et court, et comment notre poëte, mêlant le sérieux à l'ironie, annonce aux mondains que les droits du libertinage ne sont pas concédés à jamais : les anciennes lois reprendront vigueur.

1. Qui, pour faire du gros personnage ou du petit seigneur, n'use, etc. Demy-lourd, demi-lord, demi seigneur ou demi lourdaud, jeu de mot qui continue celui que Coquillart vient de faire sur le mot *gros*, qui peut, lui aussi, signifier grand personnage ou paysan.

2. Rubrique. On nommoit ainsi le titre de chacun des livres du Corps de Droit.

3. C'est, dans les Institutes, le titre de la 2e *rubriche*, et le nom sous lequel est désigné le premier des droits privés.

CY APRÈS COMMENCE

DE JURE NATURALI.

De Jure naturali.

Ce droit deffend à povre et riche
De laisser, par longues journées,
Povres femmelettes en friche
Par faulte d'estre labourées ;
Mais veult qu'elles soyent reparées,
Paisibles en leurs *jouyssances*,
Tousjours *maintenues* et *gardées*
En toutes mondaines plaisances.
Et pensés quelles alliances
D'amour et de vraye union !
Leurs signes et leurs circonstances
Prennent du *droit naturel* nom.
Pourquoy ? car la conjunction,
Le faict principal et meslée,
La fin, la frequentation,

Fut de droit naturel trouvée [1].
  Se en quelque amoureuse assemblée
Ung mignon peut avoir accès,
Que fera il de première entrée?
Il prye, il commence ung *procès*,
Il sollicite de si près
Que *litiscontestation* [2]
Se faict; et puis on vient après
A faire la *production*;
Et fault produire quelque don,
Quelque affiquet; s'il semble beau,
On mettra sans *dilation*
Les pièces dessus le *bureau*.
Là se faict un droit tout nouveau;
Dieu scet comme on practique l'art!
Et se c'est ung sot ou ung veau [3]

1. Fut enseignée par la loi de nature. Richard d'Annebaut, qui traduit presque littéralement les Institutes, dit aussi:

> Par ce droit, si comme me semble,
> Sont joint masle et femelle ensemble,
> Dès ce que ils sont en aage
> Que l'en appelle mariage.

2. La litiscontestation est l'état dans lequel se trouve un procès quand, après l'exposition de la demande et la réponse, le débat s'ouvre sur les points principaux. Alors commence, ainsi que le dit Coquillart, la production des pièces qui importent à la cause.

3. *Veau* étoit souvent pris, au XVe siècle, dans le sens de lourdaud. Ici il paroît signifier novice en fait de galanterie.

Qui n'ait riens produit de sa part,
Que fait on ? Se c'est ung coquart ¹
Qui peult estre a produit trop pou,
On le met à ung *sac* ² à part,
Et le laisse on pendre au *clou;*
On l'en porte je ne sçay où,
Sans en faire longues *enquestes,*
Et le met on en ung vieil trou
Pour les veilles des haultes festes ³.
Aucuns, par bien bailler *requestes,*
Obtiennent des *provisions* ⁴;
Les autres se y rompent les testes,
Et n'ont point d'*expeditions* ⁵.

   Telz moyens d'amours, telz façons
Viennent aux femmes de nature;
Telz industries, telz leçons,
Le *droit naturel* leur procure.

— Beau sire ⁶, se la creature

---

1. Un jeune présomptueux, un pauvre sire effronté.
2. Les procureurs mettoient les pièces de chaque procès dans un sac de toile, qui, comme l'indique Coquillart, restoit pendu jusqu'au moment où l'on s'occupoit sérieusement de l'affaire.
3. Jours de jeûne, de maigre chère et de petit travail.
4. La provision, c'est l'adjudication d'une somme à prendre préalablement en attendant le jugement du débat.
5. C'est-à-dire qu'ils ne peuvent tirer quelque fruit de leur procès, même quand ils l'ont gagné.
6. Quelque mignon de l'auditoire interpelle le docteur ès droits nouveaux.

Prent tous les jours de son mary
Le picotin à grant mesure,
Faict il mal ¹ ? — Nenny, non, nenny.
— Et s'il est pesant, endormy,
Songeart, et qu'il n'y puisse entendre,
Doit elle point avoir ung amy ?
— Je dis qu'il est besoing de actendre
Qu'elle ait *sommé* avant qu'en prendre
Ailleurs. — Et s'il respond : « Sans plus,
Je m'y garderay de mesprendre ². »
Quel provision du surplus ?
— Ce dellay là semble reffus ;
Pourtant ne doit point estre mis
Si tost du nombre des cocus
Le mary, par six ou sept nuytz ³ ;
Combien que s'il passe les dix
Sans cause, et que le boys s'alume ⁴,
Femme peut prier ses amys
Et faire selon la coustume.

 Mes mignons, escoutez la plume ;

1. Fait-il mal, *ce mary*, de le donner ?
2. De crainte de me tromper, de me faire mal. C'est le mari qui parle, et le mignon là dessus demande au professeur : *quel provision*, etc.
3. Pendant six ou sept nuits encore.
4. L'édition Ve Trepperel donne : *et que de boyre s'alume*. L'unanimité des autres éditions nous a fait préférer la version que nous donnons, à tort peut-être, car *boyre* serviroit à expliquer l'un des vers suivants : *Humez*, etc.

C'est trop le latin escumé[1] :
Faictes tousjours que l'on se fume[2],
Ainsi qu'avez acoustumé.

1. Tout ce passage, jusqu'à la reprise : *Venons aux matières presentes*, offre des obscurités et de grandes difficultés d'interprétation. Il est écrit d'une façon vive, colorée, trop concise, et dans un langage dégagé de tous les liens de la syntaxe. Peut-être quelques vers ont-ils été omis, peut-être le texte est-il incorrect; nous n'avons rien osé y changer, quoiqu'il soit apparent que nul des anciens éditeurs ne l'a compris et que tous l'ont maltraité. Nous avons préféré supposer la version bonne et en hasarder une explication. Le poète paroît s'adresser aux joyeux galants, aux bonnes commères du temps passé, à ceux et à celles qui suivent encore les anciennes lois, les simples, faciles et naturelles méthodes de galanterie; il les engage à persévérer dans la pratique de l'ancien droit d'amour; il leur montre les indiscrétions, la fatuité compromettante et les tournures ridicules des sectateurs des modes nouvelles. « Mes galants de l'ancienne mode, dit-il en débutant, écoutez une fantaisie de ma plume; je suis fatigué d'écorcher si fidèlement ce latin de juriste. » Peut-être eût-il mieux valu lire : « Mes mignons, escoutez, la plume s'est trop, etc. »; ma plume vient de se laisser égarer par ce latin. Peut-être enfin la plume signifieroit-elle, par opposition à la *coustume*, ce *droit escript* auquel il va faire une nouvelle allusion bientôt.

C'est tantôt vers les femmes et tantôt vers les hommes qu'il paroît ensuite se tourner, et ses conseils ne se comprennent qu'adressés à ces joyeuses commères dont je parlois plus haut, et à leurs maris.

2. Que l'on se tourmente de vos coquetteries.

Humez [1] se vous n'avez humé.
Riez comme vous souliez rire.
Semez se vous n'avez semé [2].
Dictes comme vous souliez [3] dire.
Ne laissez point voz droitz prescripre ;
Soyez songneuses de les prendre :
Car on parle souvent de cuire,
Mais le fournier n'y veult entendre [4] ;
Toutesfois batre pour l'esclandre [5],
Pot [6] à couvert pour les buvans,
Loyal, subtil, secret, ou riens.

1. Vous, bonnes gens, honnêtes maris, buvez, ces coquetteries ne vous regardent point.
2. Allez à vos affaires. Les vers suivants ne s'adressent plus qu'aux femmes.
3. Comme vous aviez l'habitude.
4. Le sens de ce proverbe se comprend de reste : Beaucoup de gens parlent de faire des merveilles qui ne sont propres à rien quand on vient à l'effet.
5. Ce qui suit semble signifier : Il vous est encore permis de maltraiter en apparence les galants ; mais recevez-les doucement en particulier, pourvu qu'ils soient discrets ; sinon, rien ne leur accordez. Voyez comme nos amoureux de nouvelle mode compromettent les femmes en bavardant si impertinemment sur elles. On en fait des chansons, et leur nom, leur histoire, sont connus dans tous les endroits publics.
6. Sous-entendu *mais*, mais qu'il y ait un pot, etc. Il y a un jeu d'esprit entre l'image pot à couvercle, etc., et la pensée évidente : lieu secret de rendez-vous pour le galant.

Noz mignons fringués [1] et bruyans,
Qui broullent nostre parchemin [2],
Noz fringans [3], noz perruquians [4],
Noz gens traverseurs de chemin [5],
Ilz font leur compaignon Jennin,
Leur gros vallet Gaultier Fouet,
Leur frère d'armes Guillemin,
Et leur paige Bec à Brouet [6];
Qui s'en enquierent, non est? — Si est [7],
S'elle est damoyselle ou bourgoise,
Quelle robe elle a ne quel corset
Soubz son chapperon de Ponthoise [8],

1. Présomptueux.

2. Qui nous forcent à nous occuper d'eux.

3. Nous rencontrerons souvent ce mot; il indique l'homme à la mode, avec ses qualités de fatuité, d'indiscrétion, d'apparente gracieuseté, de soin de sa personne, de recherche dans ses habits, de vide dans l'esprit et de sottise.

4. Porteurs de perruques. Nous les verrons fréquemment aussi, à titre de gens à la mode, exposés aux railleries de Coquillart.

5. Oisifs. Nous disons encore batteurs de pavés.

6. Ils débauchent la femme de leur compagnon, trompent leur frère d'armes, maltraitent leur valet, et font de leur page un affamé et un gourmand.

7. Eux qui s'enquièrent, à propos d'une femme; n'est-ce pas vrai? — Cela est vrai. — Qui s'enquièrent si elle.

8. Voy., Œuvres de Coquillart, édit. Tarbé, t. 2, p. 77, le récit de désordres arrivés à Reims en 1490. Ils prouveroient que les marchands Rémois s'autorisoient des satires de Coquillart contre le luxe des femmes pour pro-

S'elle est grave, s'elle se poise [1],
S'elle a ne mortiers ne pillectes [2],
S'elle est fière, doulce ou courtoise;
S'elle a filz, filles, ne fillettes;
S'elle est du quartier des Billettes [3],
Gente, cointe, propre ou fetisse [4];
S'elle a ne rubens, n'esguillettes [5];
Se c'est ou succre ou forte espice [6];
Se l'estat haulse ou apetisse [7].
Chascun en lit une leçon [8];

tester violemment en faveur de la morale publique et des marchandises indigènes.

1. Si c'est une femme fière de sa condition.

2. Le mortier étoit un bonnet de velours noir, rond, plat et large, dont les bords, retroussés dans le principe, furent ornés plus tard d'un large galon d'or. Ce mortier devint une marque de dignité pour certains présidents du Parlement. Les femmes à la mode avoient sans doute une coiffure analogue au XVe siècle. Les *pillettes* seroient quelque ornement de cette coiffure. Notre poète joue peut-être sur ce mot, qui signifie aussi boutons sur le nez.

3. Les religieux qui habitoient le couvent des Billettes, rue Sainte-Avoye, n'étoient pas renommés pour la régularité de leurs mœurs. — 4. Gentille.

5. Les aiguillettes étoient, dans le principe, des fils tressés et ferrés à l'extrémité, qui servoient à attacher les pièces du vêtement. Elles devinrent plus tard des objets de luxe et d'ornement.

6. Si elle est douce, naïve ou coquette.

7. Si elle est ou non en bonne position de fortune.

8. Les leçons étoient des extraits de l'Ancien Testament et des Pères qui entroient dans la composition des

Tantost vela Colin le Suysse [1]
Qui en va faire une chanson ;
Quelque tabourin ou bourdon
En orra, peult estre, le bruyt [2] :
C'est pour dancer ung tourdion [3]
Et faire une aubade de nuyt.
Ha ! qui tiendroit le *droit escript*
Et le *droit naturel* tousjours,
Chascun craindroit, grant et petit [4] ;
Jamais on ne feroit telz tours !
Il fauldra que l'ung de ces jours,
Pour corriger telz inventeurs,
Venus, la deesse d'amours,
Y envoye ses reformateurs ;
Combien que tous ses grans docteurs,
Ses grans clercs, à ses rouges hucques [5],
Sont fort embesongnez ailleurs

offices, des matines, par exemple. Chaque religieux ou chanoine en lisoit une à son tour, à voix haute.

1. Colin paroît être le sobriquet que les François donnoient aux Suisses. On appeloit colin-tampon le tambour d'abord, puis le son, le jeu propre au tambour des Suisses.

2. Quelque sonneur de tabourin ou joueur de chalumeau en entendra la musique : c'est assez pour en faire, etc.

3. Sorte de danse qui ressemble à notre ronde.

4. Chacun, grand ou petit, qui suivroit... craindroit, et jamais on ne feroit, etc.

5. Hucque, sorte de manteau d'origine allemande. Coquillart veut dire : les grands clercs, les docteurs d'amours avec des manteaux rouges, comme des docteurs en droit.

Touchant le faict de ses perruques [1] ;
Car aujourd'huy de deux freluques [2]
De cheveulx, d'ung petit monceau,
Il semble qu'il y en ayt jusques
Au collet et plein ung boesseau.
J'ay veu despescher au *Seau*,
L'autre jour, des *lettres patentes*
Pour couper au rez de la peau
Telles qui ne sont souffisantes [3].

Venons aux matières presentes,
Du *droit naturel* commencées.
Femmes qui sont belles et gentes
Doivent elles estre laissées ?
Nenny, non, mais estre priées
Avoir [4] leur plaisir et esbat,

---

1. Ils sont fort empêchés par la longueur de leurs cheveux, vrais ou faux ; ils sont fort occupés à propager dans le monde cette mode nouvelle. M. Tarbé, qui attribue à Coquillart l'invention du mot *perruque*, en donne une étymologie ingénieuse. Il est possible, en effet, que le malicieux chanoine, raillant, avec l'amertume d'un vieillard chauve, l'extravagance de cette mode, ait voulu indiquer que de tels cheveux étoient assez longs pour remplacer un manteau, une hucque.

2. Ou *freluche*, fêtu de paille, brin de charpie, ici, de deux brins, d'un petit monceau de cheveux.

3. C'est ainsi qu'on punit ceux qui ont l'audace de porter si petites perruques.

4. *D'avoir*, qu'on ait, qu'on puisse jouir de leur société.

Souvent à souhait maniées,
Sans estre descheues tout à plat.
Et pensez que maint lourt debat
Se feroit pour fournir l'hostel [1],
Se toutes bourgoises d'estat [2],
Sçavoyent bien ce *droit naturel*.

Or je metz ung cas qui est tel :
Ung mary en vacation,
Voyant que le temps estoit bel,
S'en alla en commission
Veoir sa belle ente [3], ce dit on.
Il demoura bien ès villaiges,
Cinq ou six moys. Assavoir mon [4]
S'il est tenu des *arreraiges*
Quant il revient ? Dient aucuns sages
Que le mary, comme j'entens,
En est tenu par tous usaiges,
Veu qu'ilz sont escheuz de son temps [5].
Et se d'aventure je sens

---

1. Pour fournir de plaintes, de scandale, la maison de ladite bourgeoise, ou peut-être l'hôtel où siége la justice, l'officialité.
2. De riche condition.
3. Tante, ou ses belles entes, ses beaux plants.
4. *Mon*, conjonction explétive qui donnoit plus de force à la question, à l'affirmation, *assavoir mon, c'est mon.*
5. Au temps de la possession. Coquillart fait peut-être en outre allusion à cette règle que les arrérages des rentes constituées se devoient payer suivant le taux en vigueur

Que la femme d'aultre costé
En prengne ? Cela n'y fait riens,
Arreraiges sont personnelz ;
Et les doivent tous mariez
De rigueur, comme droit de vente [1]
(Posé qu'ilz soyent tousjours payez
Les seigneurs secourent leur rente [2]).
Autrement donc, quant bise vente [3],
Chascun delairroit sa maison
Et s'en yroit veoir sa belle ante ;
Il n'y auroit point de raison.
   Je forme une autre question

au temps où la constitution a été passée. Le temps de la constitution de rentes conjugales seroit le jour de la célébration du mariage, et ce seroit suivant le taux établi en ce temps que se devroient les arrérages. Nous avons déjà parlé de l'ironie de Coquillart.

1. Ce droit de vente s'appeloit le quint ; il existoit lors de la vente des fiefs, représentoit le cinquième du prix de ladite vente, étoit dû par l'acquéreur, et étoit censé payer la permission octroyée par le seigneur de faire passer le fief à autrui. Toute vente de fiefs, dans certaines coutumes, celle de Paris par exemple, ne créoit pas rigoureusement ce droit, quoi qu'en dise Coquillart.

2. J'imagine que le vieux juriste lance une épigramme contre ce droit de quint, qui lui paroît injuste. « Les seigneurs, dit-il, excusent un tel droit en disant qu'il secourt, qu'il remplace les rentes non payées, et elles leur sont toujours payées. »

3. Quand il y a quelque froideur, quelque mauvaise humeur entre le mari et la femme.

De *droit naturel* qui ne fault [1] :
Est permise deffension
A ung chascun, quant on l'assault ;
Ce presupposé, ung lourdault
A belle femme, jeune et tendre :
Il frappe, il bat, et ne lui chault [2]
Comment sa femme luy veult rendre.
La question est pour entendre
S'il seroit [3] à ceste femme cy
De le frapper, et se deffendre
A l'encontre de son mary ?
De prime face semble que oy,
Car deffension est permise
Selon droit naturel ; ainsi
El ne faict que selon la guise [4].
Mais au contraire je m'avise [5] :
Se quelque voisin c'est approché
De ce debat là, sans faintise [6]
Chascun en sera embousché ;
Et se ceste femme a touchié
Son mary, il chevauchera
L'asne tout au long du marchié,

---

1. Qui est sûre.
2. Il ne lui importe pas.
3. S'il appartiendroit à. Galiot du Pré donne : *S'il loist*, s'il est loisible, permis.
4. La coutume.
5. Moi, je dis le contraire.
6. A coup sûr bientôt chacun en parlera.

Ainsi chascun s'en mocquera [1].
Et au regard d'elle on dira,
S'on la voit ainsi esmoucher [2],
Frapper et ruer [3] ces coups là,
Que ce n'est qu'ung droit Franc-Archier [4].

 Le *vieil droit* a voulu toucher
Et decider aucunement
Que femme devoit endurer
De son mary tout doucement.

 Le *droit nouveau* dit autrement :
Pour ung mot que le mary dit,
Femme peut tout incontinent

---

1. Ce dernier vers résume le proverbe qui précède, et qui fait allusion à une vieille coutume imposée aux banqueroutiers et dans quelques provinces aux maris battus par leurs femmes. Ceux-ci étoient conduits dans les places publiques, montés à rebours sur un âne dont ils tenoient la queue en guise de bride, au milieu des huées et des railleries. De là est venue l'expression : mener l'asne, chevaucher l'asne, pour : être ridicule ou moqué.

2. Agiter les bras comme pour chasser les mouches des environs de son mari, c'est-à-dire le battre. Nous disons encore, avec une ironie analogue, épousseter l'habit de quelqu'un, pour le rosser. — 3. Lancer, jeter.

4. Nous disons encore : cette femme est un vrai gendarme. Les Francs-archers, dont nous connoissons le plus illustre, le Franc-archer de Bagnolet, composoient une milice nationale. Chaque paroisse devoit en fournir un, qui, étant censé passer son temps à s'exercer au métier des armes, étoit exempt d'impôts. Ils ne furent pas toujours poltrons, comme l'indique celui de Bagnolet ; ils devinrent libertins, et furent l'objet du mépris public, qui leur

Luy en respondre sept ou huit.
Et s'il advient qu'il y ait bruit[1] ?
Pour ung seul coup le droit enhorte[2]
Que femme en rende, par despit,
Cinq ou six d'une mesme sorte.
Et s'elle n'est pas la plus forte ?
Aucuns dient, pour tout *essoine*[3],
Qu'elle doit assaillir la porte
De l'hostel de quelque chanoine,
De quelque abbé, prieur ou moyne ;
Ce luy sera seure retraicte,
Pour faire leans[4] sa neufvaine,
Tant que la paix sera refaicte.
 Le povre Jennin turelurette[5]
En prendra si tresgrant soucy,
Pour la ravoir toute si faicte[6],

fit jouer toute espèce de piteux rôles dans les proverbes. Ils n'existoient plus au temps où Coquillart écrivoit les Droits nouveaux.

1. Que l'affaire s'envenimant, on en vienne aux coups.
2. Conseille.
3. *Essoine* ou *exoine*, c'est, à proprement parler, l'excuse alléguée pour ne pas se présenter en cause devant le juge. Par extension, il signifie ce qui peut procurer une chance de salut dans une mauvaise affaire La femme s'excusera donc de ne pas se trouver en la maison conjugale, elle se réfugiera dans un lieu d'asile, comme l'hostel, etc. — 4. Là.
5. *Turelureau* signifioit un nigaud poltron; je suppose que *turelurette* a le même sens.
6. Ainsi complètement corrigée, perfectionnée par la

Que en fin luy requerra mercy.
Ce cas se praticque aujourd'huy.
Je ne dis pas qu'on face bien,
Mais vela, j'ay solu ainsi
Ma question par ce moyen.

A une autre doubte je vien :
Une bourgoise, une commère
Avec ung amoureux tout sien,
Mignon et de doulce manière,
Avoit aussi une chambrière
Belle, qui sçavoit le secret.
Ung jour ce mignon par derrière [1]
Venoit voir la dame ; en effect [2]
El n'y fut pas, dont luy desplait ;
La chamberière, qui fut belle,
Fine, franche, ferme, et de hait [3]
Pour faire saillir estincelle
D'ung caillou, par bonne cautelle
Mise [4] au sainct par devocion ;
Et print celle le bien pour elle
Et eut ceste *provision*.
Assavoir se pugnicion

neuvaine ; peut-être faut-il comprendre *toute si faicte*, toute chose ainsi faite, en résumé.

1. Par la porte des cours ou du jardin.
2. Par le fait, par hasard.
3. D'humeur à faire, etc.
4. Répétez *fut ;* fut mise à la place du saint que l'amant venoit honorer.

Doit souffrir comme larronnesse,
Et quelle *restitution*
Elle doit faire à sa maistresse ?
   J'ay ouy à mainte clergesse
Tenir que estre fourvoyé [1]
Ce n'est pas fort grande saigesse.
Mais quoy, on n'en est ne noyé,
Pendu, pugny, ne corrigé ;
Ainçoys [2], selon le commun son [3],
Habiter ce n'est pas peché [4] :
Chascun en prise la façon [5].
   Mais vecy une aultre raison :
Ce cas icy est domesticque,
Remply de grande traïson
Et semble chose bien inicque,
Veu que la dame sa praticque [6]
Luy disoit aussi privement.
Pource avons nous ung Autentique [7]

---

1. Prendre une personne ou une chose pour une autre.
2. *Ainçoys, ainçois*, signifie souvent auparavant; il signifie aussi, comme dans ce vers, au contraire, plutôt d'ailleurs.
3. Le proverbe commun.
4. Jeu d'esprit, inventé sans doute par les escoliers sur le mot *habiter* pris dans son sens ordinaire, demeurer quelque part, et le sens que lui donne la traduction du latin *habitare cum feminâ*.
5. Chacun entend ce proverbe à sa façon.
6. Lui disoit sa pratique, son intrigue.
7. Les quatre premiers éditeurs donnent *ung antique*.

Qui en diffinit sainement,
Et dit que pour le hardement [1]
Qu'elle eût, pour sa desloyaulté,
Y chet bien [2] ung banissement
Sur la chamberière. En verité
Cela me semble d'equité
Qu'elle soit banye de l'hostel.
S'elle l'eust ailleurs emprunté [3],
Ce n'est que ouvraige naturel ;
Mais de la prendre [4] sur ung tel,
Au prejudice de sa dame,
Le fait est enorme et cruel,
Dont chascun la repute infame ;
Et luy doit plus couster la dragme
Ainsi desloyaument tollue,
Que livre et demy sans tel blasme
Prinse ailleurs, choisye et eslue.

A une aultre doubte je tens :
J'ay, selon droit, mainte loy lue,
Où l'en treuve, comme j'entens,

Galiot du Pré donne *autentique*, qui m'a paru plus vraisemblable et plus fin. L'Authentique étoit la collection des dernières constitutions de Justinien, appelées Nouvelles. Les Authentiques étoient des extraits de ces Nouvelles, faits par le jurisconsulte Isnier.

1. Hardiesse, effronterie.
2. Il en tombe, il s'ensuit.
3. Ce bien.
4. Ceste provision.

Que le nourrissement d'enfans
Fut de droit naturel trouvé ;
Le cas est ¹ femme de quinze ans
Acouchée d'ung filz nouveau né ;
Son mary est si fort donné
A chicheté et avarice,
Qu'il est du tout ² deliberé
Ne luy querir point de nourrice,
Mais veult qu'elle l'enfant nourrisse,
Affin d'espargner le salaire.
Je demande se c'est justice,
Et se la femme le doit faire ?
Semble aucunement le contraire ;
Car d'imposer ³ nouveau servage
Ne peult pas à la femme plaire,
Et y auroit trop grant dommage
Entendis qu'elle a fraiz visaige,
Jeune ⁴, n'est qu'ung enfançon ;
Elle est à la fleur de son aage,
Or à prime luy semble il bon ⁵ :

1. Là dessus se présente le cas d'une femme accouchée.
2. Tout-à-fait.
3. Car d'imposer, etc., cela ne peut plaire à la femme, et il y auroit grand dommage de le faire, tandis, etc.
4. Sous-entendu : elle est, elle est jeune, elle n'est presque, etc.
5. Je suis l'édition de François Juste, qui, en ce passage diffère par hasard de l'éd. Galiot du Pré et se rapproche de l'éd. veuve Trepperel. Les autres éditeurs me paroissent avoir diversement, mais mal compris ce vers.

Elle a le beau petit teton,
Cul troussé pour faire virade [1],
Le sain poignant [2], tendre, mignon ;
Il n'est rien au monde plus sade [3].
S'elle est nourrisse elle sera fade [4],
Avalée [5], pleine de lambeaux :
Faisandes deviennent beccasses [6],
Les culz troussez deviennent peaux,
Les tetons deviennent tetasses.
Nourrices aux grandes pendaces,
Gros sains ouvers remplis de lais,
Sont pensues comme Chiches-Faces
Qu'on vent tous les jours au Palays [7].
Tetins rebondis, rondeletz,
Durs, picquans, bien gettez au moule,

Avant tout, dit le poëte, son âge lui semble bon, à cause des qualités dont vient l'énumération.

1. Les hanches relevées, qui indiquent l'habileté à danser la ronde.

2. Développé.

3. Gracieux.

4. Foible, molle.

5. Qui tombe, qui pend, qui s'affaisse.

6. La bonne chair devient mauvaise en vieillissant, en n'étant pas soignée, préparée avec précaution. Nous laissons aux gourmets un plus étendu commentaire.

7. Coquillart emploie probablement le mot *pensues* dans le sens ironique. Il veut dire que les femmes qui nourrissent deviennent horriblement maigres, comme le Chicheface dont on vend le portrait dans les boutiques voisines du Palais. Chicheface, bête symbolique, dont l'emploi

Tendus comme un arc à jaletz [1],
Deviennent lasches comme soule [2].

Jeune femme qui s'est pas saoulle
Encor de plaisance mondaine,
Ne doit rendre jamais son raoulle [3]
Si tost par voulenté soudaine.
Ainsi, ce n'est pas chose vaine
Si femme mignote et fetisse [4],
De peur d'enlaydir en la peine,
Reffuse à devenir nourrice.
Combien que c'est chose propice
Et selon droit, comme je tien,
Que toute beste, saige ou nice [5],
Est tenue de nourrir le sien.
Que vous en semble, maistre, en

consistoit à dévorer les femmes douces et bonnes, étoit en effet, par défaut complet de nourriture, d'une maigreur inexprimable. Voyez là-dessus un travail de M. A. de Montaiglon, *Anciennes poésies françoises*, t. 2, p. 91.

1. Arbalète à lancer des pierres, des galets.
2. La *soule* est un ballon de cuir rempli de son. Elle a donné son nom à une fête, à des luttes qui, je crois, ont encore lieu en basse Bretagne. Les savants assurent que soule vient de soleil, et ne permettent pas de croire que ce jeu de ballon soit autre chose qu'un dernier vestige du culte rendu par les Celtes à cet astre.
3. Son rôle.
4. Bien faite.
5. Généralement, paresseux ou niais, simple, innocent, ici sans raison.

Sçauriez vous ce point evader ? [1]
    Maintz grans docteurs et gens de bien
Ont voulu ce cas decider [2];
Les *Droits Nouveaux*, pour amender [3],
Dient que par *action directe* [4]
Et à la rigueur proceder,
Quelque saulce que l'en y mette [5],
Femme ne peut, tant soit jeunette,
Contraindre ung mary à tenir
Nourrice, quoy que l'en caquette.
Mais quant à l'équité tenir
Ne a si grand train entretenir [6],
Et par une *action utille*
On peut une façon tenir
Qui sera honneste et subtille.
Quelque grande vieille sebille [7],
Caducque, menassant ruine,

---

1. Saurez-vous esquiver la difficulté, la contradiction qui s'élève là-dessus ?

2. Dans le sens indiqué plus haut, qu'elle doit nourrir.

3. La sévérité de cette loi.

4. L'*action* étoit, en droit romain, le moyen de jouir du droit : elle étoit *directe* quand elle dérivoit strictement du droit civil ; elle étoit *utile* quand elle étoit étendue, par analogie, à des cas différents de ceux prévus par le droit civil.

5. De quelque manière qu'on retourne l'affaire.

6. Quant à respecter l'équité, il ne faut pas tant s'en gêner.

7. Sibylle.

Qui glosera sur l'Evangille
Et fera au cas bonne mine [1],
Une grande mère, une cousine,
Une ouvrière bien parfaicte [2],
Une chalande, une voisine,
Ung garand à femme forfaicte [3],
Quelque fine, quelque toute faicte [4],
Qui entendra la boucherie [5]
Vers le mary se sera traicte
Et en fera la plaidoyrie;
En usant d'une pleurerie,
Remonstrera, s'il est besoing,
Que sa femme est seiche et tarie,
Et n'a pas de vie plain poing,
Et i fault qu'elle prengne soing [6] !
Elle y demourra toute roide ;
Et de cela, à l'aide du boing [7],

1. Devote et sachant se retourner dans les circonstances difficiles.
2. Qu'on amènera dans la maison, sous prétexte de son habileté.
3. Propre à couvrir un adultère, à se porter caution de la vertu d'une femme débauchée.
4. Habile commère.
5. Experte en son métier; par jeu de mots, habile en langage.
6. Et encore veut-on qu'elle prenne soin de son enfant; il est sûr qu'elle en mourra; et, avec cela, le diable aidant, la vieille sibylle trouvera remède à l'affaire.
7. *Bouing, bouin, babouin*, peut-être le diable, peut-être grimaces hypocrites, paroles menteuses.

Trouvera sur ce cas remède.
Et pensez que vieille qui plaide,
D'invention et de faconde
Pour bien persuader, excède
Le plus grant orateur du monde.
Ce que de plaine voye et ronde [1]
On ne peut obtenir ne avoir,
Femme qui en telz termes habonde
Le fera trouver et mouvoir [2].
Enfans, vous povez concepvoir,
Que sans ourdir [3] on ne peut tiltre [4];
Pource, mettez peine à sçavoir
Cette question ou espistre.

1. *De voye ronde,* par voie naturelle et aisée.
2. Mettre en voie d'une bonne solution.
3. *Ourdir* c'est mettre le fil ou la soie sur le métier.
4. *Tiltre* nous paroît avoir été mis, par faute d'impression, au lieu de *tistre,* tisser.

DE STATU HOMINUM.

Des Droiz Nouveaux le second Titre
Si est : *De Statu hominum* [1].
Ha! qu'il y a maint bon chapitre
Et mainte notable leçon,
De l'estat des hommes, hon! hon!
Et des femmes, que je concludz
Tout ung [2]. Car par tout, ce dit on,
Ne court [3] que estatz dissolus.
Nous voyons pauvres goguelus [4]
Minces, mesgres, niays et lours.
Pour estre à plaisance vestu
Garsonner [5] satin et velours.

---

1. C'est l'intitulé du titre V du livre I du Digeste.
2. Que je conclus être semblable à l'état des hommes.
3. On ne voit que, etc.
4. Vain, glorieux, fat, présomptueux, donnant tout à l'apparence, de *gogue*, joyeuse humeur, vivacité, allégresse, tout ce qui indique qu'on est de fête et de loisir.
5. Gaspiller, déshonorer, mal arranger, salir, peut-être selon l'usage des jeunes étourdis, mais plutôt à la manière des garçons apprentis.

J'ai grant paour que, dedans brefz jours,
Par faulte d'argent et de draps,
Entre nous [1] fringans [2] et milours
Ne soyons tous vestus de sacz;
Vielz pourpoins, touillons [3], vielz haras [4],
Vielz lambeaux et haillonnerie,
Chappeaulx pelez et bonnetz gras
Seront pour nostre seignourie.
Pensez, se Dame Mincerie [5]
Nous empoigne ung peu aux costez,
On verra bien par fringuerie [6]
Porter maintz habitz chicquetez,
Trouez, percez, fringuelotez [7],
Feuilletez par jollivetez [8];
Ce sont grans gorgiasetez,
Par faulce de meschancetez.

1. Nous tous gens de ce monde nouveau.
2. Pimpants, folâtres, mignards, présomptueux, débauchés.
3. Torchons.
4. Sans doute vieux linge fatigué, usé.
5. La dame qui rapetisse, qui diminue, qui coupe en petits morceaux, la Pauvreté.
6. Par vanité, par gentillesse, par mode.
7. Joli diminutif de *fringoté*, travaillé, ciselé, découpé. J'ai suivi Galiot du Pré. Veuve Trepperel donne *ringuelotez*, mot inconnu que j'ai supposé provenir d'une faute d'impression.
8. Qu'on affirmera être découpés artistement pour les faire paroître plus beaux, mais ce sont de grandes magnificences taillées par la faulx de Pauvreté. Je suppose,

Un Monsieur du May planté [1],
Sailly du fin fons d'une estable,
Sera aujourd'huy attincté [2]
Comme ung duc, comme ung connestable ;
Et s'il n'est estourdy, muable,
Leger comme oyselet sur branches,
On dit qu'il n'est pas recevable
Pour ung soupper de nopces franches [3].
On souloit [4] faire au corps les manches
Par compas, mais on voit desja
Que en tous estans on pesche tanches [5] :
Qui peult, il veult ; qui a, il a ;
Chascun fringuera qui pourra.

un peu hardiment peut-être, que tel est le sens des deux derniers vers. Je n'en ai pas su trouver d'autre ; il convient d'ailleurs à la logique de la phrase, à la méthode et à l'esprit ordinaire de Coquillart. M. Tarbé indique qu'il faut peut-être lire : par sauce de méchanceté. C'est une supposition encore plus hardie ; elle prouve la difficulté de tout commentaire sur Coquillart et plaide en faveur des gloses les plus audacieuses.

1. Qui n'a d'autre titre à la gloire que d'avoir planté un may ou d'avoir eu un may planté devant sa porte ; peut-être, qui n'a pas plus de racines dans le monde que le may dans la terre.

2. Paré, attifé, bien en point.

3. Noces où l'on ne payoit pas son écot, et où par conséquent il étoit plus nécessaire de payer de sa personne.

4. On avoit l'habitude de modeler son train de vie, ses espérances et ses désirs, sur sa position sociale.

5. Qu'en tout mestier on devient riche et présomptueux : que nul ne met de bornes à ses désirs, à ses jouissances.

Car, selon tous noz *droitz nouveaulx*,
Le monde se contrefera [1];
On humera de toutes eaux;
Femmes porteront des loriotz [2]
Par rues, par chemins, par sentiers,
Et les hommes des grans poriaulx [3]
Velus, qu'on emprunte aux barbiers.
Les autres, pour estre plus fiers,
Pour estre fringans à l'amy [4],
Pour monstrer qu'ilz sont grans ouvriers [5],
Ne font leur barbe que à demy
Et laissent du poil gris icy,
Qu'il [6] semble que ce soit la peau
De quelque formaige moisy,
Ou l'oreille de quelque veau.

---

1. Chacun singera son voisin, en dissimulant sa position.

2. Imitant ainsi grotesquement les femmes nobles, qui portoient sur le poing des oiseaux d'une espèce moins commune.

3. Poireaux.

4. Cette expression *à l'amy* s'appliqua d'abord aux femmes, dont on disoit qu'elles s'étoient faites belles à l'amy, qu'elles avoient frisotté leurs cheveux à l'amy, c'est-à-dire, on le comprend, avec un soin tout particulier, parcequ'elles attendoient leur ami. Cette locution devint proverbiale et exprima toute espèce de délicatesse, de recherche, de mignardise extérieures. Ici Coquillart veut dire: pour être à la mode la plus recherchée.

5. Gens merveilleusement occupés.

6. De sorte qu'il.

Posé que ¹ cela ne soit beau,
Si est ce pour faire la mine
Qu'on dit² que c'est ung homme nouveau.
Il est bien heureux qui en fine ³
Ung eschantillon de cuisine ⁴.
Qui n'a pas vaillant une pomme,
Mais qu'il ait une galvardine ⁵,
Avec cela c'est ung grant homme.
Telz gens on quiert, on prise, on nomme,
Et sont portez, prisez, doubtez ⁶,
Sans quelque autre raison, en somme,
Fors que les *droitz nouveaulx* sont telz.
Aprenez, enfans, et notez :
Aucuns y a qui ont beau faire
Gentilz hommes de bons hostelz,
Mais à grant peine peuvent ilz plaire,
Car par force d'eulx contrefaire,

1. Quoique.
2. Qu'on dise, qui fera dire.
3. Trouve.
4. Celui qui, à l'aide de ces apparences, peut attraper la plus mauvaise croûte de pain. *Eschantillon*, petit *chantel*, *chanteau* ou *canteau*, portion de pain coupée ; eschantillon de cuisine, très petite croûte de pain abandonnée aux gens de cuisine.
5. C'étoit, je crois, une sorte de vêtement de dessus, qu'on peut comparer à ce que nous appelons aujourd'hui caban. La 15ᵉ figure des Songes drôlatiques de Pantagruel (Paris, 1565) est vêtue d'une sorte de galeverdine.
6. Redoutez.

De batre [1], de voller aux grues [2],
De hault tencer [3], crier et braire,
On se mocque d'eulx par les rues.
Les demy pantouffles [4] becqües [5]
Rondes par devant comme un oeuf,
Se semblent racquettes cousues,
Pour frapper au loing ung esteuf [6].
Vela, gens de porc et de beuf
Font aujourd'huy plusieurs telz tours,
Mais, au fort [7] c'est ung estat neuf,
Il ne durera pas tousjours.
Et vous, championnes d'amour,
Mignonnes, qui si bien faignez [8]
Pour entretenir les plus gourds [9],

---

1. Sans doute faire les insolents, les matamores, chercheurs de querelles et légers de la main; peut-être aussi de battre les buissons, la campagne, en chassant.

2. D'imiter les nobles en chassant les grues au vol.

3. Gourmander.

4. Sorte de souliers dont Coquillart nous indique plus loin que les semelles étoient hautes, et dont Rabelais nous dit que les semelles étoient, conformément à l'étymologie grecque, faites en liége.

5. Ce mot signifie généralement pointu ou crochu; ici l'image est prise sans doute des becs de la forme des becs de canard, et le mot signifie évidemment large et arrondi.

6. Balle de jeu de paume.

7. Au pis, à mettre les choses au pis.

8. Inventez tant de coquetteries, d'hypocrisies adroites et recherchées.

9. Gourd, dans le sens figuré, signifie habituellement

Les plus frisques, les mieulx pignez,
On dit que plus vous ne daignez
Porter tissus, ne gris, ne vers [1],
Mais seulement vous vous saignez [2]
De bandiers [3] de velours couvers.
Bandiers [4] sont engins bien divers [5];
Ce sont instrumens fort soudains
Pour tendre crennequins à nerfz [6],

lourd, niais, hébété; il a évidemment ici la signification contraire et est probablement employé par Coquillart au lieu de *gorrier,* galant, homme à la mode, richement habillé.

1. Le *vair* et le *gris* sont deux fourrures célèbres dans les romans de chevalerie, où ils sont employés fréquemment à titre proverbial et pour indiquer toute noble récompense accordée par un chef de guerre à un illustre combattant. Je pense qu'ici *vers* et *gris* sont des adjectifs pris dans leur sens le plus habituel.

2. Ceignez.

3. On disoit parfois *bandière* pour bannière; mais je crois plutôt que Coquillart s'est ici abandonné à cette habileté, à cette licence, qui le distinguent dans l'invention des mots. Il aura créé le mot *bandier,* qui lui procuroit, nous allons le voir, l'occasion d'un joyeux calembour, et l'a pris dans le sens de ceinture, écharpe, petite bande d'étoffe.

4. Ici ce mot paroît signifier l'instrument avec lequel on bande l'arbalète.

5. Dangereux, délicats à manier.

6. *Crennequin* signifioit le pied de biche qui servoit à tendre l'arbalète; plus anciennement il signifioit une sorte d'arme de jet : il est apparent qu'il faut le prendre dans ce dernier sens.

Coup à coup pour bender aux reins [1] ;
Et pensez qu'il y en y a mains,
Par bien leurs crennequins lascher,
Qui ont maintes personnes attains
Bien au vif jusques à la chair.
Elles [2] se pevent enharnacher
De baudriers [3] qui ont beaux tricois [4] ;
Les autres [5] ne se font que fascher
Et n'entendent point bien les *droitz*.
Mignons en ont aucunesfois [6]
Et quant ilz sont pelez ou laiz,
Ilz en font faire des harnois
Et des resnes à leurs muletz.
Aucuns en brodent les colletz
De leurs pourpointz, et font ce bien [7]
Ou à eulx, ou à leurs varletz :
— Ung bon mesnager ne pert rien.

Je deisse [8] le *Droit ancien*

---

1. Pour bander l'arme tout d'un coup, en l'appuyant sur la hanche.
2. Les femmes, les mignonnes du *droit nouveau*.
3. Bande de cuir souvent coloriée et ornée que l'on portoit d'abord en ceinture, et plus tard suspendue, tombant de l'épaule droite au côté gauche.
4. Sans doute tricot.
5. Les femmes qui ne suivent pas ainsi les lois de la mode et de la coquetterie.
6. De tels baudriers.
7. Et ils font faire ces broderies, pour eux, ou, etc.
8. J'eusse dit.

Sur ces perruques boursoufflées [1],
Legières, qui par bon moyen
Deviennent grosses et enflées ;
Mais icy, les années passées,
Y vint ung docteur fort nouveau [2]
Qui a ces matines traictées [3] :
Pource je m'en passe tout beau [4].

1. Notre poète fait ici sans doute allusion à cette sorte de coiffure nommée à la *Passe-Fillon*. Marot en parle dans son dialogue des Deux Amoureux. Les femmes qui suivoient cette mode portoient les cheveux fort bouffants sur les oreilles, et Coquillart pouvoit, sans trop d'injustice, appeler une telle coiffure grosse, enflée, boursoufflée. On en attribue l'invention à la Passe-Fillon, femme d'un marchand de Lyon nommé Anthoine Bourcier, et à qui Louis XI, lors de son passage à Lyon, en 1476, fit de grands biens « pour son honnesteté ».

2. Coquillart semble vouloir ici parler de quelqu'un de ces prédicateurs populaires, si nombreux au XVe siècle, qui parcouroient la France en prêchant contre le luxe et le relâchement des mœurs. Il est possible qu'il ait tout particulièrement en vue le fameux cordelier Anthoine Fradin, qui vint en 1478 du Beaujolois à Paris, « qui prescha bien longuement, disant et publiant les vices dont les creatures estoient entachées », qui détacha tant de femmes de « leurs plaisances et voluptés », et qui fut enfin banni pour l'extrême hardiesse de son langage.

3. Galiot du Pré a corrigé ce mot par *matières* ; les premières éditions donnent *matines* et *matinées*. Le poète, ce semble, veut indiquer par jeu de mots, selon son usage, que les femmes ainsi coiffées paroissent porter des oreilles de chiennes, de *mastines*.

4. Je m'en tais complétement.

Tout n'en pend qu'à la queue d'ung veau [1],
C'est toute chose contrefaicte.
Quelque jour en lieu de poireau [2]
On portera une sonnette.
D'ung autre ton la besongne est nette [3],
Se quelque fringart s'en advise
Et qu'il le pesche [4] en sa cornette [5],
Nous en verrons courir la guise.

L'*habit* de couverte faintise [6],

1. Toutes ces perruques pendent, etc.
2. Touffe de cheveux.
3. Je ne sais pas s'il est permis d'attribuer déjà au mot *ton* le sens de *mode* qu'il a aujourd'hui; ce vers pourroit le prouver; on ne peut guère le comprendre qu'en l'expliquant ainsi : Faire venir une autre mode, ce n'est pas difficile; il suffit que, etc.
4. Nous disons encore : « Il a pêché cela sous son bonnet. » Galiot du Pré donne : *et qu'il la cache*, etc., qui nous paroît moins bon.
5. Cornette a souvent changé de signification. Au XVIe sièce il indique une sorte de chapeau destiné à garantir du soleil; au XVIIe une coiffure de nuit, en toile, qui venoit se nouer sur la gorge, avec l'intention peu formelle d'en cacher une partie. Dans le dialecte picard il a toujours signifié une coiffe d'étoffe quelconque, serrée sur le derrière de la tête, pour empêcher le bonnet de devenir gras. Coquillart paroît le prendre ici dans ce dernier sens. Il lui donnera plus tard les autres significations.
6. Nous avons déjà indiqué, particulièrement dans la préface, ce qui pouvoit avoir inspiré au poète bourgeois l'amour de ces ennuyeuses énumérations. Rappelons que, s'il faut y voir une certaine docilité pour la rhétorique à

La *robbe* de bien bas voller [1],
Le *pourpoint* de haulte entreprise,

la mode, il est sage aussi de songer à cette arrière-pensée de malicieuse caricature et de satire qui n'abandonne pas Coquillart. Tous ses contemporains étoient les esclaves de cette rhétorique allégorique : les Le Maire de Belges, les Crestin, les Molinet, les Meschinot, les Chastellain, les Blaise d'Auriol, les Octavien de Saint-Gelais, les André de la Vigne ; Jehan du Castel venoit (1467) de faire paroître dans cette donnée son Miroir des pécheurs, Pierre Michault (1466) son Doctrinal de Court ; toutes les pièces volantes sont composées avec ces formules ; Jehan Bouchet et Gringore vont leur donner un nouvel éclat. La jeunesse de notre poète avoit été bercée par les tirades d'Alain Chartier, de Christine de Pisan, de Jehan Le Fèvre (le Respit de la mort), de Guillaume de Guilleville (le Roman du pèlerin), de Jehan du Pain, du Bourbonnois (le Champ vertueux de bonne vie). J'ai déjà indiqué que c'est celui-ci, l'un des meilleurs du reste, qui a exercé le plus d'influence sur cette partie du talent de Coquillart ; il ne sera pas inutile de citer comme point de comparaison ces quelques vers qu'il met dans son *Champ vertueux* à la louange des clercs ès lois :

> Clercs ont la langue envenimée
> De faulce parolle fardée ;
> Avarice leur est adextre ;
> Robes ont d'envie herminées,
> Housses d'ypocrisie fourrées,
> Chappeau de paresse en la teste ;
> Leurs maisons sont d'yre parées,
> D'orgueil et de gueule fondées ;
> De luxure font leur digeste, etc.

[1]. Ramper. Rien ne prouve l'existence du mot *bavolet* au XVe siècle, quoiqu'il soit très ancien dans le dialecte picard.

Le *bonnet* de dissimuler,
Le *chappeau* d'aigrement parler,
Cornette de faulce bricolle [1],
On ne voit autres loups hurler
Ne semer autre parabolle.
Ne suivons plus d'Amour l'*escolle* [2],
On n'y *list* [3] que de tromperies :
La *science* est folle parolle ;
Les grans *juremens* [4], menteries ;
Les *statutz*, ce sont joncheries [5] ;
L'*Université*, c'est malheur ;
Les *bedeaux* [6], lardons, mocqueries ;

---

1. On appeloit *bricole*, au jeu de paume, tout coup mal lancé qui atteignoit la muraille, et comptoit pour les adversaires ; employé au figuré, comme il l'est ici, il signifioit un coup porté à faux, traîtreusement, un mensonge, tout ce qui sort de la voie droite et ordinaire.

2. Suit une énumération des divers actes, des diverses personnes qui ont rapport à la vie d'études d'un *escolier*, énumération symbolique dont le but est d'indiquer les misères et les passions inhérentes à la vie du mondain, du galant, de l'escolier d'amour.

3. *Lire*, dans le sens que conserve encore le mot anglois *lecture*, instruire, faire un cours, une *leçon*.

4. Serments prêtés pour pouvoir exercer les droits conférés par l'obtention du grade.

5. Sornettes, plaisanteries railleuses et menteuses.

6. Les bedeaux étoient des officiers de l'Université tenant une masse d'argent devant les hauts dignitaires dans les occasions solennelles, et le reste du temps portant leurs billets et faisant exécuter leurs ordres.

Faulte de sens, c'est le *recteur* [1] ;
Trahison, c'en est ung *docteur* [2] ;
Faulceté, ce en est le *notaire* [3] ;
Avarice, est *conservateur* [4] ;
Injure, elle lit l'*ordinaire* [5] ;
Detraction, c'est le *libraire* ;

[1]. Il est permis de voir là un souvenir de jeunesse, une plaisanterie usitée entre écoliers.

[2]. Nous sommes obligé de rappeler de temps en temps cette vivacité fine et ingénieuse de l'esprit de Coquillart, cette joyeuseté ou cette profondeur d'invention qui lui permet de cacher sous le sens clair et général de la phrase des allusions concises, bien rencontrées, malicieuses et hardies. Ainsi, il est bien vrai que *Trahison* fait passer le galant par les diverses épreuves d'Amours, et je veux bien en croire les poètes, qui assurent que c'est bien lui le maistre ès arts de la galanterie, le docteur ès bonnes fortunes ; mais il faut voir là aussi une allusion bien juste aux théories, à la conduite d'une grande partie de l'Université, lors du grand schisme et des guerres contre les Anglois.

[3]. Les notaires se divisoient en notaires royaux, notaires des seigneurs, notaires apostoliques. Celui dont il est ici parlé appartiendroit à la seconde catégorie : il s'agit du notaire nommé par l'Université, exerçant dans les limites et entre les personnes soumises à la juridiction seigneuriale de ladite Université.

[4]. Il y avoit deux sortes de conservateurs dans l'Université : le conservateur des priviléges spirituels, chargé de veiller à la pureté de la doctrine, ou conservateur apostolique ; les conservateurs royaux, chargés de défendre les priviléges temporels et de juger les causes civiles.

[5]. On appeloit ordinaires les *disputations* ou argumentations qui avoient lieu entre les écoliers avant les cours.

Suspection, c'est le *greffier*;
Dire tout, c'est le *secretaire*;
Rudesse, c'est ung *messaigier* ¹;
Desdaing, c'est ung premier *huyssier*
Qui garde les huys et fenestres;
Refus, est le grant *chancellier*,
C'est celuy qui passe les *maistres* ².

Voyez, à destres et à senestres,
En tous estatz qu'on peult choisir,
Entre les gens laiz ³, clercz et prestres
On ne voit que fraudes courir!
Chascun faict velours encherir,
Chascun veult prendre estatz nouveaulx :
J'ay veu qu'on ne souloit querir
Que robes à quinze tuyaux ⁴,

1. Messager de l'Université.
2. Le chancelier est la seconde personne d'une Université; il a pour devoir de faire respecter la discipline, de présider les examens, de donner le bonnet de docteur et de faire un panégyrique latin en accordant ce bonnet. L'Université de Paris avoit deux chanceliers, égaux en autorité, mais dont les attributions étoient distinctes. Le chancelier de Sainte-Geneviève, le plus ancien, n'avoit de relation qu'avec la Faculté des arts : c'est lui qui faisoit *passer* leurs examens aux maistres ès arts. Le chancelier de Nostre-Dame présidoit les trois autres Facultés; il étoit aussi chargé de faire punir les écoliers rebelles et débauchés.
3. Laïques.
4. Le mot *tuyau* semble ici devoir signifier pli, et Co-

Larges manches et haulx chappeaux,
Grans getz de honneste gravité ;
Mais ce n'est de noz fringuereaux
Que inconstance et mobilité ;
Pour l'*atour* de affabilité,
Le *colet* de doulx entretien,
On porte *corsetz* de fierté
Et *pièces* [1] de fascheux maintien.
Chaines d'or courront meshouen [2]
Pour feindre millours et grobis [3] ;

quillart, je crois, a voulu dire que les robes d'autrefois étoient tellement larges qu'elles tomboient en faisant quinze plis autour de la taille ou des jambes, ce qui devoit en effet donner aux hommes une démarche solennelle. Les larges manches, les hauts chapeaux, n'étoient point faits non plus pour rendre les gens lestes. Tout cela me fait croire que Coquillart entend par *grans getz* les larges et lourds rebords, replis ou bordures des manches ou des bas de robes, qui étoient absolument propres à donner à la démarche une honneste gravité. Nous aurions pu aussi mettre en italique les mots « à quinze tuyaux » et « honneste gravité », et voir là une continuation de ces énumérations symboliques, qui reprennent d'ailleurs quelques vers plus loin. Le sens, en tout cas, est le même.

1. On appeloit pièces les diverses parties de l'armure.
2. Dorénavant.
3. Important, présomptueux, qui s'en fait accroire. Nous nous gardons habituellement de toucher aux questions d'étymologie, questions dangereuses et fort souvent d'une obscurité impénétrable. Nous ne voulons donc point exposer les diverses origines qu'on a données au mot *grobis*, et nous ne nous laisserons pas aller à la tentation d'aug-

Et qui n'aura argent ne rien,
Se saindra d'une chaine à puys.
A cela sommes nous tous duys [1],
Et qui n'a que dix frans vaillant,
On employra [2] à fringans habitz :
Ainsi le *Droit nouveau* l'entend.
Notez, et vous tenez à tant [3],
Que tel a robbe de migraine [4]

menter le nombre de ces origines. Nous désirons seulement faire remarquer cette singulière tendance qu'avoit le XVe siècle à respecter, à admirer tout ce qui étoit gros, grave, lourd, pesant d'apparence. Bien des mots, bien des pensées, bien des cotés littéraires de ce temps, prouvent cet instinct. D'où venoit-il ? Des misères du temps, qui avoient rendu la santé une chose si rare, le calme et la gravité une si admirable singularité ? De l'influence Bourguignonne et Flamande ? De tout cela sans doute, mais principalement de la domination des Anglois. L'instinct des vaincus respectoit ces pesants et arrogants personnages, ces carrures, cette graisse victorieuse, si je puis dire. Les *milours*, les *goddons*, reviennent souvent sur les lèvres des poètes et des chroniqueurs. Ces observations nous aideront à comprendre ce qui a été médiocrement expliqué jusqu'ici, ce triple sens de bien des mots du XVe siècle, qui, comme *gourt* et *grobis*, partent de la signification de *lourd*, passent par celle de *présomptueux*, et arrivent à celle de *homme à la mode*.

1. Accoutumés, façonnés, entraînés.
2. *Et on*, et tel qui n'a que, etc.
3. Là dessus, ainsi.
4. Etoffe de couleur rouge. Nos prédécesseurs en érudition sont parvenus, après de longs débats, à jeter la plus complète obscurité sur l'origine de l'expression *tein-*

Qui ne sçauroit finer contant [1]
Six blans [2] au bout de la sepmaine,
Combien que plaisance les maine.
Si lit on en mainte saison
Que de mouton à courte laine
On n'aura jà [3] bonne toison.
Je me fonde trop à raison [4].
Puis qu'avez ouy ce notable [5],
Je mettray une question
Et ung cas qui est proffitable.

   Ung homme povre et miserable,
Qui a belle femme et entière,
N'a vaillant que ung lict, que une table,
Ung banc, ung pot, une sallière,
Cinq ou six voirres de feuchière [6],

dre en graine. On appeloit *cherme*, arbre ou herbe d'écarlate, l'arbre que nous nommons aujourd'hui yeuse; on appeloit graine d'escarlate la baie de cet arbre, qu'on faisoit infuser pour en tirer, sous le nom de *alchermes* ou *alquermes*, une décoction servant à teindre le velours ou la soie en rouge. Nous avons ainsi d'abord teindre *en graine d'escarlate*, puis teindre *en graine*, par abréviation; puis teindre *en migraine*, dans une infusion moins forte que celle qui servoit à teindre *en graine*.

1. Trouver comptant.
2. *Blanc*, moitié du sol.
3. Jamais.
4. Je deviens trop grave.
5. Proverbe, maxime, axiome.
6. Fougère; verre de fougère, expression usitée encore au XVIIe siècle. Voy. le Dict. de l'Académie.

Une marmite à cuire pois,
Il s'en va dehors, bien arrière,
Et demeure sept ou huit moys.
Il retourne après toutesfois,
Et treuve l'hostel grandement
Fourny de vins, de bledz, de bois,
De belle vaisselle d'argent.
Assavoir mon aucunement
Se le mary doit enquerir
A la femme dont cela vient,
Ne qui la peult si bien fournir?
Semble que non, car j'oy tenir
Aux saiges [1] qu'à cheval donné
On ne doit point la gueulle ouvrir
Pour regarder s'il est aagé.
Item [2] il en a bon marché :
Ce sont *conquestz* [3]; après sa mort [4],
Le mary en a la moytié;
Ainsi on ne luy faict nul tort.
D'aultre part, voicy le plus fort,
Semble qu'il y ait conjecture
Que la femme ait esté d'acord

1. J'entends dire aux sages.
2. Terme de pratique destiné à indiquer un nouvel article dans un acte, *et aussi*.
3. On appelle conquêts les biens acquis par les conjoints pendant le mariage. Ces biens tombent dans la communauté; le survivant des conjoints en a de plein droit la moitié en toute-propriété.
4. La mort de la femme.

D'entretenir la creature,
Prester mosle ¹ à la pasture,
Pour avoir cela ² et soy taire.
S'il se prouvoit ³, tort ou droicture,
Elle perdroit tout son douaire ⁴.
Quoy qu'on saiche crier ne braire,
Les *droitz nouveaulx* disent ainsi :
Que la jeune femme doit faire
Ung chef d'euvre sur ce cas cy,
Et dire franc à son mary
Que maistre Enguerrant Hurtebise ⁵,
Son ayeul, a mourust transi
L'autre jour, au pays de Frise,
Et luy laissa, par bonne guise,
Tous ses biens à son testament.
Ainsi ung vent de la chemise ⁶
Fera tout cest appoinctement ;
Le mary se tiendra content,

1. Moule ; *pasture*, pâte.
2. Tout ce mobilier dont la maison est fournie.
3. Si cela se prouvoit, à tort ou à raison elle perdroit, etc.
4. Le douaire, ou donation faite par le mari à la femme, pour en jouir après la mort dudit mari. Le douaire étoit perdu pour cause d'indignité. Il y avoit cinq cas d'indignité. Coquillart fait allusion à l'un d'eux, l'adultère, prouvé du vivant ou du moins sur la plainte du mari.
5. Hurtebise, qui lutte contre le vent du nord.
6. Ruses, mensonges, caprices, coquetteries, câlineries de la femme.

Cuidant que ce luy soit escheu [1];
Et pensez que pas il n'entend
La reigle des *droitz* que j'ay leu [2].

Tel cuide avoir à bon compte eu
La marchandise qu'il a pris,
Qui le plus souvent est deceu
D'oultre moytié de juste pris [3].
Ung semblable mot cy est mis,
Escript et noté par exprès,
Juxta de regulis juris,
Comme il apperra cy après.

Une autre question je més :
Homme et femme tiennent mesnaige,
Riches assez, et pour tous més [4],
Ilz veullent faire ung mariage
De leur fille. Le père est saige
Qui dit qu'elle sembleroit belle
Bourgoise [5]; la mère en enraige
Qui veult qu'elle soit damoiselle [6].

1. Echu à sa femme par voie honnête et légitime, par testament. — 2. Des Droits nouveaux.

3. C'est la conclusion en proverbe du cas ou de la question qui précède.

4. Pour toute préoccupation, pour tout désir. On dit encore, dans un sens analogue, pour tout potage.

5. Que cela lui iroit bien, lui conviendroit d'être bourgeoise, de s'habiller en bourgeoise, avec le drap, la toile et le putois.

6. Jeune fille noble. Ici la mère veut que son enfant

Le père, par bonne cautelle,
Dit et respond qu'il ne loit pas [1]
Et qu'il n'appartient point à elle
De porter si tresgrans estatz ;
La mère en fait tousjours pourchas [2]
Et jure qu'elle le sera [3].
Je vous demande sur ce pas
Auquel la fille obeyra,
Ou se du tout elle fera
Comme son père luy disoit,
Ou se on la damoisellera,
Comme sa mère le vouloit?
Bref, mon oppinion seroit
Que, pour terminer la querelle,
Ceste fille cy deveroit
S'abiller à mode nouvelle,
Porter moytié drap, moytié toille,
Moytié escarlate et velours,
Moytié bourgoise [4] et damoyselle [5],

s'habille à la façon des filles nobles, avec le velours, le gris et l'hermine.

1. Que cela n'est pas loisible, permis, convenable.
2. Poursuite, quête, sollicitation ardente.
3. Habillée en damoiselle.
4. On écrivoit indifféremment *bourgois*, *bourgeois*, *bourjois* ; la prononciation restoit la même. Palsgrave paroît préférer la première forme et trouve illogique l'adjonction de l'*e* après le *g*, surtout dans les temps des verbes en *ger*, qui finissent par *oy* ou *ay* ; il veut qu'on écrive *corrigay*, *songoye*, etc. — 5. Etant ainsi moitié bourgeoise, etc.

Moytié chapperons et atours [1].
Mais quoy, l'habit n'est pas en cours,
On n'en voit guères de semblable!
Et pour ce fault avoir recours
Au *droit nouveau* qui est vallable,
Qui dit qu'en chose favorable [2]
Comme amours, on doit obeyr
Aux mères. Prenez ce notable,
Car ainsi l'ay je veu tenir.

A ung autre point fault venir :
Bourgoise de basse lignie,
De bas lieu, veult entretenir
Ung train de grande seigneurie ;
Car avec ce qu'elle est jollye,
Qu'elle a beaulx habitz et fringans,
Sa maison est par trop fournie
De servantes et de servans.
Sa fille de chambre est leans
Qui la sert de menues suffrages [3],
Elle a sa vieille aux yeulx rians
Qui ne la sert que de courtages ;
Après surviennent davantaiges
Tousjours ou cousins, ou nepveux.
Item, pour faire ses messaiges,

---

1. L'*atour* étoit une sorte de riche chaperon, dont je n'ai pu retrouver la forme propre.
2. En matières qui ne sont pas de droit strict.
3. Menus services.

Elle a le page aux blondz cheveulx.
Elle a son tabourin joyeulx
Sonnant en chambres et en sales,
Qui emporte ung escu ou deux
Aucunesfois par intervalles.
Puis quant la bourgoise est en galles [1],
Une caterve [2], une brigade
Vient jouer, aux sons des cimbales,
Au glic [3] ou à la condamnade [4].
Item, pour faire les virades [5],
Pour se monstrer sur les carreaux [6],
Pour faire en amour ses passades [7],

1. Fêtes, ébats, jeux, réjouissances.
2. Troupe, foule.
3. Voici ce que nous disions de ce jeu dans une note de l'édition de Roger de Collerye : « Jeu très usité au XVe siècle. Villon, Eloi Damerval, Olivier Maillard, Coquillart, Rabelais, en parlent. Nous supposons que ce jeu ressembloit fort à la bouillote. » Il consistoit en effet, comme la bouillote, à tenir ou à passer, suivant son jeu et celui qu'on suppose aux adversaires.
4. Jeu de cartes qui ressembloit à notre lansquenet.
5. Virades paroît signifier ici pirouettes, courbettes, changement de pied, tout exercice de manége.
6. Carreau signifioit une place nivelée, entourée d'allées, et destinée au jeu de boule. On le prend encore, en Normandie, pour indiquer la place principale d'un bourg ou d'un village. C'est, en tout cas, un lieu fort fréquenté, une promenade à la mode.
7. Course sans but, capricieuse allée et venue. *En*

Elle a sa couple de chevaulx.
Après surviennent fringuereaulx
Dancer, joncher, patheliner [1],
Lesquelz on fournit de morceaulx,
Et de dragées après disner.
Or fault il sur ce cas noter,
Que la bourgoyse et son mary
N'ont marchandise ne mestier
Pour entretenir ce train cy,
Rente, ne revenue aussi.
Je demande quel conjecture
Doit on avoir touchant cecy;
Argent leur vient il d'aventure?
Le *droit* dit que dame Nature,
Au moyen de l'engin [2] qu'on porte,
Fournit d'argent et de pasture
Et de robbe de mainte sorte.
Telle monnoye [3] deust [4] estre forte
Et durer beaucoup au besoing;

amours ses passades, les promenades utiles à la coquetterie, à la galanterie.

1. Nous avons déjà vu *joncherie*; on devine facilement que par *patheliner* le poète entend indiquer les flatteries trompeuses, les protestations rusées, tout le caquetage coquet, vide, plat et menteur, des favoris de la lorette du XVe siècle.

2. L'esprit, l'intelligence, l'adresse.

3. Cet engin.

4. Devroit, devra.

Car, ainsi qu'elle se comporte [1],
Elle est forgée à double coing [2].
Il ne fault point avoir de soing
Dont [3] leur peult cest argent venir ;
Puis, qu'il vient [4] de près ou de loing,
C'est le plus fort que d'y fournir [5].

Je vois [6] ung autre cas bastir,
Dequoy la question est telle :
Ung prelat veult entretenir
Quelque grant dame ou damoyselle,
Et va deviser avec elle ;
Ung monsieur d'ung prunier fleury [7],
Ung simple escuyer [8] sans sequelle [9],

1. A la manière dont on l'emploie.
2. Benvenuto Cellini nous indique en effet, dans son Traité de l'orfévrerie, qu'on employoit deux coins différents, qu'il nomme la pile et le trousseau, pour frapper les monnoies.
3. D'où.
4. Sans doute, qu'il vienne.
5. Je crois qu'il faut comprendre *d'en fournir*. On peut aussi expliquer la phrase de cette façon : puisqu'il vient, le plus important est de suffire à l'acquéreur. Nous disons encore : je ne saurois *fournir* à tout.
6. Je vais.
7. Qui a un arbre pour toute seigneurie.
8. On sait que le titre d'escuyer étoit le premier, le moins élevé des titres nobiliaires.
9. Suite, train. Il étoit alors employé dans le sens sérieux ; on s'en sert encore aujourd'hui, mais ironiquement.

Survient leans à l'estourdy ;
Assavoir mon, s'on doit celuy
Qui est evesque ou grant seigneur [1]
Laisser seul, pour aller ainsy
Entretenir ce gaudisseur [2] ?
    Maint grant et notable docteur
A formée ceste question ;
Mais les *droitz nouveaulx*, pour tout seur [3]
Y mettent la decision,
Et disent qu'el ne doit point, non,
Laisser ung grant pour ung petit,
Fors qu'en deux cas, qu'en ce mignon
Elle ait ou plaisance ou prouffit [4] :
S'il plaist, s'il est beau, il souffit ;
S'il est prodigue de ses biens,
Que pour le plaisir et deduit [5]
Il fonce [6], et qu'il n'espargne riens,
On doit laisser, par ces moyens,

---

1. Grand seigneur ecclésiastique, abbé, riche bénéficier.
2. *Gaudisseur*, dans un sens général, veut dire plaisant, railleur, joyeux compagnon, libertin sans souci ; de là, comme ici, un galant de peu d'importance, un homme qu'on peut traiter lestement, sans grande cérémonie.
3. Avec certitude, nettement, clairement.
4. Dans le cas où la dame tirera de ce gaudisseur plaisir ou profit, c'est-à-dire s'il est beau ou généreux.
5. Nous avons déjà indiqué que ce mot désigne tout ce qui est fête, passe-temps, plaisir. Son sens précis est distraction.
6. Il finance, il fournit de l'argent.

Ung plus grant homme la moitié [1] ;
Et le plus petit en tout sens
Doit estre humainement traictié.
Ainsi l'a le *droit* appointié.

1. Un homme de moitié plus élevé en dignité.

DE PRESUMPTIONIBUS.

Je vous tiens trop sur ces argus [1],
Et fault que par nous soit traictié
Aultre *rubriche* qui vault plus,
C'est *De Presumptionibus* [2],
Des *presumptions*, des façons
De presumer. Donc sans abus
Metz [3] les continuations
Par estatz : par ostentions [4]

1. Minuties subtiles, captieuses et agaçantes.
2. *De Probationibus et Præsumptionibus*, Digest., lib. XXII, tit. III. La présomption, en droit, est une induction tirée par le législateur, et de laquelle il conclut l'existence d'un fait, soit absolument, soit en permettant la preuve contraire. On comprend que Coquillart va jouer sur le mot et le prendre tantôt dans son sens juridique, tantôt dans son sens vulgaire.
3. Je puis sans arbitraire mettre.
4. Nous disons encore faire ou continuer une chose par lettre alphabétique, par exemple. Coquillart annonce que c'est l'idée des états, des métiers, de la position sociale, qui lui sert de fil conducteur dans la disposition de ses *rubriches*; or, comme la vue de l'ambition, c'est-à-dire du désir de sortir de son *état*, peut donner des pré-

D'ambition presume [1] maintz cas,
Pource ay mis *Des Presumptions*
Après le tiltre des *Estats*.
Or notez, enfans, sur ce pas,
Une chose tressingulière :
Au dit des saiges advocatz
On presume en double manière ;
Aucune [2] est presumption fière
Que gens ont d'eulx mesmes en sommes,
Et l'autre est presumption clère
Qu'on a d'autruy. Puis qu'icy sommes,
Parlons ung peu de ces grans hommes

somptions au poète ou indiquer la présomption des individus, c'est pour cela que, continuant son œuvre en pensant aux diverses positions sociales, il a mis après le titre des *Estats*, la rubrique des *Presomptions*, c'est-à-dire des considérations sur ceux qui par ambition veulent paroître au dessus de leur rang. Nous croyons qu'il n'y a pas d'autre sens possible. Galiot du Pré, les éditeurs lyonnois et parisiens, qui l'ont suivi, et le savant de l'imprimeur Coustelier, ont évidemment cherché à comprendre cette phrase ; ils ont, pour cela, altéré le texte primitif. Leur ponctuation prouve qu'ils n'ont pas trouvé de sens acceptable. L'éditeur de Reims a suivi cette ponctuation. Je suppose néanmoins que c'est une faute d'impression qui lui a fait mettre *ostentations* pour *ostentions*, qui signifie ce qui montre, ce qui fait paroître.

1. Sous-entendu *je*, comme plus haut devant *metz*. On peut encore sans changer le sens prendre *présume* pour *se présume, est présumé* ; la construction de la phrase est cependant moins régulière de cette dernière façon.

2. L'une.

Qui d'eulx mesmes presument trop,
Et si n'ont pas d'argent grans sommes
Mais sont aussi povres que Job.
En Paris en y a beaucop
Qui n'ont n'argent, vergier, ne terre,
Que vous jugeriez chascun cop [1]
Alliez ou [2] grans chiefz de guerre,
Il [3] se dit yssus d'Angleterre [4]
D'ung costé d'ung baron d'Anjou [5],
Parent aux seneschaulx d'Auxerre [6],
Ou aux chastellains de Poitou [7],

1. A tout coup, en toute circonstance.
2. Aux.
3. L'un de ces Parisiens présomptueux.
4. Sans doute parceque ses prétentions, le rattachant à une noblesse étrangère, étoient moins faciles à contrôler et à détruire.
5. Par le moyen, par la famille d'un baron d'Anjou. L'Anjou avoit été long-temps sous la domination angloise, ce qui avoit permis à bien des familles d'Angleterre de s'y établir.
6. Le sénéchal étoit un officier de robe courte, occupant dans la hiérarchie judiciaire une place assez élevée. Ses attributions avoient varié suivant les époques. Au temps de Coquillart il étoit le représentant de la justice royale, le chef du tribunal d'appel placé entre les justices seigneuriales et le Parlement; il étoit aussi chargé de commander le ban et l'arrière-ban. Il est possible que notre poète parle ici ironiquement, car, si nous en croyons Jehan Regnier, Auxerre avoit des baillis, et non des seneschaux.
7. Les châtelains se trouvoient dans un degré de no-

Combien qu'il soit sailly d'ung trou,
De la cliquette ¹ d'ung musnier,
Voire, ou de la ligne ² d'ung chou,
Enfant à quelque jardinier.
Ainsi haulcer sans s'espargner ³,
Cuider ⁴ sans avoir ne saigesse,
J'appelle cela presumer.

   Selon ceste première espece,
Une simple huissière ou clergesse ⁵

blesse intermédiaire entre les écuyers et les barons ; on nommoit ainsi ceux qui avoient droit de posséder maison forte ou château et Haute justice. Le titre de châtelain étoit fort répandu dans les quatre provinces d'Auvergne, de Dauphiné, de Forez, de Poitou, comme celui d'écuyer en Beauce et de baron en Anjou. La position et les honneurs des châtelains ainsi que des sénéchaux avoient été en croissant ; leur office s'étoit trouvé, dans le principe, complétement dépendant ; ils possédoient, si l'on peut dire, des titres *parvenus*, et l'on comprend qu'ils cherchassent à faire oublier cela à force de cette morgue, de cette fierté, auxquelles Coquillart semble faire allusion.

  1. Pièce bruyante du moulin, qui sert à faire tomber le blé de la trémie sur les meules.

  2. De la lignée, de la famille, peut-être d'un trou où l'on plante les choux.

  3. Malgré tout et sans cesse, peut-être sans travail ni économie.

  4. Penser, affirmer, prétendre, se faire valoir, faire l'important.

  5. Femme de quelque clerc dans le sens moderne, c'est-à-dire d'un employé dans quelque office, chez un procureur, etc.

Aujourd'huy se presumera
Autant ou plus q'une duchesse;
Heureux est qui en finera ¹.
Une simple bourgoyse aura
Rubis, dyamans et joyaulx,
Et Dieu scet s'elle parlera
Gravement en termes nouveaulx,
Affin d'estonner ² povres veaulx ³.
Elles ne couchent d'aultre dez ⁴
Que d'evesques ou de cardinaulx,
Archediacres ⁵ ou abbez.
Semble ⁶, à ouyr langages telz,
Qu'elles ayent, festes et dimenches,
Tousjours ung evesque aux costez,

---

1. Qui viendra à bout de vaincre ses dédains.
2. Veuve Trepperel donne *estourner*, mot de la vieille langue du Moyen Age qui signifie *se cacher, se sauver*; rien ne nous permet de trouver un sens analogue dans les intentions de la bourgeoise à l'égard des *povres veaulx*, au contraire. Nous avons supposé une faute d'impression.
3. Pauvres niais.
4. Elles ne s'entretiennent d'autre chose, elles ne jettent d'autre dé sur la table ; nous disons encore mettre sur le tapis.
5. L'archidiacre tient le premier rang dans un diocèse, après l'évêque. Ses fonctions sont diverses; la plus importante consiste dans la surveillance qu'il doit exercer sur le clergé.
6. Nous rencontrerons fréquemment *semble* pour *il semble*.

Ou ung archediacre en leurs manches.
S'elle se vante que aucun tranche [1]
Pour l'amour d'elle le bocquet [2],
Qui n'est pas pour tel arbre branche [3]
Jamais n'atouchera le rocquet [4].
Au fort, c'est ung plaisant cacquet ;
C'est trop hault planté sa banière [5] :
Au beau bailleur [6] ferme nacquet [7]
Qui sache rachasser [8] derrière.

[1]. Le sens de ce vers et des trois suivants est un peu obscur. Je suppose qu'il est tel : si elle croit que quelqu'un de ces grands seigneurs se prépare à lui faire une déclaration d'amour, tout autre qui ne seroit pas d'une condition analogue n'arriveroit pas à lui toucher le bord de la robe.

[2]. Trancher le bouquet pour le lui offrir en signe de galanterie, ou le bosquet, pour lui préparer un May, arbre qu'on plantoit devant la porte de celle qu'on aimoit.

[3]. Celui qui ne seroit pas une branche du même arbre.

[4]. *Rocquet*, vêtement de dessus. On l'employoit aussi et plus fréquemment pour désigner le bouton en fer placé au bout de la lance morne, dans les joûtes courtoises.

[5]. C'est, pour une telle femme, porter trop haut ses désirs, car il faut au beau bailleur, etc.

[6]. Celui qui livre ou lance la balle, au jeu de paume.

[7]. Valet du jeu de paume chargé de relancer la balle au bailleur, quand le coup a été mal livré.

[8]. Relancer la balle au livreur ; encore usité parmi les joueurs de paume, et fréquemment employé dans le patois picard.

Veu que c'est *justice foncière*,
Où le cas deust estre advancé,
C'est trop enchery la bassière
Du tonneau qui est deffoncé [1].

Il fault ung petit soit pensé [2]
Sur la presumption seconde.
D'ung homme mince et bas percé,
Que l'en presume [3], chose ronde ?

1. La justice foncière, ou juridiction seigneuriale, exercée au nom du propriétaire du fief, avoit au XVe siècle trois caractères auxquels Coquillart fait ici allusion : elle étoit un des bas degrés de juridiction ; elle avoit pour action principale de faire respecter les droits ou prétentions du propriétaire ; et, comme ces prétentions étoient parfois exagérées, comme une telle justice étoit basée surtout sur le droit féodal, les coutumes, où l'influence communale se faisoit plus sentir, et les juristes comme Coquillart étoient souvent les ennemis de cette justice foncière. Notre poète veut donc dire que les prétentions, les galanteries, d'une aussi misérable femme, ne peuvent ressortir que de la plus basse, la plus misérable juridiction, ce qui nous amène à une comparaison tirée des débats qui ont lieu fréquemment devant la justice foncière. Les propriétaires de fiefs avoient souvent, en effet, pour le plus productif de leurs redevances, le droit frappé sur l'entrée et le débit des boissons. (Bassière, lie.)

2. Il faut s'occuper seulement un instant.

3. Qu'en présume-t-on, en peu de mots ? *Chose ronde*, expression fréquemment employée par Roger de Collerye, en un mot, pour en finir, tout bien considéré, tout compte fait. Nous nous servons encore du mot *rond* dans un sens analogue, compte rond, somme ronde.

On le presume mort au monde,
On le tient pour desnaturé [1].
En celle là chascun se fonde :
Elle est *jure et de jure* [2].

Ung visaige frès, figuré [3],
Riant, plain de gayeté de cueur,
Ung cul qui n'est point empiré,
Ung tetin de bonne rondeur,
Ung corps d'assez bonne grandeur,
Ung pas de gracieuse aleure,
Ung sain d'assez bonne haulteur,
Ung oeil de fière regardure,
Ung sourcilz de vive painture [4],

---

1. Hors de la nature humaine, exclu du genre humaine.

2. Je pense qu'il doit y avoir *juris et de jure*. Nous avons dit qu'il y avoit deux sortes de *présomptions*. Celle que la loi établissoit absolument et sans permettre de l'attaquer par les faits particuliers de la cause, celle-là — et c'est bien à elle que Coquillart fait énergiquement allusion — les commentateurs la nommoient *præsumptio juris et de jure*.

3. Régulier, bien dessiné, convenablement coloré.

4. Je ne sais s'il faut entendre ici bien dessinés, ou peints, ou d'une couleur qui tranche sur la peau. La grammaire du XVe siècle demandoit *ungz sourcilz*, et non *ung sourcilz*. Les substantifs qui indiquent une paire, comme soufflets, ciseaux, sourcils, se mettoient au pluriel avec l'article *ung* aussi au pluriel : *ungz ciselez*, une paire de ciseaux, des ciseaux.

Une gorge blanche et frazée [1],
Ung ris getté à l'adventure,
Ung maintien de femme rusée,
Ung collet de femme evasée [2],
Unes joues rondes et vermeilles,
Ung gorgias [3] à pointe usée
Pour faire tetins à oreilles,
Une langue à dire merveilles,
Une source comble à desirs [4],
Ung reliquaire à haultes veilles [5],

1. Qui a la forme, la couleur, l'apparence d'une fraise ; rond, frais, brillant, rouge, rose. Quelques uns de mes amis pensent qu'il faut tenir pour réelle la légèreté de la gaze, c'est-à-dire de la partie du *gorgias* qui couvre la gorge des femmes, dans les miniatures des manuscrits du XVe siècle. Ce n'est pas mon avis. Mais il faut reconnoître que ce voile, dans les miniatures, ne cache que fort mal le sein, et, si le *gorgias* étoit dans la réalité ce qu'il est dans la peinture, on comprend facilement la partie que Coquillart voudroit désigner par *gorge frazée*.

2. Il faut comprendre, je pense, une femme à collet évasé.

3. Une gorgerette, mouchoir destiné à cacher la gorge, dont la pointe semble usée, c'est-à-dire ne descend pas assez bas, de sorte qu'une légère portion du sein se montre, paroît dresser l'oreille.

4. La veuve Trepperel donne *une sourt, une comble à desirs*, vers qui s'explique aussi, mais moins clairement que celui que nous donnons d'après tous les autres éditeurs.

5. Un reliquaire qui reste exposé pendant toute la veille du jour qui précéde les grandes fêtes ; par cette compa-

Ung mirouer à mondains plaisirs [1],
Ung fournissement à souspirs,
Ung prothocolle à bons copistes [2],
Ung commun theume à tous prescheurs [3],
Ung registre à evangelistes [4],
De femmes qui sont ainsi nices [5]
Et plaines de devocion [6],
Messeigneurs les *nouveaux legistes*,
Dictes moy la presumption ?
Je dis, moy, soubz correction,
Qu'on doit presumer et sçavoir,

raison, naïve au Moyen Age, aujourd'hui révoltante, Coquillart veut indiquer une femme coquette à qui l'on fait longuement la cour.

1. Qui est la représentation et comme le symbole du plaisir mondain.

2. Femme facile, comme est pour un copiste expert un protocole, une formule, un préambule.

3. Femme vicieuse, qui pratique les vices attaqués dans tous les sermons.

4. On appeloit évangélistes les deux conseillers qui assistoient le rapporteur d'un procès : le rapporteur résumoit les faits et moyens du procès ; l'un des évangélistes lisoit les clauses des pièces produites, l'autre, les inductions tirées desdites pièces. On appeloit encore évangéliste le maître des comptes, qui vérifioit les acquits du comptable. La femme dont parle Coquillart est donc abandonnée à tous, et pour les mêmes raisons de finance que le registre du comptable.

5. Oisives, ou simples, naïves, innocentes.

6. Allusion, par jeu d'esprit, aux comparaisons précédentes, *reliquaire*, thème à prédicateurs, etc.

Pour entrer en *religion*,
Qu'elles font bien à recevoir [1],
Mais que [2] le *cloistre* et *refectoir*
Fussent de [3] salles tapissées ;
Que le *chapitre* [4] et le *dortoir*
Fussent belles chambres natées ;
Leurs *librairies* [5], chansons notées ;
Leurs *cloches*, bedons [6], menestriers ;
Leurs *frocz*, robes bien parées ;
Leurs *haires*, chaines et colliers ;
Leurs *cerimonies*, de baisiers ;
Leurs *beaux pères* [7], jeunes enfans,
Leurs *confesseurs*, beaux escuyers,
Trestous [8] en l'aage de vingt ans.
  Telles femmes, comme j'entens,
Doibvent, par presumption clère,
User leur jeunesse et leur temps

1. Qu'elles se présentent bien pour être reçues en un monastère.
2. Pourvu que.
3. Consistassent en.
4. Salle où les religieux s'assemblent pour traiter des affaires spirituelles ou temporelles de la maison.
5. Bibliothèque, lieux ou livres d'étude.
6. Petit tabourin.
7. Directeurs de conscience, confesseurs ; le mot *beau* étoit souvent employé, au Moyen Age, comme adjectif appellatif et pour indiquer la tendresse, le respect : *beau sire, beau fils, beau père*, étoient les expressions des pères parlant à leurs enfants, des fils parlant à leur père.
8. Tous.

En ung tel cloistre et monastère,
Et mener une vie austère [1],
Tenir la reigle que on leur list [2],
Et avoir tousjours leur beau père
Près d'elles, tous deux en ung lit.

Par commun proverbe on dit
Qu'on congnoist femme à sa cornette.
S'elle ayme d'amour le deduit,
Tant ait la conscience nette [3],
Ou [4] ris, au train, à la sornette [5],
On juge par presumptions.
Pource, ceste raison je mette
Exemple en plusieurs façons [6].

Que diriez vous de noz mignons
Qui ont une perrucque [7] brune,
Et broyent pellures d'ongnons,
Et font une saulce commune
Pour la jaunir? C'est grand fortune
Qu'on ne presume d'eulx en farsant [8].

1. Conformément à la discipline, à la règle d'un tel cloître.
2. Dans les *librairies* dessus dites.
3. Quelque innocente qu'elle puisse être.
4. Au.
5. D'après sa conduite, ses paroles.
6. Pour cela, je vais mettre ce proverbe en exemple de diverses manières.
7. Ici, cheveux longs, non empruntés.
8. En les accablant de brocards, en ne les prenant pas

Et qui tiennent tant de la lune [1] ?
Qu'ilz vallent ung demy croissant [2].

De ceulx qui songent les merveilles,
Que on appelle les maistres Jehans [3] ?
Mais qu'ils ayent bonnes oreilles [4],
On les presume habilles gens.

De ceulx qui vivent de la menne
Du ciel, qui mordent en la grappe [5]?

au sérieux, peut-être en les représentant, en les raillant dans les Farces.

1. *Et de ceux qui tiennent tant de la lune ?* Sous-entendu : qu'en direz-vous ? Tenir de la lune, expression fort usitée dans le sens de : être inconstant, léger, écervelé.

2. Peut-être est-il fait allusion ici à l'ordre du Croissant, ordre assez ridicule que René d'Anjou venoit d'instituer, en 1664, à Angers. Peut-être Coquillart songe-t-il à une nouvelle monnoie établie en 1475. « Le samedy vingt troisiesme jour dudit mois de decembre, dit Jean de Troyes, fut ordonné que on feroit des autres escus-d'or qui auroient un croissant au lieu de la couronne qui estoit ès autres escus. »

3. *Estre maistre Jehan en quelque chose*, être expert, passé maître en cette chose, expression proverbiale : nous l'avons déjà rencontrée. Notre poète n'est pas homme à négliger le jeu de mot *maîtres gens*.

4. Pourvu que leurs grandes entreprises ne les aient pas menés à laisser leurs oreilles entre les mains des bourreaux. Un grand nombre de délits étoient punis de la perte des oreilles.

5. *Mordre à la grappe*, expression proverbiale qui signifioit paroître toujours prêt à agir. Il faut entendre ici sans doute des paresseux, gens de loisirs, vagabonds,

Ce sont bons furons [1] en garenne,
Il n'y a riens qui leur eschappe.

De noz gentilz hommes d'honneur [2]
Qui n'ont en tous temps q'une robe ?
Ilz en ayment fort la couleur,
Et ont peur qu'on ne leur desrobe [3].

D'homme d'armes qui par vaillance
Tient en son hostel garnison ?
Je le tien une doulce lance
Pour prendre d'assault sa maison.

D'ung qui, de peur d'estre lavé,
Se tient à part sur les rencz [4] ?

oisifs, faisant beaucoup de besogne en parole. M. Tarbé pense que *la manne* signifie les bénéfices ; cela est possible, et, en tout cas, ingénieux. Il n'explique pas l'expression *mordre à la grappe*, qui alors auroit, mais contrairement au sens reçu, la même signification que notre locution : prendre part au gâteau.

1. Furets. — 2. Coquillart appelle avec ironie ces pauvres sires prétentieux des gentilshommes honoraires.

3. C'est pour cela qu'ils la portent toujours.

4. D'un homme d'armes qui, de peur d'être exterminé, se tient loin de la bataille, ou, de peur d'être mouillé, rase prudemment les maisons, ou, ce qui me paroît le meilleur sens, de peur d'être levé pour l'arrière-ban, se cache. Il est probable qu'il y eut un peu de tout cela à l'état d'embryon de calembour dans l'esprit de Coquillart ; il faut ajouter encore que *se tenir sur les rangs* étoit une expression proverbiale signifiant s'exposer à la raillerie.

On presume que le pavé
Luy semble plus doulx que les champs [1].

De femmes qui monstrent leurs sains,
Leurs tetins, leurs poictrines froides [2] ?
On doit presumer que telz sainctz
Ne demandent que chandelles roides.

D'une qui se fourre en ces trous [3]
Sur le soir, quand la Lune luyt ?
Elle chasse les loups garous [4]
Et les chassemarées [5] de nuyt.

Femme qui ayme le lopin [6],
Le vin et les frians morceaulx ?

1. Il aime mieux se promener que livrer bataille.
2. D'être ainsi découvertes.
3. Maison de mauvaise mine.
4. Loup garou, outre son sens habituel, signifioit aussi coureur de nuit, débauché.
5. Les chasse-marées étoient les voituriers qui apportoient le poisson le vendredi et le samedi. On appeloit aussi *marée* les prostituées, soit, disent les moralistes, à cause de leur puanteur morale, soit, disent les étymologistes classiques et indulgents, à cause de Vénus, fille de la mer. Par chasse-marées de nuyt, Coquillart entend évidemment les libertins qui hantent les coureuses de nuit.
6. *Lopin*, morceau, le plus souvent morceau de pain ou de viande; lopin signifioit aussi goûter, collation. Aimer le lopin, suivre le lopin, se disoit des parasites. Il s'agit donc d'une femme qui accepte volontiers un repas fin, qui va partout où l'appelle la bonne chère.

C'est ung droit abruvoir Popin [1] :
Chascun y fourre ses chevaulx.

 Grant femme seiche, noire et mesgre,
Qui veult d'amour suivre le trac [2] ?
On dit que c'est ung fort vinaigre
Pour gaster ung bon estoumac.

 Femme qui souvent se regarde [3]
Et pollist ainsi son collet [4] ?
C'est presumption qui [5] luy tarde
Qu'el face le sault Michelet [6].

 Femme au chapperon avalé [7],
Qui va les crucifix rongeans ?
C'est signe qu'elle a estallé
Et autresfois hanté marchans [8].

1. Sur le quai de la Mégisserie. *Popin* signifioit aussi joli, coquet.
2. Trace, route, sentier battu, train, métier.
3. Se mire.
4. Sans doute qui passe souvent et avec coquetterie la main sur la gorgerette, sous prétexte de voir si rien n'est dérangé; ou qui polit son collet avec son menton en tournant souvent la tête pour faire des mines aux galants.
5. Qu'il.
6. Michel, Michaud, Michelet, sont fréquemment employés pour désigner un galant, un amoureux. Faire le sault Michelet seroit donc se livrer à la galanterie.
7. Tombant sans soin et sans coquetterie.
8. D'après un tel repentir, dit Coquillart, on voit qu'elle a commis de grandes fautes : elle a trop exposé ses appas en vente et a fait marchandise de son corps.

Femme qui en ces jeunes saulx [1]
A aymé le jeu ung petit ?
Le mortier sent tousjours les aulx [2] :
Encor y prent elle appetit.

Femme qui va de nuyt sans torche
Et dit à chascun : Tu l'auras ?
Elle est digne à peupler ung porche [3]
Et mener quelque vieulx haras [4].

Femme qui met, quant el s'abille,
Trois heures à estre coeffée ?
C'est signe qu'il luy fault l'estrille [5]
Pour estre mieulx enharnachée.

Se femme qui est du mestier [6]
Appelle une autre sa compaigne ?

---

1. Au temps des ébats de sa jeunesse.

2. Le vase conserve l'odeur de l'ail qu'on y a écrasé.

3. A mendier en sa vieillesse au porche des églises. L'expression seroit plus énergique en prenant *porche* dans le sens d'étable à porcs. Notre poète a pu inventer ce mot, mais je ne l'ai jamais trouvé avec cette signification.

4. Maison de prostitution.

5. Qu'elle a besoin de grands efforts, d'un travail pénible, pour être propre et jolie.

6. Des *marées* dont nous avons parlé plus haut; ou seulement entend-il peut-être une femme équivoque, coquette, suspecte de galanterie. La plaisanterie seroit ainsi plus fine.

Elle a sa part au benoistier [1]
Par la coustume de Champaigne [2].

Femme qui le corps se renverse,
Que doit on d'elle presumer ?
Telle charette souvent verse
Par faulte de bon limonnier.

Femme qui a robe devant
Fendue, qui se ferme à crochet ?
Elle peult bien porter enfant,
Car elle ayme bien le hochet.

Par telles demonstrations
On devient et saige et sçavant ;
Se sont de grandes presumptions
Desquelles on juge bien souvent.
Enfans, retenez en autant ;
Notez [3], car elles sont utiles.

1. Elle est de la même corporation, de la même maison, de la même espèce.

2. Il ne paroît pas qu'on doive prendre au sérieux cette citation de la coutume de Champagne, à moins qu'il ne faille donner au vers précédent ce sens : Elle a droit d'avoir l'eau bénite en même temps qu'elle, elle est son égale. La préséance dans l'aspersion de l'eau bénite étoit un droit honorifique réglé par les coutumes, et accordé par la coutume de Champagne, comme par la plupart des autres, au patron de l'église plutôt qu'au seigneur haut justicier.

3. Prenez-les en note, inscrivez-les, c'est la partie importante du cours de droit.

Je ne veulx pas tenir pourtant
Qu'elles soyent vrayes comme Evangiles.
  Or, en ensuivant noz *stilles* [1],
Sur ce tiltre je veuil noter
Quatre choses assez difficilles ;
Et puis, ho [2]! Vecy le premier.
  Femme qui se laisse baiser
Et taster la fesse en jouant,
Est il pourtant à presumer
Qu'elle seuffre le demourant ?
Doit on *proceder en avant*
Contre elle par presumption ?
Sur ce cas y chet [3] seurement
Une bonne distinction.
Quant au baiser, je dis que non [4] ;
Nostre *droit* n'en presume rien ;
Car bouche à baiser, ce dit on,
Sont communes à gens de bien [5].
Du taster, c'est ung aultre point.

1. Formes ou formules obligatoires pour procéder en justice, dresser les actes et parfois les contrats. Coquillart entend : pour continuer d'après la méthode commencée.

2. Attention. Il ne faut pas oublier que le poète fait un cours.

3. Il tombe.

4. *Respondit quòd non* étoit la formule reçue dans les interrogatoires ou argumentations.

5. Une bouche à baiser est un bien commun, qui peut être partagé entre un honnête homme et une honnête femme : ou les gens de bien s'embrassent souvent.

Encores fault il distinguer
Si la femme seuffre et *maintient* [1]
Sans faire semblant de tancer [2] ;
Et se ainsi est, on peult penser,
Se le mignon veult, qu'il y monte [3].
Ou se elle faint de se courcer [4]
Et dire : « N'avez vous point honte,
Laissez cela », le *droit* racompte
Que, seullement par ceste fainte,
Posé qu'elle n'en tienne compte [5],
La *presumption* est estainte.
Et pensez qu'il en y a mainte,
S'on luy taste un peu le derrière,
Qui jamais n'en feroit grant plainte ;
Mais quoy! il fault tenir manière [6].

Vecy ung cas d'aultre matière :
Se ung bon estragaveur rencontre [7]

---

1. Maintenir est ici pris dans le sens juridique d'octroyer et laisser conserver la possession jusqu'au règlement qui interviendra sur le fond de l'affaire.

2. Réprimander. — 3. Montera.

4. Courroucer.

5. Quoiqu'elle ne parle pas sérieusement.

6. Il faut conserver les apparences.

7. Peut-être faut-il comprendre *extragabeur*, un outrecuidant farceur; peut-être extravagant, impertinent. Veuve Trepperel dit *estargaveur*. Galiot du Pré, qui, pas plus que nous sans doute, ne connoissoit ce mot, l'a remplacé par gallant, en retranchant au vers une syllabe ou deux.

Femme riant, saffre de chière [1],
Baude [2], alaigre, de belle monstre,
Qui à son habit se demonstre
Femme de frequentation,
Aussi on ne dit rien encontre [3]
Doit il sans *information*
Plus grande, ou *inquisition* [4],
Luy demander la courtoisie [5]
Sans plus, pour la presumption [6]
De la veoir si saffre et jolye ?

Le *droit nouveau* ung peu varie
Sur ce pas, sur ceste escripture ;
Mais il decide, quoy que on die,
Que on peult par tout sercher pasture
Et prier toute creature,
Toute femme, de quelque estat
Qu'elle soit. Ce n'est pas injure
S'on ne luy faict que pour esbat.

1. D'un accueil facile, à l'apparence un peu effrontée, à peu près ce qu'on appelle, dans les romans du XVIIIe siècle, un air coquin.
2. Joyeuse.
3. Néanmoins il ne court aucun mauvais bruit sur elle.
4. Sorte d'enquête, contraire aux maximes du vieux droit françois, que le juge faisoit d'office et sans dénonciation particulière, contre les gens accusés par l'apparence ou la commune renommée.
5. Un gracieux accueil, la faveur de sa compagnie.
6. Sans autre raison que par la présomption.

Les unes refusent tout plat ;
Et bien ! c'est pour neant debatu.
Les autres respondent : *Fiat* ;
Et bien ! c'est ung chesne abatu.
Prier hault [1], c'est bien entendu [2],
On vient assez tost au rabas [3] :
Car maint beau gibier est perdu
Par faulte de faire le pourchas.

 Je vous demande ung autre cas :
Mignonne de haulte entreprise [4],
Qui porte des devises à tas [5],
Lettres, couleurs de mainte guise,
Peult estre qu'elle a nom Denise
Et son mary Jehan ou Thibault,
Et neantmoins pour sa devise
Porte une *M* qui faict Michault [6].

---

1. Demander beaucoup. — 2. C'est une méthode habile.
3. A rabattre de ses prétentions, ou à voir diminuer l'effet des promesses.
4. De grande position ou de haute galanterie, riche et coquette.
5. Ce vers est expliqué par le suivant ; des devises, c'est-à-dire des lettres brodées, des rubans de diverses couleurs, arrangés d'après une méthode propre aux amoureux, des pierres précieuses disposées en emblèmes.
6. Coquillart veut dire qu'elle ne porte pas pour devise la première lettre de son nom ou de celui de son mari. Il ne manque pas l'allusion aux idées que peut suggérer le mot Michault, qui étoit pris, nous l'avons déjà dit, comme synonyme de libertin.

En bacgue, en ruban ne luy chault,
Sinon de ceste main, porter [1].
Son mary, qui n'est q'ung lourdault,
A il cause de se doubter,
Doit il presumer n'enquester
Qui est Michault ne Michelet,
Veiller, oreiller, escouter
S'il congnoistra mousches en laict [2] ?
Par ma foy, le *droit nouveau* met
Que de porter, par *inventoire* [3],
Lettre en bague, ou en affiquet,
C'est *presumption* bien notoire;
C'est competant *preparatoire*
Pour sçavoir dont viennent *practicques*. [re,
Dieu [4] ! qu'on faict d'ung saint grant memoi-

---

1. Il faut comprendre, je crois : En fait de rubans, il ne lui importe de porter que ce qui vient de cette main, de ce Michault. Il est possible d'ailleurs qu'il y ait eu là une faute d'impression et qu'il faille mettre M au lieu de *main* ; le sens seroit : Il ne lui plaît de porter, en fait de bagues, que celles qui sont marquées de cette M. Peut-être enfin *main porter* est-ce quelque locution proverbiale ou allusive ; nous n'avons pu ni en constater le sens, ni la retrouver ailleurs.

2. Son triste sort, qui est évident pour tous.

3. Par inventaire, d'une façon authentique. Il faut voir là le double sens d'invention et inventaire, ce qui commence le jeu de mots continué par *préparatoire* (chose qui indique, ou jugement préparatoire), et par *practiques* (habitudes ou procédure).

4. Je suis toutes les éditions en conservant ce mot ; je

Quant on en porte les reliques !
En effect ce sont *voyes* [1] *obliques*,
Et s'en pevent plaindre les maris.
Telles façons, telles traffiques,
Corrompent les *droitz* à Paris.

Je forme après sur ces escriptz
Une question bien ague [2],
Subtille et digne de hault pris,
Mais qu'elle soit bien entendue.
Ung bon mary de nostre rue
Qui a tresbelle jeune femme,
Et est grant feste quand elle sue [3] ;
Il n'y a plus la belle dragme [4] ;

suis persuadé cependant qu'il y a là une faute d'impression, et qu'il faut *veu*. Cette exclamation arrive fort pauvrement, et telle qu'elle est, avec l'emploi du mot *Dieu*, elle est absolument contraire à la méthode générale de Coquillart et du XVe siècle.

1. De telles *practiques*, de telles manières de procéder, sont frauduleuses ; mais c'est ainsi qu'on corrompt la loi à... Paris !

2. Piquante, ardue.

3. Nous nous servons d'une locution analogue : Il y aura beau jour quand je ferai cela. Elle ne sue, ne travaille, qu'aux grandes fêtes, c'est-à-dire jamais.

4. Rien n'est plus qu'elle la belle dragme. Une dragme qui fait la belle, femme de peu de valeur, mais pleine de prétention. Peut-être faut-il rappeler que la dragme valoit trois scrupules : la belle dragme seroit une prude d'une fort brillante espèce.

Ung matin que le jour s'entame [1],
Il se liève, il s'abille, il pisse,
Il s'en va et laisse ma dame
Couchée en son lit bien propice [2].
Il est en l'eglise ou service
Et n'atent pas que tout soit dit ;
Peult estre il tombe, il chet, il glisse,
Et s'en retourne par despit.
Il rentre en sa chambre. Il vous vit,
Entre huyt et neuf au matin,
Couché gentement sur son lit
Ung tresbeau pourpoint de satin,
Satin fin, delié comme lin,
Court, faict selon le train nouveau,
Esguillettes ferrées d'or fin,
Tenans aux manches bien et beau,
Ung collet bas en fringuereau,
En Suysse [3], en perruquien.
Le povre homme use son cerveau
Et ne scet dont luy vient ce bien ;

1. Dès le point du jour.
2. Bien gentille, bien disposée.
3. A la manière des gens à la mode. Louis XI venoit, en 1480, de faire casser et abattre tous les francs-archers du royaume de France, et en leur place il avoit établi les Suisses. Ceux-ci, nouveaux, richement et étrangement vêtus, étoient devenus gens à la mode. Les victoires remportées sur Charles le Téméraire n'avoient pas peu contribué à attirer l'attention sur eux ; et, par-dessus tout, ils remplaçoient les francs-archers.

Il songe, il pense : — Est il point mien ?
— Ouy. — Nenny. — Je ne m'y congnois.
Il le regarde emprés¹ le sien,
Qui estoit plus espès deux fois.
S'estoit un pourpoint de chamoys,
Farcy de bourre sus et soubz²,
Ung grant villain jacque³ d'Anglois
Qui luy pendoit jusques aux genoulx.
On eust estandu aux deux boutz⁴,
S'il eust esté sur une plaine,
Une droicte hottée de choux
Et deux ou trois septiers⁵ d'avoine.
Quant il luy couvroit la boudaine⁶,
Quelque philosophe ou artiste⁷
L'eust plainement pris pour la guaine
Ou le fourreau d'ung organiste⁸.
L'autre estoit leger, mince, miste⁹;

1. A côté de.
2. Devant et derrière.
3. Cotte de maille ou cotte de cuir tanné assez rembourrée pour être à l'épreuve de l'arme blanche.
4. D'un bout à l'autre.
5. La contenance du setier varioit suivant les pays et suivant les matières mesurées. Le setier d'avoine valoit généralement 21 boisseaux.
6. Le nombril, le ventre ; encore usité dans les provinces du nord de la France.
7. Quelque escolier en philosophie ou maistre ès arts.
8. Ou plutôt d'un orgue.
9. Mignon.

On en eust fait une pelotte.
Dieu sçet se le mary est triste;
Il songe, il marmouse [1], il radote.
 Or je demande icy et note
Ce c'est assez presumption
Pour faire du merveilleux hoste [2]
Et fouiller avau [3] sa maison.
Aucunement semble que non,
Car on ne doit si promptement,
Sans tresgrande inquisition,
Proceder à l'estonnement [4]
De sa femme; veu mesmement
Que la doubte se peult oster [5].
Pourtant, dit le *droit*, seullement
Pource il ne doit rioter [6],
Fouiller, tancer, ne tempester,
Ne batre, ne user de menaces;
Mais bien peult à son lit taster

---

1. Rêver avec un mélange de fureur et de mélancolie.

2. Pour imiter les gestes extravagants d'un hôte empressé.

3. Jusqu'à la cave.

4. A l'effroi de sa femme, ou au soupçon contre sa femme. Veuve Trepperel et les éditeurs qui l'ont copiée donnent ici encore *estournement*. On ne pourroit, en tout cas, prendre *estourner* que dans un sens analogue à celui d'*estourmir*, effaroucher, stupéfier, étourdir.

5. Que le soupçon peut être reconnu faux, ou plutôt détourné par l'adresse de la femme, mise sur ses gardes.

6. Disputer.

S'il trouvera deux chauldes places.
Se ainsy est, gette [1] ces grimaces,
Foille [2], tempeste et se demaine :
Car playes sur playes, traces sur traces [3],
Font une *probacion plaine*.
Quant on voit cheval qu'on promaine,
Se il est chault, il a trassé [4] ;
Chien soufflant à la grosse alaine,
On presume qu'il ait chassé ;
Se ung povre Jenin, ou Macé [5],
Treuve sa femme fort esmeue,
Ou elle a dancé, ou tancé,
Ou il y a beste abbattue.
Si est la question sollue,
Et le cas sur le tiltre mis [6].

Et consequemment sera leue
Aultre rubriche, *De Pactis*,
Et d'aultres tiltres cinq ou six.
Mais, pource qu'il est tard, je dy,

1. Alors qu'il fasse ses grimaces.
2. Fouille.
3. Adage de droit : Plaie comparée à plaie, trace à trace, si elles sont semblables, prouvent l'identité de l'arme et du pied.
4. Poursuivre en chassant. Galiot du Pré donne *tracassé*, rompu de fatigue, essoufflé, qui se trémousse, etc.
5. Mathieu.
6. Posé d'après le titre, en rapport avec le titre *De præsumptionibus*.

Veu que estes tous endormis,
Qu'il vault mieulx attendre à jeudy.

Explicit prima pars.

Cy finist la première partie de ce present Livre.

DROITZ NOUVEAULX

SECONDE PARTIE.

CY COMMENCE LA SECONDE PARTIE
DE CE PRESENT LIVRE.

DE PACTIS.

ous sçavez, mes bons aprentis,
Quant mismes fin à noz leçons,
Nous laissasmes à departis [1]
Des *pactes* [2], des *conventions* [3].

1. A titre de choses quittées, abandonnées, séparées des autres ; nous avons laissé les pactes.
2. Digest., lib. 2, tit. 14, et Code, lib. 2, tit. 3.
3. Le droit romain, le premier, le droit des Quirites, ne reconnoissoit pas qu'on pût être obligé l'un envers l'autre par le consentement réciproque. Plus tard, le droit Civil reconnut que la volonté respective des parties étoit suffisante pour former une obligation, mais dans quatre cas seulement ; et dans ces quatre cas seulement l'obligation étoit munie d'une action qui la rendoit exécutoire. On appeloit ces obligations *contrats*. Le droit Prétorien et le droit Impérial reconnurent comme valables et munirent d'actions particulières un grand nombre d'autres obligations naissant de la volonté respective des parties. Celles-là, on les appela *pactes, pactions, conventions*.

D'acordz, traictiez [1] et *pactions*
De toutes façons, et *contraulx* [2],
On trouve les definitions
Sur ce tiltre [3], en noz *droitz nouveaulx;*
Tous *achaptz, marchez feriaux* [4],
Prestz, obligations, louages,
Promesses, motz sacramentaulx [5],
Despens, donacions et gaiges,
Renonciations, langaiges [6],
Tous *consentemens sans erreur,*
Ainsi comme dient les saiges,

1. *Accord*, *traité*, mots à peu près synonymes de convention, quoique le mot *traité* indique l'idée d'une convention sur des matières importantes, et que le mot *accord* s'emploie surtout pour une convention où l'on se tient réciproquement quittes.

2. Contrats.

3. Nous comprenons sous ce titre *De pactis* tous les accords, c'est-à-dire que les droits nouveaux n'ont rien de la rigueur du droit civil romain, et qu'ils ont élargi la voie libérale ouverte par les préteurs et les empereurs.

4. Marchés conclus les jours de fête, de foire.

5. Promesses par serment. Peut-être y a-t-il ici allusion à l'*actio sacramenti*, une des plus vieilles actions du droit romain, qui ressembloit à une sorte de gageure, chaque partie déposant une somme d'argent en affirmant la justice de sa demande. Coquillart pense sans doute aussi aux mots propres au *sacrement* de mariage : c'est en effet, on le pense bien, sur les infortunes conjugales qu'il va déployer la plus fine partie de son érudition.

6. Sans doute conventions entre amoureux.

Se traictent icy par honneur [1].
Escoutez aussi le Preteur [2] :
Pacta servabo [3]. C'est son dit [4],
Que tous *pactys* à la rigueur
Il gardera sans contredit.
N'est ce pas doncques grant despit
D'ung tas de folles baveresses,

1. Avec équité et solennité. Il faut remarquer qu'il y avoit sous la loi romaine un *droit honoraire,* différent du droit civil et ordinaire.

2. Magistrat annuel qui rendoit la justice aux citoyens romains sous le nom de *prætor urbanus*, aux étrangers sous le nom de *prætor peregrinus*. Au début de son exercice, il publioit un édit qui avoit force de loi, et dans lequel, tout en conservant généralement le droit établi par ses prédécesseurs, il établissoit quelques nouveaux points de droit ou de procédure. Le droit prétorien, c'est-à-dire la suite, l'ensemble, le résumé philosophique de ces édits, représente la lutte du droit des gens, du droit naturel, de l'équité et de la civilisation, contre la tyrannie arbitraire et formaliste du vieil et symbolique droit des Quirites.

3. Si l'on se rappelle ce que nous venons de dire sur les *pactes* et sur la mission des préteurs, on comprend que chacun de ces magistrats, à son entrée en fonctions, confirmoit l'existence des pactes, qui étoient une des conquêtes que le droit prétorien avoit remportées, au nom de l'équité, contre le droit civil strict. Nous demandons, une fois pour toutes, excuse aux lecteurs de Coquillart pour l'ennui de ces commentaires juridiques auxquels nous amènent les allusions continuelles de notre poète.

4. Edit.

Qui cherchent delaiz et respit
Pour ne tenir point leurs promesses !
Il en y a de noz maistresses
Assez legières d'accorder,
Qui, pour tenir gens en destresses,
Ne veullent avant [1] proceder,
Ainçois [2] quièrent à delayer,
A fouyr de bic ou de bec [3].
Trop mieulx [4] vaudroit content payer
Que repaistre les gens du bec.
Les unes reffusent tout sec
Et dient : — « Vous vous abusez. »
Les autres se tiennent au pec [5]
Et respondent : — « Vous me lerriez. »
Leurs *excuses* : — « Vous le diriez »,
Leurs *deffences* : — « Je n'oseroye »,
Leurs *raisons* : — « Vous m'accuseriez »,
Leurs *exceptions* : — « Je feroye »,
Leurs *articles* : — « Se je povoye »,
Leurs *additions* : — « Je crains honte » ;
En la fin, de telle monnoye

1. On dit encore procéder plus avant.
2. Auparavant.
3. De ci et de là.
4. Beaucoup mieux.
5. Cette locution paroît équivaloir à notre phrase vulgaire : se rengorge, se tient sur son quant à soi. J'ai entendu dans le Boulonnois le mot *pec* employé comme interjection de dégoût, fi ! pouah ! Dans le patois gascon *pec* signifie niais, sot.

On a tant que on n'en tient compte[1].

Le *droit nouveau* dit et racompte
Une auctorité sur ce lieu :
Tout marché d'amour, quoy qu'il monte[2],
Se parfait sans deniers à Dieu[3] ;
Et ne chault jà s'on parle ebrieu,
Latin, escossois ou flament,
Car à parfaire tout le jeu
Y suffit le consentement.

Femmes n'ayment[4] communement
Que pour deux raisons en substance,
Dont[5] les aucunes seullement
Le font pour avoir leur plaisance,
Pour se mettre en esjouissance
Sans estre mellencollieuses.
Celles là, selon ma sentence,

---

1. On a tant de telle monnoie, c'est-à-dire de leurs excuses, qui sont, etc., de leurs défenses, qui sont, etc., qu'à la fin on n'en tient compte. *Excuse* s'applique souvent à la comparution des parties ; *deffenses* sont les allégations du défendeur ; *exception* peut être une *défense* simplement dilatoire ; *article*, c'est une clause, un point particulier d'un acte ; *additions* indique les nouvelles écritures après défenses et répliques.

2. A combien qu'il se monte.

3. Sans qu'il soit besoin de grande solennité, sans donner des arrhes.

4. Veuve Trepperel donne *Femmes n'aduient*, qui peut signifier : Femmes ne consentent, etc.

5. Desquelles femmes.

Sont long temps en amours eureuses.
D'aultres en y a curieuses
D'avoir, d'amasser largement,
Et contrefont les amoureuses
De quelque ung, pour avoir argent ;
De telles, il advient souvent
Que on le scet, qu'elles sont notées,
Et ne durent pas longuement
Qu'elles ne soyent tost escornées [1].
Puis que ces choses sont fermées [2],
Je demande une question :
Noz gorgiases, noz sucrées
Qui ne le font pour rien sinon
Pour le denier, assavoir mon
Se c'est ou *vendangé* [3], ou *louage*,
Ou *pur prest*, ou *conduction* [4],
Ou *permutation*, ou *gaige* ?

1. *Escorné*, humilié (on disoit d'une personne fière qu'elle portoit haut ses cornes) ; déshonoré ; ruiné (par allusion au hennin ou corne) ; honteux (comme le daim, dit-on, quand il a perdu ses cornes).

2. Affirmées, claires, décidées.

3. Toutes les premières éditions donnent ce mot ; elles entendent sans doute la convention par laquelle un ouvrier se loue pour toute la saison des vendanges. François Juste, le premier, donne *vendage* pour vente, qui est possible.

4. Il ne faut pas confondre, comme le fait M. Tarbé, *conductio*, fermage, avec *condictio*, qui est une action de droit civil.

Quel contract esse, en bref langaige ?
Ce n'est point *prest*, ce m'est advis,
Car selon raison et usaige,
Pur prest se doit faire gratis.
Ostez tous argumens [1], je dis [2]
Le *contract* estre en droit exprès
Dont descent, *prescriptis verbis*,
Comme on dit : *facio ut des*,
Affin que tu donnes, je faitz.
C'est l'*intention* [3] toute pure :

1. En résumé, pour ne pas tant discuter.
2. M. Tarbé indique que le passage suivant est altéré ; il est seulement plein de science. Il est fort net d'ailleurs, parfaitement conforme au droit romain, et les jeux de mots y sont aisément saisissables. Le poète dit, comme nous l'avons exposé plus haut, que le *contrat* est une obligation de droit civil. L'un de ces contrats, exécutoire par l'action *præscriptis verbis*, peut se résumer en ces mots : *facio ut des*. Or, c'est ce contrat que nos gorgiases ont eu l'intention de former ! Tout cela, comme nous le disions, est minutieusement conforme au droit romain, et le poète, qui est fier de sa science, ajoute gaîment : N'ai-je pas bien étudié, pratiqué les livres de droit ? Le second sens allusif est celui-ci : Le contrat passé par ces mignonnes a été fait afin de produire (nous l'avons vu par les paroles, par les théories *præ scriptis*, écrites quelques vers plus haut), afin de produire une obligation qui peut se résumer ainsi : *facio ut des*.
3. Le jeu de mots juridique commencé par *contract*, *præscriptis verbis*, *facio ut des*, se continue jusqu'à ce mot. L'*intentio* est en effet la partie de l'*action* dans laquelle, d'après le système formulaire, le demandeur résu-

Sans les dons on n'ayme jamais.
C'est bien practiqué l'escripture !

Si me semble il chose bien dure
De vendre biens incorporelz :
Amours, ce sont biens de nature,
Ce sont biens espirituelz,
Ce sont *beneffices* [1] telz quelz [2]
A povres mignons necessaires ;
Posé qu'ilz ne valent portez [3],
Si sont ilz pourtant salutaires.

moit sa prétention, et dans l'espèce cette *intentio* seroit bien *facio ut des*. — Il est permis de conclure que ce passage, loin d'être altéré, est parfaitement suivi, finement, savamment et subtilement conduit. Je ne trouve pas follement gaie, il est vrai, une gaieté qui a besoin de tant de commentaires, mais il est vrai encore que nous aurions mauvaise grâce à reprocher à Coquillart de n'avoir pas fait ses plaisanteries à l'aide du Code Napoléon.

1. On sait que les bénéfices étoient des portions du bien temporel de l'Eglise livrées en possession à des ecclésiastiques pour les aider à vivre, pour les récompenser de leurs travaux et leur donner moyen de distribuer des aumônes.

2. Qu'il faut prendre en l'état où ils se trouvent, de médiocre revenu et valeur, mais à pauvres, etc.

3. Toutes les premières éditions donnent ce mot, dont le sens n'est pas clair. L'édition du XVIIIe siècle coupe court à la difficulté et donne *pour telz*. Nous n'avons pas cru son autorité suffisante. En conservant *portez*, le sens peut être : bien que de tels bénéfices ne méritent pas d'être encouragés, maintenus, longuement gardés, et inscrits dans un pouillé.

Les vrays *collations ordinaires* [1]
Sont dames plaines de doulceurs;
Souspirs sont les *referendaires* [2];
Les *patrons* [3] sont larmes et pleurs;
Regretz sont *abreviateurs* [4];
Peine est au *plomb* [5], et soulcy *brusle* [6];
Mellencolyes sont les *scelleurs*
Qui font expedier la *bulle.*
Encor, ce qui plus me recule [7],

1. On nommoit collations ordinaires des bénéfices celles qui étoient faites soit par l'*ordinaire* (l'évêque du diocèse), soit par le patron (celui qui avoit fondé l'église siége du bénéfice, ou ses héritiers). Ceux-ci étoient nommés collateurs ordinaires par opposition au pape, au roi, à l'Université, qui, à divers titres et dans divers cas, prétendoient avoir droit à la collation du bénéfice. « *Prælati regni nostri, beneficiorum collatores, jus suum plenarium habeant* », dit la Pragmatique de saint Louis.

2. Les référendaires ou suppôts de la chancellerie, comme on les appeloit au temps même de la rédaction des Droits nouveaux, étoient chargés de résumer, devant le maître des requêtes, par exemple, les pétitions qui lui étoient adressées.

3. Créateurs ou protecteurs du bénéfice.

4. Ceux qui rédigent les *brefs*, et ce qui *abrège* l'amour.

5. A l'endroit où l'on scelle de plomb. Coquillart indique que les souffrances sont le sceau de l'amour, ou, d'une manière moins profonde, qu'on a grand peine à obtenir l'exécution complète des promesses d'amour.

6. Le plomb, pour qu'on y appose le cachet.

7. Coquillart fait sans doute ici allusion joyeusemen et à demi mot aux difficultés qu'il eut à obtenir le bé-

C'est ce que on contrainct l'*aplicant* ¹,
Et n'eust il que une vieille mulle,
A payer au long le *vacquant* ².
C'est le pis que ung povre *impetrant*
Qui n'a n'affiquet ne troussoire ³,
S'il ne paye la *taxe* contant
On le prive du *possessoire* ⁴.

néfice à lui octroyé par le chapitre de Reims. C'étoit en 1482-83, à peu près vers le temps où, selon toute vraisemblance, il mit la dernière main à ses Droitz.

1. *Appliquer*, outre son sens moderne, avoit encore, au XVe siècle, la signification de soigner, de manier doucement, comme une nourrice fait d'un enfant ; en matière bénéficiale, c'est donc celui à qui on octroie, à qui on *applique* les revenus du bénéfice, et qui est chargé de les soigner en bon père de famille, ainsi que dit notre Code.

2. Le pape Jean XXII avoit établi, sous le nom d'annate, une sorte de droit d'investiture féodale appliqué aux bénéfices. Celui qui obtenoit les provisions d'un bénéfice vacant devoit payer à la cour de Rome une somme égale au revenu de la première année de ce bénéfice. Cette somme s'appeloit le *vacant*. Les annates, supprimées par la Pragmatique Sanction de Bourges sous Charles VII, reprirent cours sous Louis XI, qui abolit cette Pragmatique, et furent definitivement établies par le Concordat de François Ier. Coquillart, continuant ses comparaisons, trouve injustes les dépenses que le nouveau galant est obligé de faire pour compenser les privations imposées à la dame par l'abandon de l'amant précédent.

3. Ceinture, baudrier.

4. C'est-à-dire du droit de poursuivre en récréance, comme on disoit, pour entrer en possession de son droit.

Puis que c'est chose si notoire
Que c'est bien ecclesiasticque,
Que c'est beneffice, et encore
Qu'il est si commun et publique,
Et que chascun tasche et s'applique
A avoir des *prevencions* [1],
Y a point lieu la Pragmatique?
Aumoins les *nominations* [2]?
Nenny, car les *provisions*
Ne se font pas aux escoliers :
Nul n'en a les *collations*,
Qui n'ait ou chaines ou colliers,
Tous [3], apostatz [4] irreguliers,
Noz grans gentilz hommes mondains,
Volaiges, estourditz, legiers,
Esservelez comme beaulx dains,

1. *Préventions* étoient les collations de bénéfices faites par le pape avant la décision du collateur ordinaire. La Pragmatique n'avoit pas aboli complétement les préventions; aussi faut-il prendre le vers suivant dans le sens interrogatif.

2. Les nominations étoient une certaine quantité de prébendes attribuées aux gradués des Universités par l'art. 15 de la Pragmatique : « *Porro de hiis qui gradu*, etc. » Fol. 226. ver. Gaguin, 1521.

3. C'est-à-dire *tous* ceux qui sont apostatz, tous nos gentilz hommes, etc.

4. Gens vivant comme des impies et en dehors des monastères, sans respect pour la discipline, comme nos gentilshommes, etc.

Qui ont la verve [1] et sont soubdains,
Esveillez, façonnez [2], quarrez [3],
Et tousjours les estomacz plains
D'ung tas de lacez bigarrez.
En ung bancquet sont bien parez
De bauldriez et de gibessières [4],
Vestuz d'un drap tondu et rez [5] ;

1. Fantaisie, exaltation, enthousiasme, folie. Les premières éditions donnent *verne*, qui existe peut-être avec un sens analogue, mais que nous n'avons jamais rencontré.

2. Maniérés.

3. Portant tête haute, les bras arrondis autour de la taille avec une aisance impertinente.

4. Poche, bourse.

5. Rasé. Ils sont vêtus d'un drap, d'une étoffe mince et sans poil, de sorte qu'ils n'ont plus cette pesanteur d'habit qui les forçoit à conserver l'apparence d'*honneste gravité*; de sorte encore que leur robe si légère est toujours prête à se lever pour danser, courir, etc. Coquillart entre ici dans une digression ; il oublie un peu les *Pactes*, et tout ce passage conviendroit mieux à la rubrique de *l'Estat des hommes*. Il paroît s'abandonner au courant de la plume, suivant sa pensée sans s'inquiéter des transitions apparentes. Les matières bénéficiales l'ont amené à parler de ces gens à la mode, légers, ignorants, intrigants, qui possédoient souvent à la fois et les bénéfices d'amours, et les bénéfices ecclésiastiques. Il s'appesantit sur ces personnages avec une sorte d'amertume et d'âpreté bien sentie qui sembleroit indiquer qu'il s'est trouvé en rivalité, et en rivalité malheureuse, avec quelques uns de ces lestes et heureux bénéficiers. Malgré l'absence de transition, sa pensée se suit pourtant. De la légèreté de leur

Dieu scet se leur robbe est legière !
S'on joue peut estre « La carrière,
Petit rouen », « Le grand Tourin »,
« La gorgiase », « La bergière [1] »,
Ilz se courroucent au tabourin [2].
Telles dances ne sont plus en train
A noz mignons du commun cours [3] ;
Car, soit ou françoys ou latin [4],
Ilz ne veullent dancer que « Amours [5] ».

esprit il passe à la légèreté de leur robe ; de là à leur danse ; puis à l'une de ces danses qui, à l'aide d'un jeu de mots, le lance en pleine satire sur l'ambition, les intrigues, l'action malhonnête et fiévreuse de ces précurseurs du monde moderne, de ceux-là en qui le poète nous permet de voir les industriels, les agioteurs, les *faiseurs* du XVe siècle. C'est à cette époque que l'on peut placer les débuts un peu sérieux de cette race ; et il faut voir aussi dans l'énergique âpreté du vieux poète le profond dégoût avec lequel le Moyen Age traitoit ces étrangers.

1. Il s'agit ici évidemment des premiers mots de diverses chansons dont les menestriers, selon l'usage, jouoient les airs, pour faire danser. « La carrière, petit rouen, etc. », c'est-à-dire petit cheval rouan. Tourin paroît être un nom propre.

2. Ils se fâchent contre le ménestrier qui leur joue de vieux airs.

3. De maintenant.

4. Quoi qu'on puisse faire ; ou, peut-être, qu'ils soient savants ou ignorants, de la marchandise, ou de l'Université.

5. Au son de la musique d'une chanson nouvelle, commençant par ce mot. L'allusion est facile à comprendre.

« Amours », on ne faict tous les jours
Aux tabourins aultre pourchas :
« Amours » se sont dances de Cours,
Telles qu'il appartient au cas [1].
Il en y a d'aultres ung tas
Qui ne veullent point d'une note
A dancer que « Les trois Estatz [2]. »
C'est leur ruze, c'est leur riotte [3].
Cela signifie et denote
Que telz gorgias et danceurs
Bien souvent, pour tromper leur hoste [4],
Contrefont des estatz plusieurs.
Ilz sont maistres et gouverneurs,
Ilz sont eschansons, escuyers,
Ilz sont capitaines, seigneurs :
Bien souvent ilz ne sont que archiers !
Ilz sollicitent conseillers
Pour attraper les pensions,

---

1. A des gens aussi débauchés et aussi distingués.

2. Chanson faite évidemment sur la réunion des Etats généraux. Toute la suite de ce passage roule sur différents jeux de mots, allusions et conséquences tirés du titre de cette chanson.

3. Il est probable que cette chanson contenoit quelque double sens ironique, quelques allusions satiriques. C'est là, dit Coquillart, l'invention spirituelle et hardie de nos mondains. *Riotte*, querelle, plaisanterie, tumulte, réunion bruyante.

4. Je pense qu'il faut prendre ceci dans le sens général, pour tromper le monde.

Curez, coustres [1], et marguilliers
Et prennent les oblacions [2].
Ilz tiennent jurisditions [3],
Ilz condamnent gens en l'amende;
Ilz tiennent des religions
Et des abbayes en commande [4];
Ilz ont et chappelle [5] et prebende [6],
Ilz ont d'aultre part fiefz et terre;

1. *Coustre* ou *coultre*, sacristain.
2. Offrandes faites par les fidèles, et qui devoient être employées en bonnes œuvres. Il faut rappeler que les rois de France, avant la création de l'hôtel des Invalides, envoyoient dans les monastères les vieux soldats. On les nourrissoit là sous le nom de *moines-lais* ou *oblats*, ou bien le monastère fournissoit pour leur entretien une somme qui a varié selon les époques. C'est peut-être à cette somme que Coquillart fait gaîment allusion.
3. Nous avons parlé ci-dessus de la justice des seigneurs. Rappelons que chaque propriétaire de fief avoit un droit de juridiction sur ses tenanciers, et que cette juridiction s'exerçoit sous les noms de haute, moyenne et basse justice, selon la dignité et les privilèges du fief.
4. L'abbaye en commande étoit celle dont les revenus étoient concédés, dans le principe, à un prélat ou à un seigneur chargés, le prélat de l'administrer jusqu'à nomination de l'abbé, le seigneur de la protéger contre les attaques des seigneurs voisins. Cette faveur purement temporaire devint un bénéfice viager, accordé, parfois sans autre raison que la faveur, par le pape ou par le roi. C'est à cet abus que notre poëte fait allusion.
5. Revenu d'une chapelle.
6. Portion du revenu d'un chapitre, devant, en droit strict, être accordée seulement à un chanoine.

Et vont au senne [1] s'on leur mande,
Et le lendemain à la guerre.
Ilz vont à Romme pour enquerre [2]
Dispence ou charge d'eglise ;
Après ilz vont en Angleterre
Conduire ung faict de marchandise ;
Ilz y vendent drap ou la frise [3].
Ilz sont receveurs, et ont gaiges ;
Ilz prennent, ou ilz font la mise,
Ou ilz sont laboureurs ou paiges,
Ou ilz brassent des mariages,
Ou ilz corbinent [4] eveschiez ;
Ou ilz font leurs apprentissaiges,
Ou ilz sont jà maistres passez,
Ou ilz reforment telz et telz,
Ou ilz combatent les neuf Preux [5],
Ou ilz batissent vieulx hostelz,
Ou ilz demolissent les neufz,
Ou ilz ont eu poulletz, et oeufz [6],

---

1. Cloche ; en toute assemblée où la cloche les appelle, assemblée politique, municipale, fériale ou religieuse.

2. Demander.

3. Toile en drap de Frise.

4. Voler, larronner, extorquer.

5. On sait que ce nombre neuf étoit classique pour les preux de toute espèce, même pour les preux de la Gourmandise, comme le nombre douze pour les pairs de Charlemagne.

6. Le poëte achève grotesquement le portrait de ces

Point ne sont contens de leur cas;
En effect telz mignons sont ceulx
Qui dancent bien « Les trois Estatz. »
Ilz sont chappellains et prelatz,
Ilz sont les drois prestres Martin¹,
Ilz chantent hault, respondent bas;
Ilz parlent françois et latin.
Puis ilz s'abillent de satin,
En gensd'armes et advocatz,
En Escossois, en Biscain,
A la mode de Carpentras².

Or je demande icy ung cas :
Qui vouldroit, par bonne cautelle,
Comprendre tous les *trois estatz* ³

ridicules personnages : En résumé, après avoir remué ciel et terre, ils ont eu à la fois l'œuf et le poulet, c'est-à-dire un œuf pourri... Ils ne sont point contents de leur succès.

1. Prestre-Martin, celui qui remplit à la fois le rôle du prêtre et celui de Martin, de l'officiant et du clerc; l'homme qui fait les questions et les réponses, les grands maistres Jehans, comme l'a déjà dit Coquillart.

2. La tradition sur cette ville est, comme on le voit, ancienne, précise et convaincante. Nous avons en vain cherché d'où pouvoit venir cette réputation de ridicule, aussi vénérable par son antiquité que par sa solidité. Peut-être aurions-nous dû interroger non les livres, mais les voyageurs.

3. Coquillart prend ici les mots *trois états* dans un autre sens plus ordinaire; il entend la noblesse, le clergé, la marchandise.

En une robbe bien nouvelle,
Quel robbe vous sembleroit belle,
Qui tous les trois estatz desine [1] ?
Par Dieu je n'en sçay point de telle
Que seroit une gavardine,
Le bicoquet, la capeline [2].
Qu'on notte vrays *religieux* [3] !

1. Qui pourroit représenter à la fois les trois états.
2. Nous adoptons cette ponctuation, contrairement à celle qui a été admise par nos devanciers, et qui nous a paru plus difficile à comprendre que le texte, un peu obscur pourtant, de Coquillart. La capeline étoit un casque en fer, appelé plus tard *secrette* ou *testière*, et qui étoit rond, plat, à bords étroits. Les bergers, laquais, messagers du XVIe siècle, portoient une coiffure de cette forme, et il est vraisemblable qu'à la fin du XVe siècle un couvrechef semblable fut porté par les soldats, puis en *habit de ville* par les nobles et ceux qui les singeoient. Le bicoquet, dont nous trouvons le nom dans les chroniqueurs de la fin du XVe siècle, seroit aussi une coiffure militaire, dont je ne saurois donner aucune description. Peut-être ce nom vient-il de *cocquet* (bis cocquet), qui indiquoit et le coq d'un clocher, et une toute petite nacelle ; peut-être de bicoque : ce seroit donc une coiffure légère comparée à un casque ; et elle seroit entrée en mode pour les mêmes raisons que la capeline. Jehan de Troyes parle, à la date du 22 août 1465, d'un Breton, archer de monseigneur de Berry, qui estoit habillé d'une brigandine, et qui portoit sur sa tête un *bicoquet* garni de bouillons d'argent dorés. Nous savons ce qu'est une galvardine, et le poëte dit que ce caban, porté avec une capeline pour coiffure, est bien le symbole des trois états.
3. Qu'on regarde de vrais religieux, des Chartreux : la

Se vous en voulez veoir le signe[1],
Regardez l'habit des Chartreux.
Leur habit de teste sont teulz[2].
Puis la manche que on coupe et[3] laisse
Les bras hors, cela est joyeulx ;
Et, qu'on note la *gentillesse*[4] !
Après, la robe qui s'abaisse
Soubz le genoul, par bonne guise,
Large assez, denote simplesse
Et vray estat de *marchandise*.
Or donc que homme ne s'advise,
En festes, bancquet et esbatz,
Si n'a sa gavardine mise,
D'aller dancer « Les trois Estatz. »

Je vous demande icy ung cas,
En matière de *paction*.
Ung applicquant[5], ung gorgias,
Frisque, bien empoint et mignon,

capuce de leur froc ressemble au capuchon d'une galvardine. C'est la part qui revient dans l'habit symbolique au premier des trois états.

1. La preuve et la représentation.
2. Tels que le capuchon de la galvardine.
3. Et hors de laquelle on laisse les bras, tant elle est large.
4. Qu'on note la *gentillesse*, l'apparence nobiliaire, l'allure de gentilhomme que donnent de telles manches. Ces manches, comme on voit, sont la partie qui indique *noblesse*, le second des estatz.
5. Qui a ou a l'air d'avoir des bénéfices, des revenus.

Ung habille homme, ung compaignon
Qui se veult mesler de dancer,
Or ne sçait il dances, sinon
Une : « Filles à marier » [1].
Devant qu'il se voise [2] ingerer
A mener dame à sa plaisance [3],
Il va le tabourin prier
Qu'il ne luy sonne que sa dance,
Celle qu'il scet. Depuis [4] s'advance
Et entre ou parc [5], hors de la presse.
Et le tabourin vous commence
A sonner, et joue « Ma maistresse »
Contre son dit et sa promesse.
L'aultre se effrenne [6] et se trouble,

---

1. J'ai vu danser, dans le pays de Caux, une ronde sur une chanson qui m'a paru devoir présenter quelque ressemblance avec celle que cite notre poète. En voici quelques vers :

> Quand elles sont à marier (bis)
> Ce sont des anges de bonté.
> Mais quand elles sont mariées (bis)
> Ce sont des diables déchaînés (ter).

2. Avant qu'il aille.
3. Une dame qui lui plaît.
4. Et puis.
5. Parquet, place entourée, ornée et réservée aux danseurs.
6. Les divers éditeurs sont en désaccord sur ce mot : ils donnent *efferune, effernue, efferuve* ou *effervuë*. Il est possible qu'il faille *efferve*, comme le dit Coustelier ; mais ce mot n'est pas commun au XVe siècle. J'ai supposé qu'il

DROITS NOUVEAUX. 141

Et de fait, quant la dance cesse
Il demeure sur ung pas double [1].
Dieu scet se il songe creux et trouble!
Le povre danceur s'excusoit,
Mais quoy! il n'avoit pas ung double [2],
Pour cela chascun s'en mocquoit.
Je demande se, selon droit,
On doit le tabourin pugnir;
Se pour le *pacte* on le pourroit
Faire *adjourner* ou *convenir* [3]?
Les *vieulx droiz* vouloient soustenir
Que cela n'estoit pas injure;
Mais les *nouveaulx* veulent tenir
Que c'est tresgrande forfaicture
Au tabourin, et chose dure
Au mignon; pource, par sentence
De droit, de raison, d'escripture,
On luy doit imposer silence;
Le destituer de plaisance [4],
Le degrader par bon moyen

y avoit une faute d'impression dans la première édition : *effernne* pour *effrenne*, que j'ai adopté. C'est bien le sens d'ailleurs. L'autre dance à contre-temps, s'emporte, se démène hors de toute mesure.

1. Sur la moitié d'un pas double, probablement le pied en l'air au milieu d'un saut.

2. Petite pièce de monnoie dont la valeur a varié fréquemment, de deux sous à la sixième partie d'un sol.

3. Assigner.

4. De l'office d'amuser les gens.

De chaine [1] d'argent, de chevance [2],
De son tabourin, de son bien.
Car il devoit, sur toute [3] rien,
Tenir promesse sans esclandre.
Tabourin, souvienne vous en,
Et vous gardez bien de mesprendre.
En oultre *droit* a fait deffendre
Aux maistres jurez du mestier
Qu'ilz n'ayent à recepvoir ou prendre
Aucun bedon, ou menestrier,
Sans premier [4] les faire jurer
Que à leur povoir ilz garderont
Povres danceurs de demourer [5],
De faillir quant ilz danceront;
Mais qui plus est radresseront [6]
Tousjours ung povre gaudisseur,
En façon que les gens diront
Que c'est ung notable danceur.
Et si, soubz moyen ou couleur,
Ne veullent à cecy pourvoir,

1. Les menestriers, jongleurs, trouvères, étoient récompensés, au Moyen Age, par le don de vêtements, de chaînes, de fourrures, dont les auditeurs se dépouilloient à leur profit.
2. Ce qu'on a gagné par son travail.
3. *Rien*, chose; par-dessus tout.
4. D'abord, premièrement.
5. Rester court.
6. Remettront dans la mesure.

On les prive de tout honneur
Que les tabourins pevent avoir.

   Aultre question fault mouvoir.
Bourgoise hante le gibier,
Et pour mieulx faire son devoir,
Elle ayme ung plaisant escuyer.
Et affin de son cas celler,
Elle permet sa chamberière
Baiser, taster, faire et galler [1]
Au paige monsieur [2], en derrière [3].
Et faict *pact* en ceste manière
Pour garder tousjours ses honneurs.
La *paction* est elle entière [4]?
Doit elle obtenir ses vigueurs,
Veu qu'elle est contre bonnes meurs?
De raison [5], el ne doit valloir.
Mais *droitz nouveaulx* sont plus seurs
Et dient qu'il n'en doit chaloir [6] :
En ceste matière, pour voir [7],
Il y a regard et faveur [8].

  1. Se réjouir, faire fête.
  2. De monsieur; tournure conservée de la vieille langue du Moyen Age.
  3. En secret. — 4. Légitime.
  5. Raisonnablement.
  6. Que peu importe la raison ou exception quant aux bonnes mœurs.
  7. Pour dire vrai, certainement.
  8. C'est-à-dire que ces matières ne sont pas *stricti*

Car l'intention et vouloir
Estoit pour garder son honneur.
Et pource est de bonne valleur
Le *contract* et la *paction*;
Et s'il y a faulte ou erreur,
Il y chet vallable action.

Je forme une aultre question :
Une courtière, ou macquerelle,
A proprement dire son nom,
Sert une bague ¹ fort nouvelle,
Gorgiase, plaisante et belle.
Elle la prie pour ung seigneur,
Comme elle dit ; elle l'appelle
Ung grant homme, ung homme d'honneur ;
Elle dit que c'est ung donneur
De chapperons, de robbes fourrées ;
Mais c'est ung povre estragaveur
Qui les vouldroit toutes soupées ².

juris, qu'on peut tempérer en leur faveur, par des considérations d'équité naturelle, ou par suite de circonstances particulières inhérentes au cas, la rigueur générale de la loi, et préférer à la *lex dura quædam benignitas et mitigatio juris*. Ce latin, nous le pensons, n'a pas besoin de traduction.

1. Une de ces femmes après lesquelles les hommes courent comme les joueurs après la potence où sont suspendus les anneaux dans le jeu de Bagues.

2. Ayant soupé ; pour n'avoir rien à leur payer. Peut-être faut-il voir là une contre-petterie : Toutes *poussées*, toutes prêtes à prendre, faciles à cueillir, etc.

Et dit qu'il a robbes fourrées,
Toutes neufves qu'il a faict faire;
Mais les siennes sont deschirées,
Tant est povre et mince de caire [1].
Elle dit qu'il est debonnaire,
Bel homme, plaisant et mignot;
Et c'est ung putier ordinaire,
Qui est aussi lait q'ung marmot [2].
Elle luy dit, en ung brief mot,
Qu'il est de bon lieu et est saige;
Et toutesfois ce n'est q'ung sot,
Filz de quelque huron saulvaige [3].
Elle dit de luy que c'est raige,
Qu'il est archediacre, ou chanoine;
Et c'est un prestre de villaige,
Ou le clerc de quelque vieil moyne.
Au moyen de la triolaine [4],
Et qu'elle en disoit des biens tant,
La povre mignonne se pene
Et s'en va vers luy tout batant [5].

[1]. Aspect, visage, contenance.
[2]. Singe, marmouset, vieille statuette.
[3]. De quelque paysan, sale, noir, hérissé, barbu, comme une hure de sanglier.
[4]. De cette *ratelée*, comme disoient les conteurs du XVIe siècle, de ces redites, de ces continuelles répétitions, de ce dénombrement de qualités.
[5]. *Batant, bastant*, suffisant pour, préparé à, empressé de ; d'où *tout bastant*, à la hâte, comme quelqu'un qui est préparé à tout.

Elle cuidoit avoir contant
Force monnoye et parpignolles [1];
Mais elle retourna pleurant,
Et ne fut payée qu'en parolles.
El cuidoit user de bricolles,
Affin d'atraper et de mordre;
Mais quoy! elle fut aux *escolles* :
Elle apprint que c'est que de l'ordre.
Elle avoit grant paour de se tordre,
Tant y alloit viste courant;
Je croy qu'il ne falut rien *sordre* [2],
Il n'y eut riens de demourant.

Je demande s'aucunement
Elle pourroit, veu la matière,
Le conseil et l'enhortement,

---

1. *Parpaillole, parpillole.* Voy., dans du Cange, un long article sur le mot *parpaillola*. Il en résulte que cette monnoie étoit fabriquée à Tarascon, que René d'Anjou lui donna cours avec la valeur de 33 pour un écu. En 1343 elle valoit 15 deniers; en 1378 elle étoit décriée, elle ne valoit pas 5 deniers, etc.

2. M. Tarbé pense que *sordre* vient de *sordere*, faire des économies, dit-il. Nous ne connoissons ces deux mots avec un tel sens ni dans la langue françoise, ni dans la langue latine. Les dictionnaires nous apprennent que *sordere* veut dire être sale, et que *sordidus* s'applique à un avare, non parcequ'il fait des économies, mais parcequ'il fait de *sales* économies. Dans la langue du Moyen Age nous connoissons *sourdre*, jaillir, s'élever, qui est encore conservé dans le patois cauchois, où il s'applique souvent

La façon d'elle [1] et la manière,
La deception toute clère,
L'abus qu'elle fist de langages,
Faire convenir sa courtière
Affin de ravoir ses dommaiges.

 Le *droit* dit, aussi font les saiges,
Veu le procès [2] malicieux
De celle qui faict les courtaiges,
Son conseil faulx et frauduleux,
Cault, deceptif et captieux,
Qu'elle rendra le salaire
A la mignonne, et à tous lieux
Privée [3] à tousjours de ce faire.

à un homme inventif, de l'esprit duquel il *sourt* de subtiles, mais peu satisfaisantes explications.

 Voici quel est, selon nous, le sens de ce passage, obscur d'ailleurs. Le mot important est le mot *escolle*, qui domine toute l'allusion. Cette femme, dit Coquillart, fit comme les jeunes écoliers, qui apprennent bien vite à mettre ordre au zèle avec lequel ils courent aux premières leçons. Elle alla tout courant à l'école, mais je crois qu'il ne fallut rien *sordre*, qu'on n'y éleva pas, qu'on n'y débattit pas, qu'on n'y résolut point grands arguments; il n'y demeura personne pour entendre la leçon. Tel est sans doute le sens; quant aux allusions, aux doubles ententes, elles se comprennent aisément, sans qu'il soit besoin de s'y appesantir. Par *ordre*, le poète indique qu'elle eût dû se faire payer d'avance, et il conclut gaîment qu'il ne lui demeura pas grand profit de cette belle entreprise.

 1. De la courtière. — 2. Procédé.
 3. Qu'elle sera privée.

Oultre la declaire faulcère
En son mestier, et souffrera
Peine corporelle, arbitraire,
Comme le juge advisera.
Et par ce moyen ce sauldra [1]
La question, puis que on s'i fiche.

1. Se résoudra.

DE DOLO.

C'est trop demeuré sur cela.
S'ensuyt donc après la rubriche
De Dolo. Il n'y a si riche,
Si povre, tant soit simple ou grue,
S'il estoit [1] si large ou si chiche,
Qui sur ce pas icy ne rue [2].
Vecy comme il se continue [3] :
En *traictez* et en *pactions*
Souvent est la partie deceue
Par fraudes, *circunventions*;
Pource, après les *conventions*
Et les *promesses*, je m'aplique
Ou tiltre des *deceptions*,
Lequel aujourd'huy on pratique.

1. La veuve Trepperel donne *si estoit*, les autres éditions *s'il estoit*. Je les ai suivies, mais je pense qu'il y a eu une faute d'impression dans l'édition première, et que *si estoit* vient en place de *si estroit*.
2. Ne se précipite, ou bien ne s'agite, ne se démène, comme en face d'une personnalité; ou encore ne passe tôt ou tard par ce défilé.
3. Voici comme je continue, d'après quelles considérations je mets cette rubriche à la suite de celle *De Pactis*.

Et pensez vous tant en practicque ¹
Que en amours, et en marchandise,
On use de grant rethorique
Pour venir à son entreprise.
De *dol*, de fraulde, de faintise,
Chascun veult gloser le psaultier ²;
Chascun est à la convoitise ;
Chascun est maistre du mestier.

 Aujourd'huy ung grant chevalier,
Ung grant abbé, ung grant seigneur,
Se yra franchement pourmener
Avec ung petit procureur,
Et luy portera grant honneur,
Pourveu que sa femme soit belle ;
Et n'est que pour avoir couleur ³
De hanter souvent avec elle.
D'une habitude quelle et telle
On vient à habitation ;
Tulle en sa Rhetorique appelle
La couleur frequentation ⁴.
N'est ce pas grant deception,
Grant tromperie et mauvaistié,
Soubz faulce conversation

---

1. Nous avons déjà dit que ce mot indiquoit souvent l'art et les ruses du métier de procureur et d'avocat.
2. Etudier, établir de nouvelles leçons de *dol*, etc.
3. Et ce n'est que pour avoir prétexte, moyen.
4. C'est ce que Tullius Cicero désigne par la couleur (figure) de rhétorique *frequentatio*.

Faire avec femme son traictié ?
Mais, au fort, ce n'est qu'amitié [1],
Ce ne sont que communs ouvraiges,
C'est pour payer l'indennité [2]
Et fournir aux vieulx arreraiges [3].

   Tous prestres, clerz, et folz, et saiges,
Advocatz et practiciens,
Juges, gentilz hommes et paiges,
Femmes, amoureux et marchans,
Minces, riches, mignons, meschans,
Sçavent de ce tiltre la voye [4].
Car il est propice à toutes gens
Qui se meslent d'ouvrer de soye [5].
En quelque maison que je soye,
On les met tousjours en leur place [6]

1. Mais le grand seigneur dira sans doute qu'il ne va là que par amitié, pour faire remplir au procureur les communs ouvrages de son office.

2. Les quatre premières éditions donnent : *pour paistre l'invernité*; dans la crainte d'expliquer sérieusement des mots qui sont sans doute le résultat d'une faute d'impression, j'ai suivi Galiot du Pré.

3. De quelque vieux procès.

4. Les ruses, la pratique de ce *tiltre*; c'est-à-dire, tous ont à la fois la science de cette *rubriche* (*De dolo*) et de cette manière de tisser des tromperies. Ce jeu de mots sur *tiltre* ou *tistre* (*chapitre* ou *tapisser*) domine tout le passage qui suit.

5. De travailler la soie, avec le jeu de mot *travailler pour soi*.

6. Les diverses soies de cette tapisserie et les divers

Comme le *vert* : « Et se y pensoye »,
Le *jaulne* de : « S'à vostre grace¹ »,
Le *fauveau*² de faulce grimasse,
Taint en bleu de : « Ce vous en croy »,
Fait ung *pers*³ d'ung : « Grant preu vous face »,
Et ung *vert* de : « Vela dequoy »,
Ung *tanné*⁴ de legier octroy
Vault ung *gris* d'ung grant audivi⁵ ;
Soubz ung *blanc* de : « Pardonnez moy »
Dieu scet se le monde est servy⁶ !

Noz grans orateurs aujourd'huy
N'ont plus autre couleur en main.
Toutes façons de gens aussi
Maintenant ensuivent ce train.

fils de ces ruses mondaines. Ainsi le fil vert de : « Si j'y avois pensé ! » avec le jaune de, etc., forment un tissu qui peut se résumer en ces mots : Grand bien vous fasse ! bénédiction du Moyen Age qui me semble avoir quelque lien de parenté avec la bénédiction moderne : Que le diable vous emporte !

1. Cela est à votre grâce, peut être, sauf votre grâce.
2. Couleur d'un brun jaunâtre.
3. Etoffe bleuâtre.
4. Brun-noir, basané.
5. Audience favorable. On comprend facilement que ces trois derniers vers signifient qu'une réponse moqueuse et négative, ou une promesse légère, sont exactement la même chose, quant au résultat, qu'une promesse solennelle.
6. Car, avec cette formule : Pardonnez-moi, j'ai oublié, on esquive les plus formelles promesses.

Deception court et sur grain,
Sur femmes et sur escuyers,
Et sur le vin et sur le pain,
Et en effect sur tous mestiers.
Ne voyons nous pas ces drapiers
Presser un drap ¹ ou gris ou jaune
Qui ne vauldra pas trois deniers ;
Ilz le venderont deux francz l'aune !

Galures ² portent escrevisces ³
De veloux, pour estre mignons ;
Et sont deceuz povres novices,
Cuydans que ce soyent hocquetons ⁴.
Soubz grans robes fourrez de martres,
Noz bourgoises tiennent ces termes

---

1. M. Tarbé nous indique qu'on entendoit par *presser les draps* une opération qui les allongeoit en les foulant et en les faisant passer par un cylindre chaud. Il mentionne une ordonnance de Louis XI et une autre de Louis XII qui mettent un terme aux abus engendrés par cette méthode.

2. Probablement une de ces nombreuses désignations dont se sert Coquillart pour indiquer les gens à la mode, les galants, les mignons, les gens de fête et de loisir. *Galler*, se réjouir, a donné naissance à une foule d'adjectifs, qui sont devenus des sobriquets, des noms, et dont *galures* est sans doute un des moins communs.

3. On appeloit *escrevisse* des lamettes de métal réunies de façon à former une cuirasse et tournées en dos d'écrevisse.

4. Courte jaquette sans manches, et le soldat qui la portoit.

De façonner leurs culz de cartes [1],
Affin qu'ilz en semblent plus fermes.
Elles ont visaiges frés et moite,
Joues vermeilles et blanches dens ;
Mais s'est Dieu mercy et la boitte [2],
Ou les drogues qui sont dedans.
Une qui aura les yeulx rouges
Les lave au matin d'une eaue blanche,
Tellement que, sur toutes gouges [3],
Elle semblera la plus franche.
Mais ne sont ce pas bonnes faintes
D'aucuns mignons chanuz [4] et vieux,
Qui ont si bien leurs testes paintes
Qu'ilz sont jeunes par les cheveux,
Quoy qu'ilz soyent povres et caduques,
Et faignent qu'ils ayent du content [5].
Si voit on que soubz grans perucques
Ne croist pas voulentiers argent [6].

   Ma damoyselle, par manière,

---

1. Cette mode n'a point besoin de commentaires en l'année 1857.

2. Mais si elles sont si belles, c'est par la grâce de Dieu et de la boîte, ou des drogues, etc.

3. *Gouge*, dans le principe, prostituée suivant les soldats ; plus tard, femme galante de toute condition.

4. Chenus, aux cheveux blancs.

5. De l'argent, de la jeunesse, de la santé à dépenser.

6. Fil d'argent ; cheveux blancs, avec le jeu de mots suggéré par le mot *content*.

Se façonne comme une gaule [1]
Et porte ung long touret [2] derrière,
Pour musser une faulce espaule.
Quant noz mignons chaulx et testus [3]
Jouent au clic [4] ou à la roynette [5],
Ilz empruntent franc dix escus
Dessus la clef de leur bougette [6],
Et baillent, quant ilz sont sur champs [7],
Leur boite à l'hostesse garder,
Et dient qu'il y a cent francz
Où il n'y a pas ung denier.

Nous voyons noz grans macquerelles,
Barbues comme un vieil franc archier,
Pource qu'elles sont trop hommatres
Elles font leur poil arracher.
Finés ont de noz frongereaux [8]

1. Se tient roide comme une perche.
2. *Touret* signifie ici une sorte de doublure rembourrée, dont la damoiselle entoure son dos, depuis le col jusqu'aux hanches, pour dissimuler qu'elle a une épaule plus forte que l'autre.
3. Emportés, obstinés au jeu; peut-être faut-il entendre dont la tête est réchauffée par une perruque.
4. Ou glic.
5. Sorte de jeu de trictrac. Mais je n'ai pu parvenir encore à déterminer à laquelle des combinaisons du trictrac on peut le comparer; il m'a semblé seulement que le *doublet* y joue un grand rôle.
6. Pochette, bourse.
7. En voyage, peut-être à court d'argent.
8. Au lieu de finés (trouvé, obtenu), on peut lire *fines*,

Des chapperons et robbes fourrées,
Mais ce sont chapperons d'oyseaux [1]
Et aussi robbes à poupées [2].
Femme qui a quelque mignon
Tire de luy [3] bague ou anneau,
Et use de *retencion*.
Vous semble il que le jeu soit beau ?
Femme, pour atrapper martirs
Et ruser quelque gaudisseur,

elles, fines, extorquent, etc. La première version m'a semblé mieux rentrer dans le langage du XVe siècle. *Frongereaux* pour *fringereaux*, galants, mignons, libertins.

1. Pièce d'étoffe qu'on mettoit sur la tête du faucon pour l'empêcher de voir et de se démener inutilement. Ces chaperons, dit le poète, sont donnés à ces vieilles barbues pour les aider à aveugler les filles qu'elles veulent corrompre.

2. Pour habiller des poupées, pour obtenir la faveur des niaises.

J'ai suivi, pour ce passage, les quatre premières éditions. Galiot du Pré l'a légèrement modifié ; il donne :

> Pout mieulx soustenir leurs querelles,
> Elles font leur poil arracher ;
> Si promettent habis reaulx, etc.

3. Les premières éditions donnent *tire du roy*, qui est peut-être la bonne version. Il semble, en effet, qu'il y ait là une locution proverbiale du XVe siècle, empruntée à quelque habitude fiscale, à quelque jeu, peut-être au tant noble jeu de l'arbaleste. Mais, dans l'impossibilité où je me trouvois de préciser le sens propre et d'indiquer honnêtement le sens allusif, j'ai suivi Galiot du Pré.

Gette emprès luy¹ de grans souspirs,
Pour luy faire triste le cueur.
S'on taste les grandes joncheresses²,
Celles qui hantent³ ès escolles,
Elles serrent si fort les fesses
Qu'on ne les sçauroit trouver molles.
Femme à donner ung peu s'applicque,
Pour retirer ung plus grant don ;
C'est la couleur de rhetoricque
Que on nomme *repetition*.
Noz mignonnes sont si treshaultes⁴
Que, pour sembler grandes et belles,
Elles portent panthoufles haultes
Bien à vintquatre semelles.
Quelque une qui a fronc ridé
Porte devant une custode⁵,
Et puis on dit qu'elle a cuidé
Trouver une nouvelle mode.
Si damoyselle a gorge laide,
Seiche et ridée soubz ses atours,

---

1. Auprès de lui.
2. Coquettes, menteuses, prostituées ; celles qui hantent les endroits jonchés de paille, comme les escolles ; onchés d'herbes et de fleurs, comme les salles de bal.
3. Veuve Trepperel donne : *qui chantent.*
4. Hautaines ; peut-être, par ironie, si petites.
 . Paroît indiquer quelque visière pour protéger le front et le visage.

Elle portera pour remede
Une cornette [1] de velours.

Par telles manières indeues,
Par telle manière et façon,
Sont souvent povres gens deceues
Et ont une lourde leçon.
Amours, ce n'est que trahison :
Aujourd'huy, pour la contrefaire,
Je l'equipare [2] à la maison
Ou l'ouvrouer [3] d'ung apoticaire.
Une drogue à l'autre est contraire,
Combien qu'en ung lieu je les tiens [4] :
Le *mortier* c'est : « Je le veuil complaire »,
Le *pillon* c'est : « Vous n'aurez rien » ;
La *balance* : « Je vous retiens »,
Et le *poix* : « Vous vous abusez » ;

---

1. Nous avons déjà indiqué que les bandes de la cornette venoient se replier, se nouer, sur le cou et la gorge ; plus tard elle descendit sur l'épaule, et ne fut plus portée que par les docteurs et les magistrats.

2. Compare.

3. Ouvroir, lieu où l'on travaille, officine.

4. Remarquez, dit le poète, qu'il en est de la diplomatie amoureuse, de la coquetterie, de l'art de se faire aimer, comme d'une boutique d'apothicaire : les sentiments les plus contraires, les apparences les plus contradictoires, se trouvent dans le même cœur, sur les mêmes lèvres ; ils constituent le *code* de la galanterie, comme les drogues les

La *batte* [1] : « Je vous ayme bien »,
Le *couverceau* : « Vous me faschez »;
La *fiole* : « Vous me plaisez »,
Et l'*escripteau* [2] : « Ce n'est que ordure »;
Le dedans c'est : « J'en pers les piedz [3] »,
Et le dessus : « Je n'en ay cure ».
Autour d'une mesme cloture
Il y a roses et espines,
Bien et mal, chaleur et froidure,
Composées de divers mines [4].
Puis y a de vieilles racines [5]
Qui ont la vertu de aymant,
Et ne servent, pour medecines,
Sinon à tirer de l'argent.
On peult donc jurer bonnement
Que en amours, en toute façon,
En tous estatz, presentement
Il ne court que deception.

plus opposées constituent ladite boutique. En effet, la femme pense : « Je lui veux complaire », et elle persécute le pauvre galant, en disant : « Vous n'aurez rien », etc.

1. La *batte*, c'est ce qui remue le fond du vase; c'est-à-dire qu'au fond du cœur il y a : « Je vous ayme bien », tandis que le couvercle, l'apparence, dit, etc.
2. Le papier collé sur la fiole, *selon la formule*.
3. J'en suis folle.
4. De coquetteries, de grimaces différentes.
5. C'est-à-dire des entremetteuses.

De dolo en faict mencion [1],
Notez ce que faict en avons [2].

Je metteray une question,
Laquelle tantost [3] nous narrons.
Le cas est : Ung de noz mignons
Fut amoureux d'une fringante
Qui demeure delà les pontz,
D'une bourgoise belle et gente ;
Et pour jouir il luy presente
Cent escus au commencement.
Toutesfois s'estoit son entente
De jouyr d'elle longuement ;
Et luy sembloit que, incontinent
Après la première secousse [4],
Il en pouroit finer [5] souvent
Sans plus mettre main en la bource.
La mignonne prent et embourse
Les cent escus ; et endura
Ce bien, sans ce qu'elle se course [6]
De riens, au moyen de cela.

1. Cela rentre sous la rubrique *De dolo.*
2. Voyez comment nous nous en sommes tirés, comment nous l'avons prouvé.
3. Nous allons débattre immédiatement. Galiot du Pré et ses successeurs n'ont pas compris le mot *tantost* et donnent *narrerons,* qui ne s'explique guère, puisque l'auteur entre immédiatement en matière. — 4. Débat, victoire.
5. Venir à bout, triompher, trouver d'autres victoires.
6. Courroucer.

Depuis le mignon s'en alla
De hors, et ne fist demourée
Que trois jours. Quant il retourna,
Il la trouve toute changée.
Elle contrefait la rusée [1]
Et dit pourtant s'elle a hanté,
Qu'elle n'est plus deliberée
D'estendre la fragilité [2];
Dit, oultre plus, qu'elle a esté
A confesse, au bon cordelier [3],
Qui l'a presché et enhorté
De jamais n'y plus habiter.
Bref elle luy dresse ung mestier,
Une rizée, une decepvance.
Le povre homme cuyde enrager
Et ne scet tenir contenance.
Pour *exception* ou *deffence*
Il respond que pas il ne croist
Que ung cordelier de l'Observance [4]
Le puisse priver de ce droit,
Veue l'*ypothèque* qu'il avoit
Sur ceste mignonne fringante.
Car la loy mesme ne pourroit

---

1. L'étonnée; elle commence par vouloir nier, puis pourtant elle dit que si, etc.
2. De continuer plus long-temps sa foiblesse.
3. Voyez ce que nous avons dit plus haut de frère Anthoine Fradin.
4. Cordelier réformé.

Coquillart. — I.

Sans cause luy oster sa rente.
Je demande se *l'aplicante*,
Pour frustrer l'autre et reculer [1],
A quelque raison suffisante
De mettre en jeu le cordelier.
Les *droitz nouveaulx*, pour abreger,
Respondent que on ne trouve mye [2]
Que ung frère Mineur [3] peust oster
Le droit d'une tierce partie ;
Et, quoy que la mignonne dye,
Elle doit, de toute raison,
Tenir loyalle compaignie,
Foy et promesse à ce mignon.
Mais, s'elle alleguoit trahison
Encontre luy ou faulte grande,
Elle auroit bonne *exception*
Pour le frustrer de sa demande.

Une autre doubte je demande :
Femme a son mary bas devant,
Qui prent à d'aultre lieu provende ;
Loit il de luy en faire autant ?
Se son mary s'en va hantant
Aucunes mignonnes fillettes,

---

1. Repousser, éloigner l'autre.
2. Pas.
3. Les franciscains se divisèrent en frères Mineurs conventuels et frères Mineurs de l'étroite observance.

Doit elle frequenter pourtant [1]
Les Cordeliers ou les Billettes ?
Pourtant s'il a façon doulcette [2]
Qui se voise [3] ailleurs atteler,
Peut elle courir l'esguillette [4]
Et s'en faire aussi harceller ? [5]
Et celluy voit sa femme aller [6]
En lieu de gibier [7], à l'escart ;
A il cause de grumeller,
Frapper et luy donner sa part [8] ?
Les *droix* dient que ung tel souldart [9]

1. A cause de cela, pour cela.
2. Quelque intrigue amoureuse.
3. Qui aille, qui le mène ; ou bien, de sorte qu'il s'en aille.
4. S'abandonner au libertinage. Voy. l'étymologie, imparfaite d'ailleurs, que Pasquier donne, dans ses *Recherches*, de cette locution proverbiale.
5. Les premières éditions donnent : « Et sa femme ainsi harceler », tournure de phrase rare au XVe siècle, et peu conforme d'ailleurs à la méthode ordinaire de notre poète. J'ai supposé une faute d'impression et suivi Galiot du Pré.
6. Peut-être faut-il lire *ce luy* (si luy).
7. Comme fait le gibier, ou dans un endroit fréquenté par *le gibier*, par les débauchés.
8. On dit encore, dans un langage peu noble sans doute, mais expressif, donner son affaire à quelqu'un, le traiter comme il le mérite, c'est-à-dire, dans le même sens qu'ici, le battre comme plâtre.
9. Un tel coureur, et aussi un homme qui avoit reçu la *soulde* (la solde), la récompense de son méfait.

Doit endurer en paix l'offence.
La raison du saige et de art [1],
« *Dolus cum dolo se compence* »,
En ce cas l'ung l'autre compense [2].
Puis que chascun d'eulx est en ruit [3],
L'ung [4] a les dez, l'autre la chance [5];
C'est simplesse d'en faire bruit.

Une autre question nous duit [6] :
Une [7] qui sert de beaulx messaiges [8],
Une courtière, qui ne vit
D'autre chose que de courtaiges,

---

1. Le brocard du jurisconsulte et de l'école (des livres du droit).
2. Ce brocard, cette maxime renvoie dans ce cas les parties dos à dos.
3. Rut.
4. Et que l'un.
5. C'est-à-dire qu'ils sont tous deux dans la même position, l'un ayant les dez favorables, l'autre la chance favorable au jeu.
6. Nous convient, nous arrive sur ce propos.
7. Une femme qui; cette courtière du vers suivant.
8. Qui fait d'ignobles commissions. *Beau message* signifie aussi parfois message amoureux. Il m'est impossible de deviner le sens que Galiot du Pré et tous les éditeurs venus après lui ont pu donner à ce passage, qui est, avec notre ponctuation, d'une grande netteté. Ils sont arrivés à l'obscurcir d'une façon bizarre. Ils écrivent *en contrefaisant ses courtaiges*; c'est à la *courtière* encore qu'ils accordent la qualité de *meschante deschirée*; ils mettent un point après *villaiges*, etc.

Encontre, faisant ses messaiges [1],
Une meschante deschirée
Qui a couru bourgs et villages
Et est à tous habandonnée,
Une morfondue, mal parée,
Une meschant bague au gibier.
Ceste vieille l'a emmenée
Et la [2] vous mest sur le mestier [3];
Et, de faict, la va appointier
De chapperon rouge, au surplus
De corset de soye, de baudrier,
De robbe. Que voulez vous plus ?
Tant que [4] devant pour trois festuz
Vous l'eussiez eue, ou pour du pain,
Maintenant la couple d'escuz
Ou le noble [5] luy pend au sain.
Ou temps de tout son premier train
Elle alloit par tout, loing et près,

1. On comprend facilement : rencontre pendant qu'elle fait ses messages.

2. *La*, elle, et non *là*, comme le met l'éditeur Rémois, d'après la pitoyable édition du XVIIIe siècle.

3. La travaille, la dresse, avec allusion à l'ignoble métier qu'elle lui destine.

4. Si bien que.

5. Monnoie angloise qui eut cours en France au XVe et au XVIe siècle; noble à la rose, noble Edouard, noble Henri, monnoies dont la valeur a varié. Sous François Ier le premier valoit 102 sous; le troisième, 94 sous; le second, plus tard, en Angleterre, valoit 15 shellings sterling.

Et maintenant c'est ung gros grain [1]
Et ne va que aux porches secretz [2].
Elle alloit devant et après [3],
Toute seulle, amont et aval [4] ;
Maintenant c'est ung cas exprès [5]
Qu'il la fault conduire à cheval.
Quel tromperie! Propos final,
C'est deception et cautelle.
Or l'inventeur de tout le mal
A esté ceste macquerelle.
Je demande comment doit elle
Estre pugnye, veu qu'elle s'applicque
De bailler si lourde marelle [6]

On nous permettra de relever le jeu de mots de notre poëte : ce qui pend au sein de cette fille, ce n'est pas seulement l'argent, c'est aussi l'homme *noble*, celui qui a *double écu*, double écusson.

1. Un personnage important, une prostituée de valeur.

2. Aux huys de derrière, à la porte du jardin, chez les personnages assez haut placés pour qu'ils n'osent pas faire passer leurs intrigues par la porte de la rue.

3. Elle n'étoit pas sensible, la morfondue, aux questions de préséance.

4. Au grenier ou à la cave ; peut-être par monts et par vaux.

5. Une convention expresse.

6. *Merelle*. Du Cange dit que ce mot, dans le principe, signifioit des sortes de jetons de présence distribués aux prêtres lors de leur assistance à certains offices. On nommoit ainsi encore certaines médailles ; puis les pièces, les pions au jeu de dames. Je pense qu'on comprenoit aussi

Et tromper la chose publique ?
Selon *droit* et la *theorique*,
On la doit pugnir voirement ;
Mais, par mon serment, la *practique*
Est au contraire maintenant ;
C'est que ¹ on la pugnye d'argent
Et de peine pecuniaire
Au proffit de quelque sergent,
Qui en est le juge ordinaire,
Mais que ² on lui fonce le salaire.
Elle aura son *gaige* exprès ³
Et si ⁴ n'y aura commissaire
Qui en parle jamais après.

sous ce nom les carrés de l'échiquier. Le jeu de *marelles*, que nous trouvons fréquemment cité dans les auteurs du XVIIe siècle, paroît désigner surtout ces jeux que les enfants pratiquent en poussant du pied un palet dans diverses cases dessinées à la craie. *Merelle, mesrelle, marelle*, signifioit en outre, comme nous le voyons ici, tromperie (peut-être par allusion à *merellus*, vin mélangé d'eau) ; coup, punition (peut-être par allusion ironique aux jetons de présence) ; enfin, en général, mauvais tour, ce qui seroit tiré du sens *jeu*, le troisième des sens propres que nous avons attribués au mot *merelle*.

1. Cette practique est que, veut que, fait en sorte que, etc.

2. Mais la pratique, l'usage, veut aussi qu'on leur fournisse en même temps leur salaire ; de sorte qu'elle ne perdra rien.

3. Elle aura ainsi un gage excellent.

4. Et dès lors.

Une aultre question je més :
Que vous semble il d'une ymage [1]
Qui s'acointe d'aucuns nyais,
Et vent trois fois son pucellage ?
Quelque gros grain, faiseur du sage [2],
La vient ung petit manier ;
Celluy là paye l'aprentissaige
Et le pucellage premier.
Depuis survient quelque escollier
Gorgias, de bonne maison,
Qui se met à en essayer
Et est le second eschanson.
Après revient quelque mignon
Qui paye et passe les destroitz.
Vous semble il que ce soit raison
Vendre une seulle chose à trois ?
Quelque vendage toutesfois [3]
Qui soit faict, ou qui ait esté,
Telles marchandes, contre nos *droitz* [4],
Retiennent la proprieté.
Je demande se d'equité [5]

1. Fille fausse ou fort parée.
2. Faisant l'homme habile ou l'homme austère.
3. Et cependant, dit le poète à ses auditeurs, vous voyez que, malgré toute vente, cette fille retient la propriété.
4. Contrairement au droit commun.
5. Si, d'après l'équité, c'est un sage ou un fol celui qui s'y fie.

Il est saige ou fol qui s'y fie,
Et ce, pour telle faulceté,
La nymphe doit estre pugnye.
Les *droitz* decident, quoy qu'on dye,
Se¹ la faulceté est congneue,
Celle qui fist la tromperie
Sera fustiquée² et batue,
Demy vestue et demy nue,
Pour recongnoistre son delit,
Non pas en carfour, n'en la rue,
Mais aux quatre cornetz d'ung lit,
Les dens contremont³, l'esperit
Pançant⁴, ravy en amourette,
La teste au bout du chalit,
En lieu du cul d'une charette⁵;
Et l'execution⁶ parfaicte⁷,

1. Que si.
2. Faute d'impression, sans doute, pour *fustiguer*, qui paroît être la première forme du verbe actuel fustiger.
3. En haut, tourné vers le ciel.
4. Préoccupé.
5. « Plusieurs povres et indigentes creatures, dit Jehan de Troyes, comme larrons, sacriléges, pipeurs et crocheteurs, furent battus au cul de la charrette, pour leur jeune âge et premier meffait. » C'étoit une punition fréquemment usitée, au Moyen Age, envers ceux qui avoient donné des scandales publics, et elle existoit tantôt seule, tantôt comme un préliminaire de pendaison.
6. Répétez *sera*.
7. Complétée.

Après quatre ou cinq mois passez,
Par ceulx qui la despesche ont faicte[1],
Affin d'estre[2] recompensez.

1. Sans doute ceux qui ont commencé l'affaire.
2. *Sera parfaicte* par ceux... afin qu'ils soient.

De Impensis.

C'est trop cacqueté. C'est assez
Sur le *Dolo*, ce m'est advis.
S'ensuit donc, pour estre advan-
La *reproche* ² *De Impensis* ³,   [cez ¹,
Des *impenses* ⁴. Selon tous ditz ⁵,
S'on tache à decepvoir les gens
Et tromper par moyens subtilz,

---

1. Pour aller de l'avant.

2. Toutes les premières éditions donnent ici ce mot en place de *rubriche*, qu'on seroit tenté d'y placer. Coquillart a voulu jouer sans doute sur le mot juridique *reproche*, qui est une fin de non-recevoir les témoins d'une partie adverse. Il indique par là que les gens qui ont dépensé et sont ruinés se trouvent absolument rejetés de toute galante compagnie ; il a pensé aussi sans doute à l'objection habituelle tirée des dépenses à faire, au blâme jeté par tout le monde sur la prodigalité.

3. *De Impensis in res dotales factis*, Dig., lib. 25, tit. 1.

4. Dépenses.

5. D'après l'avis général.

Ce n'est que à fin de despens ¹.
Pource, après *De Dolo*, je prens
Des impenses en bonne foy ².
Ceulx qui font l'arquemie aux dens ³
Ne practicquent point ceste loy ;
Ceulx aussi qui n'ont pas dequoy
Ne pevent telz grans despens faire.
Pource c'est le pis que g'y voy ⁴,
Quant ung homme ⁵ est mince de caire :
S'en ung ⁶ amoureux n'a que traire,

1. De dépense, afin d'avoir de l'argent à dépenser.
2. Avec raison, logiquement.
3. Les pauvres diables qui jeûnent, qui remuent leurs dents avec autant de profit que les alchimistes leurs creusets, qui fournissent à leurs dents des chimères à mâcher, etc., etc. Cette locution étoit, pour les bourgeois folâtres du XVe et du XVIe siècles, une mine inépuisable de calembours. Chacun de nos lecteurs en trouvera facilement cinq ou six sans notre aide.
4. Pour un pauvre diable d'être amoureux : car, s'il ne l'étoit pas, il pourroit se consoler de sa pauvreté en se disant qu'il ne verra jamais de commissaire. Il faut songer aussi au second des deux sens qui vont se trouver en présence pendant les six vers suivants. C'est le plus triste pour un homme de piètre mine que de ne pouvoir faire des dépenses ; il ne *produit* rien, ne paie pas de sa personne, on ne peut rien *traire*, rien tirer de sa bourse, il ne trouvera aucune femme qui voudra se *commettre* avec lui, pas même jusqu'à lui indiquer la *taxe* de ses faveurs.
5. Pour un homme qui est.
6. Car, si dans un amoureux, si d'un amoureux il n'y a rien à tirer.

Ne que ¹ mettre en *production*,
Il n'y fault point de *commissaire* ²
Pour faire la tauxation ³ ;
Trop inutile est l'*action* ⁴
Celluy ⁵ qui à povreté tire ;
Encores pis l'*exécution* ⁶
Là ou on ne treuve que frire.
Or n'est il riens au monde pire,
Quant ilz ont ensemble leurs cours ⁷,
Pour ung povre mignon destruire,
Que faulte d'argent et amours.

1. Ni rien à mettre.
2. Ce titre s'appliquoit à une grande quantité de personnages. Coquillart paroît indiquer ici ou les juges, qu'on distingua plus tard en grands et petits commissaires, et qui étoient chargés de vider les débats élevés sur les taxes des dépens, etc.; ou bien les officiers des généralités et des élections, chargés d'asseoir l'impôt.
3. La taxation de la part d'impôt, sans doute; et ce seroit une consolation, comme nous disions plus haut. Coquillart pense ici peut-être à ces beaux écus et à ces fines nappes qui lui furent enlevés, sous prétexte de taxation, par les suppôts, les commissaires, de Raoulin Cochinart.
4. Du fisc contre celui, etc.; et en même temps l'action, la tentative de l'amoureux que la povreté...
5. Contre celuy, et, de celuy.
6. Toujours tout à la fois et du fisc (c'est-à-dire la saisie du mobilier) et de l'amoureux (c'est-à-dire ses tentatives).
7. Faulte d'argent et amours, qui viennent plus bas.

On a veu, les anciens jours,
Que on aymoit pour ung tabouret,
Pour ung espinglier ¹ de velours,
Sans plus ² pour ung petit touret ³.
Aujourd'huy, il fault le corset,
Ou la trousoire ⁴ d'ung grant pris,
Ou bailler dix escus d'ung tret,
Ou la robbe fourrée de gris.

Or voicy ung cas qui est mis :
Ung mignon ayme une mignonne,
Et sont ses esperitz ravis,
Tant luy semble elle belle et bonne.
A elle du tout s'abandonne ;
Et, pour la faire plus mignotte,
Quatre aulnes de satin luy donne
Pour luy faire faire une cotte ⁵.
C'estoit satin de belle sorte,
Sendré, ung satin de Fleurence ⁶.
Et de fait la prie qu'elle porte

---

1. Boîte ou pelote. — 2. Tout au plus.

3. Je pense qu'il faut entendre ici, non un coussin ou une pelote, mais une petite bague.

4. Baudrier, ceinture, et les appendices de la ceinture, comme la bourse, etc.

5. Jupe, vasquine, et plus tard basquine. V., sur cette dernière forme de la *cotte,* une pièce curieuse insérée par M. de Montaiglon dans le *Receuil des anciennes poésies françoises*, Bibl. elz., t. 1, p. 293.

6. A fleurs, ou de Florence.

Ceste cotte pour sa plaisance [1],
Pour avoir de luy souvenance.
La bourgoise eust ung autre amy,
A qui elle donne et advance
Ces quatre aulnes de satin cy.
Il les prent et est resjouy,
Il fringue et en faict sa fredaine [2].
L'autre songe et est esbahy,
Qui voit qu'il a perdu sa peine.
L'ung est tondu, l'autre a la laine;
L'ung eschelatre, l'autre tonne [3];
L'ung est celuy qui sème avoine,

---

1. Pour se faire belle, ou pour lui faire plaisir.
2. Se fait avec cela léger, leste, brillant.
3. Nous avons déjà remarqué que, quand un mot avoit vieilli et n'étoit plus en usage au XVIe siècle, toutes les éditions de cette date, sauf celle de la veuve Trepperel, qui paroît s'être contentée de copier le manuscrit, toutes les autres, ne pouvant deviner le sens donné par ce mot, changeoient le texte pour arriver à un sens quelconque. Le mot *echelastre* a troublé tous les éditeurs, depuis Jehan Janot. Ils l'ont torturé de toutes les façons et ont ajouté le mot *la* devant *tonne*. M. Tarbé pense qu'il faut comprendre : l'un pose les échalas, l'autre a la tonne. En supposant, en effet, que *echelastre* veuille dire poser des échalas, en supposant encore que les éditions postérieures aient eu raison d'ajouter *la*, et que toutes les autres éditions aient eu tort de ne pas ajouter le mot *a*, on arrive au sens inventé fort ingénieusement par l'éditeur rémois. Le sens de Coquillart est plus simple : l'un agite la clochette, l'autre tonne.

Et l'autre est celuy qui moissonne.
Assavoir que [1] raison ordonne,
Se je vois quelque sot fringuer
De chose que à femme je donne,
Se je la pourroye *vendicquer*,
Reprendre, ou à moy applicquer ?
Le *droit nouveau* est resolu
Que on ne sçauroit tant topicquer
Que [2] le satin ne soit perdu
Pour moy. Mais bien, au residu [3],
On ne peult la dame apprehender ;
Et, se mon drap ne m'est rendu,
C'est assez pour la degrader
De son honneur et proceder
Contre elle à *degradacion* [4].
Le *prelat*, qui sera l'ouvrier [5],
Sera quelque mauvais garson ;
Telz motz qu'on dit [6], une chanson

1. C'est à savoir si raison ordonne que, quand je verrai, etc., je puisse, etc.
2. Que l'on ne sauroit faire, par les plus subtils arguments, que le satin ne soit pas perdu.
3. Il faut comprendre, je crois : Mais, quant au reste, quant à ce qui regarde la dame.
4. Suivent, comme toujours, la méthode et les personnages qu'on emploiera pour dégrader la dame, comparés à la méthode et aux personnages employés dans la dégradation d'un prêtre, d'un bénéficier.
5. L'officiant dans cette dégradation.
6. Les paroles officielles seront une chanson.

Qui court par les rues et sentiers :
« Ce que on oste c'est bon regnon [1] » ;
Le *registre* [2], mauvais berbiers ;
Et les menuz *officiers*,
Comme *scribes* et *promoteurs* [3],
Sont pages, et pallefreniers ;
Aplicans [4], meschans gaudisseurs,
Que sçay je ? ung tas d'afistoleurs [5],
Qui ont ouy le faict compter,

1. Renom. On comprend que c'est le premier vers de la chanson. Peut-être aussi le poète veut-il dire : *Ce que on oste*, ce de quoi on est dégradé, c'est, etc.
2. Ce vers m'a fort embarrassé. Les quatre premières éditions donnent : « Le *registre*, mauvais perbiers ». Galiot du Pré, et ici comme ailleurs tous les autres éditeurs ont suivi son exemple. Galiot du Pré donne : « Le *registre* aux mauvais greffiers. » Cette version m'a paru peu satisfaisante, et elle semble indiquer une médiocre intelligence de la méthode ordinaire de notre poète ; d'autre part, *perbiers* est parfaitement inconnu. J'ai dû supposer une faute d'impression qui avoit amené le *p* pour le *b*. J'avois ainsi un sens vraisemblable et parfaitement en rapport avec le reste du passage : le *registre*, c'est-à-dire ce qui constate officiellement la dégradation de la dame, c'est le bavardage de quelque mauvais barbier.
3. Le promoteur joue à peu près le même rôle devant le tribunal ecclésiastique que les gens du parquet dans l'organisation actuelle de la justice.
4. Ceux qui appliqueront la peine.
5. Ou *apistoleurs*, railleurs, impertinents, conteurs de sornettes.

Qui gecteront goulées ¹ plusieurs
Et l'iront par tout esvanter.
En ce point voit on degrader
Celles qui trompent leurs amys.

1. Moqueries, mensonges, coups de langue.

DE INJURIIS.

C'est assez dit, il fault traicter
Le tiltre *De Injuriis* [1] ;
Des injures le tiltre est mis,
Où il y a de grandes matières.
Pensez que ce tiltre est bien prins
Entre ses vieilles harangières ;
Les estaux de ces poissonnières,
Les coffres de la lingerie [2],
Et les bacquestz de ces trippières,
Ne sont plains d'aultre mercerie [3].
Les crochetz de la boucherie [4],
En Chastellet ung tas des sacz,
Et au surplus la plaidoyrie

---

1. Dig., 47, 10.
2. C'est-à-dire les endroits où les meschines, les chambrières, se réunissent pour serrer le linge.
3. Marchandise.
4. Les endroits où les viandes sont suspendues et où les acheteurs viennent débattre les prix avec les marchands.

De tous les plus grands advocatz,
Injures[1] trop, à tas, à tas.
Dieu sçet se bien sont espluschées
Paroles et menus fatras [2]
Aux chambres de ces acouchées [3] :
Les [4] *fenestres* ne sont bouschées
Que à faulx et à manches d'estrilles [5];
Les *cousches* ne sont atachées
Que de grans lardons pour *chevilles;*
Les *carreaux*, surquoy seent les filles,
Sont pains d'ung tas de : « Se m'ist Dieux [6] »;

1. Tout cela contient trop d'injures.
2. Sornettes.
3. Voy. l'Introduction de M. Le Roux de Lincy en tête de l'édition des *Caquets de l'accouchée* donnée par M. Ed. Fournier, Bibliot. elzevir., 1855.
4. S'ensuit le mobilier symbolisé d'une femme en couches.
5. Les histoires du voisinage, apportées par les commères, n'arrivent dans la chambre qu'après avoir passé par les *faulx* et les pointes des *estrilles*, par les assertions tranchantes et les suppositions piquantes.
6. Se m'aist Dex, vieille formule des premiers temps du Moyen Age : si Dieu m'aide. Nous la trouvons fréquemment employée dans les romans de chevalerie, où elle est prise dans son sens grave et élevé. Au XVe siècle, les commères en entrelardent leurs calomnies; elles assurent, avec la grâce de Dieu, que maître Pierre est Jennin, et messire Jacques digne de la potence. Tel est le sens de ce vers, en prenant garde toutefois au jeu de mots sur *paint* et *semis*.

Les *tapis*, se sont evangilles [1]
Et vies à povres amoureux.
Au chevet du lit, pour tous jeux [2],
Pend ung *benoistier* qui est gourd [3],
Avec ung *aspergès* [4] joyeulx
Tout plain d'eaue benoiste de Court;
La *garde robe* c'est la court [5];
Là est que on traicte noz mignons,
Là on n'espargne sot, ne sourt;
C'est là où on les tient sur fons [6].
L'une commence les *leçons*
Au coing de quelque cheminée;
Et l'autre chante les *respondz*,
Après la legende dorée [7].

1. Madame de Sévigné emploie fréquemment une expression analogue: C'est l'Evangile du jour, dit-elle, dans le sens de: c'est la nouvelle du jour. Peut-être Coquillart veut-il indiquer aussi des commérages sur les matières de dévotion.

2. Je crois qu'il faut entendre ici par *jeux*, damiers, tric-trac, dés, osselets, toutes choses analogues qui pouvoient être placées auprès du lit de l'accouchée, pour lui offrir une occasion de distraction.

3. Sans doute, à la mode, parcequ'il est plein d'eau bénite de cour, de mensonges, de fausses flatteries et de railleries.

4. Goupillon.

5. Là où siége le parlement de ces commères.

6. De baptême, là qu'on énumère leurs qualités et qu'on invente des sobriquets pour les ridiculiser.

7. Dans les offices de l'église, aux matines, par exem-

Si tost que matine est sonnée,
Il n'y a ne quignet [1] ne place
Que on n'y carillonne à journée;
Il est tousjours la *Dedicace* [2].
En la messe il y a *preface*,
Mais de *confiteor* jamais [3].
Oncques, puis le temps Boniface [4],

ple, après les *leçons*, qui contiennent parfois des extraits de la vie des saints dont on célèbre la fête, on chante quelques versets de la Bible, et le chœur *répond* en chantant à son tour soit la fin du verset, soit le verset suivant, etc. Ces extraits des légendes, du Martyrologe, c'est ce que notre poète appelle Légende dorée, par allusion sans doute à la Légende dorée de Jacques de Voragine. Il entend aussi par là, on le comprend facilement, ces *vies* à povres amoureux.

1. *Quignet, cuinet*, petit coin, disons-nous dans une note de l'édition de Roger de Collerye, où nous trouvons aussi ce mot employé.

2. Anniversaire du jour de la consécration d'une église, fête qui étoit, au Moyen Age, une solennité publique, et pendant laquelle les cloches chantoient sans cesser.

3. Chacun songe à narrer publiquement les mésaventures du voisin, mais jamais les siennes propres.

4. Depuis le temps de Boniface. M. Tarbé voit ici, avec raison, un jeu de mots sur *bonne face*, une indication de l'âge d'or, temps où les mythologues nous veulent persuader que chacun avoit la face joyeuse; mais il y a aussi sans doute une allusion au temps de Boniface VIII. Il n'y eut point de paix depuis lors, dit le poète avec sa méthode ordinaire d'ironie amère et enveloppée sournoisement sous une forme légère. Il est assez curieux de trouver, cachée dans un proverbe du XVe siècle, la con-

Aussi on n'y bailla la ¹ *paix*.
Car il y a entre deux ais ²
Tousjours quelq'une qui grumelle
D'entre ³ sa voisine d'emprès
Qui veult dire qu'elle est plus belle.
Brief, c'est une droicte chappelle;
Et si n'y a *prelat* d'honneur
Qui ne tasche bien, sans sequelle,
D'avoir place d'*enfant de cueur* ⁴.

L'une couschera ⁵ de Monsieur ⁶;
Et l'autre d'une creature

statation de cette théorie de quelques sages historiens modernes, qui font remonter la décadence du Moyen Age à cette révolte brutale de la force matérielle contre le pouvoir spirituel et civilisateur.

1. Cérémonie de la messe qui rappelle le baiser fraternel que se donnoient les premiers chrétiens.

2. Dans quelque coin, mais aussi entre deux *et*, c'est-à-dire qu'entre les diverses parties de la phrase d'une histoire racontée par l'une d'entre les commères, on entend toujours quelque murmure en *à parte*.

3. Sans doute *contre*, peut-être derrière.

4. Qui ne s'efforce d'être reçu gracieusement et peut-être mystérieusement dans cette réunion de jeunes et joyeuses commères.

5. Contera.

6. Il semble que ce *monsieur* soit le mari, si nous en croyons les Quinze joyes de mariage, où nous voyons les commères amies de l'accouchée jeter tant de pierres dans le jardin du pauvre homme. Voy. 3e joye, dans les Quinze joyes de mariage, Bibliot. elzev., 2e édit., pag. 31.

Qui a cul de bonne grosseur,
Mais il ne vient pas de nature.
L'une dit que c'est enfanture [1],
L'autre dira qu'il n'en est rien;
Et pour oster la conjecture,
Chascune faict taster le sien,
S'il est fagoté [2], s'il est bien,
S'il est troussé, s'il est serré,
S'il est espés, quoy et combien,
S'il est rond, ou long, ou carré.
Tel [3] y a, s'il estoit paré [4]
Et qu'on luy vist ung peu la cuysse,
On le trouveroit bigarré
Comme ung hocqueton de Suysse.
Celuy, me semble, est bien nice [5]
Qui fonde dessus une maison,
Car quelque chose que on batisse,
Le fondement n'en est point bon.
Après qu'on a dit ce gorgon [6],

---

1. Sans doute parcequ'elle a eu des enfants.
2. Serré, tassé.
3. Les huit vers qui suivent sont, à ce qu'il me semble, non pas la continuation du bavardage des commères, mais les réflexions inspirées au poëte par le spectacle qu'il vient de présenter.
4. Encore faudroit-il qu'il fût paré, mis en état d'être montré.
5. Celui-là, il me semble, est bien niais.
6. Probablement cette gorgée de commérages. Galiot du Pré donne *jargon*.

Tantost après arrivera
Une grande procession
Qui d'aultre matière lyra.

    L'une d'elles commencera
A resgaudir ses esperitz;
Dieu scet s'elle practiquera
Le tiltre *De Injuriis*!
Quelq'une par moyens subtilz
Ira semer de sa voysine
Qu'elle suborne les amys
Et les chalans de sa cousine.
D'une aultre, on dira que c'est signe
D'une parfaicte mesnagière,
Prester[1], pour garder sa cuisine[2],
Son cul plus tost que sa chauldière.
S'on couche de quelque compère,
L'une dit qu'il est trop fachant[3],
L'autre, qu'il a belle manière,
Mais il se panche ung peu devant.
D'ung tel, il scet son entregent,
Et si luy siet bien à dancer;
Mais il n'a pas souvent argent;
Il ne scet que c'est que foncer.
Quelque vieille va commencer
A filler[4], qui empongnera

---

1. Que de prêter. — 2. Protéger sa batterie de cuisine.
3. Sans doute, importun.
4. Du lin et de la morale tout à la fois, à propos de

Sa *quenoille* de haut tencer,
Son *fuseau* de : « Tout se dira »,
Les *estouppes* de : « On le sçaura »,
Le *rouet* de, « J'ay bec ouvert »,
Le *vertilon* [1] de : « On verra »,
Le *pot* [2] aux roses descouvert.
Le *fil* [3] de la quenoille est vert [4]
Et si delié pour s'*enfiler* [5],
Que le grant diable de Vauvert [6]
A peine s'en peult desmesler.

quoi l'auteur invente un symbolisme de cette *fillerie* et de ce sermon tressés ensemble.

1. *Vertinon*, dit veuve Trepperel, *vertoil*, *verteil*, rond de plomb dans le centre duquel le fuseau tourne.

2. Le pot étoit attaché au rouet et contenoit de l'eau destinée à remplacer la salive dont les fileuses antiques se servoient pour rouler plus facilement entre leurs doigts les fils de l'étoupe. Le *pot* aux roses découvert est assez joli; on comprend que c'est la vieille qui tance les jeunes filles et les avertit que leurs intrigues amoureuses finiront toujours par être découvertes.

3. C'est-à-dire le fil de la langue de ces bavardes fileuses.

4. Solide, de forte résistance.

5. C'est-à-dire si aisé à lancer en commérages.

6. « On faict le dyable de Vauvert », dit Roger de Collerye dans son Sermon pour une nopce, p. 114, édit. de la Bibliot. elzev., 1855. Vauvert, habitation située à l'endroit où se trouve actuellement l'Observatoire de Paris. Les diables s'en étoient emparés et y firent rage jusqu'en 1251, époque où saint Louis y installa un couvent de chartreux.

Pour mieulx à l'aise *vaneler* [1],
On met *estouppes* [2] par dedens
La *saincture* [3] de trop parler;
Et la *couche* [4] l'on des plus grans;

[1]. Vanner; dans son sens figuré, il signifioit railler, critiquer, etc. Coquillart le prend dans cette dernière acception ; mais il est probable que ce mot indiquoit aussi quelque opération que l'on faisoit subir à la tige du chanvre, pour séparer la paille de la partie flexible. Notre poète continueroit ainsi sa comparaison. Peut-être aussi entend-il par *vaneler* l'action du rouet qui tourne.

[2]. Etoupe, filasse, et *étoupe,* ce qui bouche; *estouper, restouper,* vieux mot françois encore usité dans le patois picard pour boucher, reboucher.

[3]. Les fileuses passent dans leur ceinture le fuseau chargé d'étoupes. Au propre, ces trois vers signifient donc : ces fileuses, pour diriger plus aisément la besogne de leur rouet, passent leur fuseau plein d'étoupe à leur ceinture. Au figuré, ils disent : ces bavardes s'enferment pour parler plus à l'aise; et ils indiquent que ces langues affilées usent de sobriquets, de demi-mots, d'allusions; elles entourent prudemment d'un voile léger celles de leurs calomnies qui attaquent les hauts personnages.

Monsieur Jourdain dira peut-être : Tant de choses en deux mots ! — Nous appuyons là dessus, pour montrer dans ces comparaisons symboliques, comme nous l'avons fait dans les comparaisons juridiques, avec quelle justesse, quel bien trouvé et quelle ingénieuse finesse notre poète tient constamment en parallèle le sens propre et le sens figuré des images qu'il emploie.

[4]. Nous avons vu *coucher* fréquemment employé dans le sens de *parler de*; *coucher* du lin se dit encore en Normandie pour planter du lin. C'est toujours la même com-

On empesche ¹ langues et dents,
Et mettent leurs soings et leurs cures
Par lardons, brocquars, motz picquans
A exposer les escriptures ².
C'est aussi ³ que telz creatures,
En parlant de l'autre et de l'ung,
Lisent le tiltre des *Injures*.

C'est aujourd'huy le train commun
De noz gentilz hommes. Quelque ung
En banquet n'entendra langaige ⁴
Que de mesdire sur chascun;
Sur quelque bourgoise, que sai ge ⁵ ?

paraison : et là parle-t-on des plus grands personnages.

1. Le poète prend gaîment ce mot dans son double sens de : être employé actuellement à une chose, ou être arrêté par une chose; se charger d'un travail pénible, mais dont on peut venir à bout, ou qui vous écrase.

2. Allusion à un sermon qui est l'explication et le développement d'un passage de la Bible. La conversation de ces commères est l'explication d'une allusion équivoque et voilée : leur langue est empêchée à exposer *les escriptures*, et elles y mettent leur soin par lardons, etc.

3. Ainsi.

4. N'entendra d'autre conversation que des médisances.

5. Sur quelque bourgeoise que ce soit, qu'ai-je appris, moi, dit le vieux chanoine, dans ces réunions ? C'est là le sens le plus vraisemblable. J'avoue pourtant qu'il ne me satisfait pas complétement. Toutes les premières éditions donnent *que saige*; faut-il lire comme nous l'indiquons, ou bien *que si-ai-ge* (sur quelque bourgeoise que

L'une est abillée en villaige [1];
L'autre est dangereuse au frain [2];
Et l'autre deveroit estre saige
Car elle a ung tresgrant engin [3].
D'une on dit qu'elle ayme hutin [4],
Et a l'instrument compassé
Comme ung houseau [5] de Biscain,
Tant a le ventre deslassé.
L'une a couru, l'autre a trassé [6],
L'une a les grans, l'autre a les gros,
L'autre a l'estomac renversé
Et a l'entendement au doz.
L'une a visaige de marmotz
Enluminé de vermillon,
Et l'autre sent l'ombre des brotz [7].

nous ayons ici), ou *que s'aige* (qu'il s'agisse)? On peut prendre encore *que saige* dans le sens de : par exemple, et traduire ainsi : à propos des bourgeoises, par exemple, que diront-ils ?

1. A la mode du.
2. On dit encore vulgairement d'une femme vive qu'elle est difficile à brider.
3. Intelligence.
4. Querelle, lutte.
5. Sorte de botte qu'on mettoit par dessus ses chaussures pour monter à cheval, pour voyager.
6. *Tracer, tracher,* chercher, encore usité dans le patois normand.
7. Aime à boire, ou hante les *gouliars*, les piliers de taverne.

Ou la graine de morillon [1].
L'une est rongnée par le talon [2],
Et cloche ung peu quant elle dance,
L'autre a le corps à reculon
Et cuyde l'on [3] du cul la pance.
Brief, c'est une droicte plaisance
Que d'ouyr mignons en bancquetz;
Car en celle où l'on met l'avance [4],
Il y a tousjours sy ou mès.
Sotz, saiges, drups [5], dupes, nyais,
En playdoyez, en escriptures,
Tous advocatz, et clers, et lais,
Sçavent ce tiltre des *Injures*,
Et parlent souvent sans mesures,
Et injurient gens sans raison.
Et pour achever noz lectures,
Je vois [6] mouvoir deux questions;

---

1. Sorte de raisin noir qui donnoit d'excellent vin; c'est donc à peu près la même chose que l'ombre des brocs. M. Tarbé fait ingénieusement remarquer qu'il y a là aussi sur *morion* un jeu de mots, qui ne dénoteroit pas chez cette bourgeoise la haine des braves *coqueplumets*, comme les appelle plus loin Coquillart.

2. Elle a le talon usé par les nombreuses chutes qu'elle a faites.

3. Juge-t-on.

4. A la femme qu'on met en avant, que l'on propose à l'admiration, il y a toujours quelque reproche à faire.

5. Sans doute pour *drus*, vifs, gaillards.

6. Je vais.

Et puis, ho [1] ! L'une est : Noz mignons
Vont quelque bourgoise hanter,
Et la tiennent si bien sur fons
Qu'ilz parviennent à habiter.
Ont ilz fait, ilz s'en vont vanter
Par tout, à Gaultier et Sibille ;
Et, s'on ne les veult escouter
Aux champs, ilz le crient en la ville.
Je demande par voye subtille [2],
Se la femme aura *action*
De *injure*, et, par rigueur du *stille*,
S'il y chet grant punition ?
Je respons par *distinction* :
Ou celle dont on dit ce bien
Prent des mignons argent, ou non,
Ou elle le faict et n'en prent rien.
Se elle prent argent, tout moyen,
Tout remède, le *droit* lui fault [3].
Et s'elle n'en prent point, trop bien [4]
Elle a l'*action* ; et ne chault
S'elle a eu chose qui le vault [5] ;
Car se vanter, c'est mal rendu [6].

1. C'est assez, je finirai.
2. Si, par habileté de procédé et de procédure.
3. Lui refuse. — 4. Complétement.
5. Qui a une valeur analogue à l'argent, comme bijoux, etc.
6. Mal agir, ou mal reconnoître la gracieuseté de la femme.

El [1] dit pource, que ung tel ribault
A bien gaigné d'estre pendu.
Par ainsi est le cas solu.

L'autre question en effect
Est telle : Ung Macé [2] goguelu [3]
Treuve sa femme sur le faict ;
Assavoir mon, ce c'est mieulx faict
A luy d'appeller ses voysins,
Les gens de la rue, ou le guet,
Que sçay je ? ung tas de maillotins [4],
Ses oncles, parens et cousins

---

1. *L'action.*

2. Nous avons déjà pu remarquer qu'au Moyen Age certains noms de baptême étoient pris à titre de sobriquet et désignoient certaines qualités, certaines positions particulières. Quelque jeu de mots, quelque habitude, aventure ou commérage de petite ville, avoit été souvent l'origine de ce sobriquet, et il est, la plupart du temps, puéril de la chercher, impossible de la trouver. *Macé*, diminutif de Mathieu, est dans ce cas ; il n'est pas bien important de rechercher quel est le premier sot, parmi les bourgeois du XVe siècle, qui eut l'honneur de pousser ce nom dans la notable compagnie des Jehannin, des Ricquier, des Nicaise, etc.

3. Le *Macé goguelu* est, dans la famille des *Macé*, une variété bruyante, un peu libertine, mal résignée à son sort.

4. Ce mot, à la suite des événements politiques que chacun connoît, étoit pris pour désigner toute foule bruyante, toute compagnie tumultueuse, séditieuse ou railleuse.

Pour sa povre femme escorner [1]
Et affin qu'ilz soyent plus inclins
De consentir la separer ?
Ou, se c'est mieulx fait d'endurer
Et luy dire par bons moyens :
« Aumoins deviez vous l'huys serrer [2] ;
Si fut venu des aultres gens !
Se quelq'ung fust entré ceans
Y n'eust pas falu rompre l'huys [3] ! »
Lequel est plus saige ? Je tiens,
Aussi les *drois* sont à ce duys
Et à ce resolu, que puis
Qui [4] set qu'on besongne ou qu'on baise,
Devant que entrer doit dire : « Et puis [5],
Qui est leans ? Ne vous desplaise,
Ne bougez, faictes à vostre aise ! »
Sans luy demander : « Que fais tu ? »
Car qui se course, si [6] s'appaise.
C'est grant peine d'estre testu,
Pensez, pour ung gentil coqu
Qui veult vivre en perseverence.

---

1. Nous avons déjà rencontré ce mot dans le sens d'abattre, humilier, faire decheoir d'une position honorable.
2. Fermer.
3. Pour entrer. La 71e des Cent Nouvelles nous parle d'un mari débonnaire qui tient presque exactement le même langage dans un semblable accident.
4. Qu'il. — 5. Eh bien !
6. Aussi, de même.

Il n'y a si belle vertu
Au monde que de pacience;
Car posé qu'on parle, ou qu'on tance,
On n'en tient riens [1]; ce n'est que glose [2];
Pour [3] parler ne se mue plaisance [4];
En brief, on en a aultre chose [5].
Mes mignons, sans plus longue prose,
Aussi quant serez avec gens,
Tenez tousjours la chambre close,
Pour doubte d'aultres survenans.
Par ceste responce je rens
Solu le cas qui est cy mis.
Et finissent cy les moyens
Du tiltre *De Injuriis*.

1. On n'y gagne rien.
2. Ce n'est que bavardage creux et inutile.
3. Par.
4. La passion n'est pas enlevée, les désirs ne sont pas morts.
5. En peu de temps on voit renaître d'autres mouvements de cette passion.

Des *droitz nouveaulx* avez ouys
Sept tiltres; c'estoit mon entente
D'en lire encore cinq ou six,
Voire dix, voire vingt ou trente;
Mais, brief, pour ceste année presente
C'est force vous tenir à tant [1];
— On ne peult faire que en faisant.

Toutesfois, pour finer ses *droiz*,
J'entens le tiltre [2] tous les ans
Des *tiltres* quelques deux ou troys,
Par manière de passe temps.
Pour cest heure soyez contens;
— Peu à peu fault ronger ou paistre,
Petit à petit on est maistre.

1. Là, à ce chiffre.
2. Sans doute pour *tistre, tisser*, avec la signification : Je me propose de composer, etc. Je croirois volontiers qu'il y a ici quelque faute d'impression, mais la correction qu'indique Galiot du Pré n'est pas bien acceptable : « J'entends lire. » Il manque un pied au vers. J'ai préféré suivre les quatre premières éditions.

Se le temps n'eust esté estroitz [1],
En brief je sçavoye les manières
A faire les *reigles* des *droitz* [2]
Qui eussent esté singulières ;
Mais d'embrasser tant de matières [3] !
— En ung coup tout n'est pas empraint [4].
Qui trop embrasse, mal estraint.

Par Dieu, mes dames, mes bourgoises,
A tout voz [5] maintiens gracieux,
Ne prenez pas mes ditz à noises
Mes motz [6] ne vous soient ennuyeux ;
En mes ditz n'y a que tous jeux,

---

1. Trop court, peut-être, difficile.
2. Il indique peut-être ici une autre espèce de travail sur les Droits nouveaulx, non plus des questions, des commentaires, mais une série de maximes, qui eussent été la caricature des dictons, brocards, axiomes, du droit civil et du droit canon.
3. Nous pensons qu'il faut ponctuer ainsi et donner le sens : mais d'embrasser, etc., y songe-t-on, est-ce possible ! L'édition de Reims lie ce vers au suivant, en mettant une virgule après « en ung coup » ; mais, quoique cette ponctuation donne un sens possible, ce vers a trop l'apparence d'une maxime pour qu'on puisse le couper en deux.
4. Assailli, conquis, gagné, terminé.
5. Avec vos maintiens gracieux.
6. Veuve Trepperel donne « mes meurs », ma méthode, ma manière, peut-être ma conduite.

Et ne quiers à personne guerre :
Qui l'entend autrement il erre.

 Aussi, tresredoubtez seigneurs,
Vers vous se veult humilier
Et vous mercy de voz honneurs
Se povre petit escolier,
Que daigné avez escouter.
Mais en tous lieux bas et haultz,
Souvienne vous des *droitz nouveaulx*[1].

Cy finissent

LES DROICTZ NOUVEAULX.

1. Le souhait de Coquillart fut accompli, et le XVIe siècle ne se souvint que trop des Droits nouveaux. Il est fort possible que l'auteur des Repeues franches et du Monologue du franc archier de Bagnolet fût, sinon notre poète, du moins un de ses disciples. Nous avons constaté fréquemment la puissante influence que Coquillart exerça sur Roger de Collerye. Il seroit facile de faire une longue liste des pièces anonymes qui se rapprochent plus ou moins complétement de la méthode de l'écrivain rémois ; contentons-nous de citer le Blason des femmes, dont nous reparlerons, le Débat de la Demoiselle et de la Bourgeoise, les Drois nouveaulx establis sur les femmes, etc. (*Anc. poés. franç.*, édit. elzevir., t. 1, 3, 5.) Nous pour-

rions pousser plus loin, et dans le XVIIe siècle bien des écrivains, parmi les quels nous citerons le poète Auvray, semblent avoir eu avec Coquillart d'assez nombreuses relations.

FIN DU PREMIER VOLUME.

TABLE DES MATIÈRES

CONTENUES DANS CE VOLUME.

Coquillart et la Vie bourgeoise au XVe siècle. . ix
I. Vie politique de la bourgeoisie au XVe siècle xv
II. L'éducation bourgeoise. . . . . xxxvij
III. Installation dans la cité lxiv
IV. Noviciat littéraire lxxxiv
V. La comédie humaine à la fin du XVe siècle . . . . cvj
VI. La littérature bourgeoise à la fin du XVe siècle cxxv

POÉSIES DIVERSES.

Acrostiche 3
Complaincte de Eco. 6
Ballades sur les Etats Généraulx. (Notice.) . . . 10
Balade contre les Princes 13
Responce. 14
Responce. 16
Balade contre les Vers Manteaulx. 17
Balade quant on cria la paix à Reims. 20
Vers récités au Roy en 1484 23

Droitz Nouveaulx (première partie).

    Les Droits Nouveaulx. (Notice.). 29
    Les Nouveaulx Droitz Coquillart. (Introduction.) 30
    De Jure naturali 39
    De Statu Hominum 63
    De Presumptionibus. 90

Droitz nouveaulx (deuxième partie).

    De Pactis 121
    De Dolo 149
    De Impensis. 171
    De Injuriis 179
    Conclusion 195

FIN DE LA TABLE DES MATIÈRES.

www.ingramcontent.com/pod-product-compliance
Lightning Source LLC
Chambersburg PA
CBHW060325170426
43202CB00014B/2668